Traffic History of the Second World Wa
China's Life Line

# 二战交通史话
## ——国家生命通道

唐伯明　张　勃　尚　婷　编著

人民交通出版社股份有限公司
China Communications Press Co.,Ltd.

## 内 容 提 要

《二战交通史话——国家生命通道》一书，以时间为序，以事件为纲，对与我国抗战相关的交通线进行探讨，研究交通对抗战的影响和价值，也为在当前复杂的国际局势和安全形势下，我国对外综合交通运输体系的建设，提供有益的启示。

### 图书在版编目（CIP）数据

二战交通史话：国家生命通道 / 唐伯明，张勃，尚婷编著．—北京：人民交通出版社股份有限公司，2017.10
　ISBN 978-7-114-14117-1

Ⅰ．①二⋯　Ⅱ．①唐⋯　②张⋯　③尚⋯　Ⅲ．①交通运输史-研究-中国-1931-1945　Ⅳ．①F512.9

中国版本图书馆CIP数据核字(2017)第213546号

| | |
|---|---|
| 书　　名： | 二战交通史话——国家生命通道 |
| 著 作 者： | 唐伯明　张　勃　尚　婷 |
| 责任编辑： | 陈　鹏 |
| 出版发行： | 人民交通出版社股份有限公司 |
| 地　　址： | (100011) 北京市朝阳区安定门外外馆斜街3号 |
| 网　　址： | http：//www.ccpress.com.cn |
| 销售电话： | (010)59757973 |
| 总 经 销： | 人民交通出版社股份有限公司发行部 |
| 经　　销： | 各地新华书店 |
| 印　　刷： | 北京鑫正大印刷有限公司 |
| 开　　本： | 720×960　1/16 |
| 印　　张： | 16 |
| 字　　数： | 238千 |
| 版　　次： | 2017年10月　第1版 |
| 印　　次： | 2017年10月　第1次印刷 |
| 书　　号： | ISBN 978-7-114-14117-1 |
| 定　　价： | 50.00元 |

(有印刷、装订质量问题的图书，由本公司负责调换)

# 序

交通对战争的重要性是不言而喻的。秦灭六国统一天下后，秦始皇下令修缮并连接战国长城，修筑以咸阳为中心，通往全国各地的"驰道"，建成了中国历史上最早的"国道"网络。在西方，随着古罗马帝国版图的不断扩张，古罗马的道路也向四面八方不断延伸。四通八达的道路网络以首都罗马为中心向外辐射，"条条大路通罗马"的谚语也因此流传于世。到了近代，苏伊士运河和巴拿马运河的贯通，西伯利亚铁路的修筑，都是以交通建设辅助战争为目的。第二次世界大战的欧洲战场，陆地上，德国利用其完善的公路和铁路体系发动闪电战，短时间内攻克了波兰、挪威、荷兰、法国等国；海洋上，有史以来规模最大的海战——大西洋海战，本质上就是对海洋交通运输线的争夺，1940—1942年，每年盟军被击沉商船的总吨位都超过300万吨，使丘吉尔发出了"在战争中，唯一让我感到恐惧的就是U型潜艇的时代"的感慨。

就抗日战争而言，中国作为一个落后的农业国家，要抵抗先进的工业国——日本的侵略，毛泽东、蒋百里、蒋介石、法肯豪森等中外战略家都将经营大后方、持久抗战作为我国对日作战的核心战略。要在幅员辽阔的战场上进行持久战，交通保障可谓重中之重。

在抗战中，日寇不惜一切代价封锁、破坏我国交通线，我国则以加强交通建设，开辟新线路作为对策。抗战全面爆发前，国外物资均由上海输入国内。淞沪会战后，广州成为重要港口，战略物资经粤汉铁路北运，畅通无阻。日寇随即同时进攻广州和汉口，控制粤汉铁路的南北两端。粤汉铁路运输受阻后，我国又利用香港—海防航线和滇越铁路，以及赶筑完成的滇缅公路和甘新公路，从越南、缅甸、苏联运送抗战物资。

武汉沦陷之后，日寇进一步加强了对华交通封锁，法国战败，日寇进军海防，破坏了滇越铁路的运输。我国则利用仰光作为物资进口的起点，通过改善滇缅公路和赶筑滇缅铁路，力图打破封锁。1941年冬，太平洋战争爆发之后，香港和新加坡相继失守，仰光岌岌可危。危急关头，我国立即筹建中印公路以解燃眉之急。缅甸失守之后，西南陆路通道已经中断，中美又开辟了驼峰航线，以保持对外联络畅通。

在漫长的抗战中，粤汉铁路、长江航运、滇缅公路、驼峰空运、中印输油管道，作为我国不同阶段的生命通道，涵盖了现代交通运输的五种方式。尤其是战争后期，中缅印三国间形成的立体综合交通运输网络更是举世闻名，其影响延续至今。

除了一条条抗战生命线，我们更应该铭记那些穿梭于战火中，将生死置之度外的交通人。他们中有"不复原桥不丈夫"的茅以升，有"久愿风尘殉祖国，宁甘药饵送余生"的赵祖康，有"三度审查，四线比较"修筑"二十四道拐"的邹岳生，有冒着日军轰炸指挥宜昌大撤退的卢作孚，有奔波于各铁路线的杜镇远，有两天一个来回、驾机往返于驼峰航线的潘国定，更有将自己的生命奉献给我国抗战事业的龚继成、陈体诚、钱昌淦等等。

战时交通部部长张嘉璈评价道："抗战与交通，相为表里，不可分。"本书以时间为序，以事件为纲，试图对与我国抗战相关的交通线展开探讨，研究交通运输对抗战的影响和价值，同时对为抗战作出巨大贡献的交通人致以崇高的敬意。

# 目录

## 第一章　交通备战 ·······················001
   第一节　危险的邻居 ·······················001
   第二节　引爆两根枕木 ·······················002
   第三节　长江口之战 ·······················004
   第四节　战前中日两国综合国力比较 ·······················005
   第五节　抗战全面爆发前的交通准备 ·······················006

## 第二章　铁路——战略防御阶段的生命通道 ·······················019
   第一节　铁路在战略防御阶段的地位 ·······················019
   第二节　从卢沟桥到钱塘江大桥 ·······················020
   第三节　津浦、陇海铁路沿线作战 ·······················039
   第四节　粤汉铁路沦陷 ·······················041
   第五节　铁路争夺战 ·······················044
   第六节　西南地区铁路的尝试 ·······················045
   第七节　凌鸿勋——30岁任交大校长的铁路奇才 ·······················048
   第八节　张嘉璈——为战时铁路呕心沥血的
            "中国银行之父" ·······················051

## 第三章　百舸争流——水上生命通道 ·······················054
   第一节　大后方的建立 ·······················054
   第二节　长江中下游的沦陷与工厂、学校的西迁 ·······················056
   第三节　迁都重庆 ·······················059
   第四节　吴华甫——陪都重庆的规划者 ·······················065
   第五节　航运先驱卢作孚和宜昌大撤退 ·······················069
   第六节　开展水陆联运 ·······················075

## 第四章　苏联援华——复活的丝绸之路 ·······················077
   第一节　抗战早期德国援华 ·······················077

第二节　苏联援华之目的⋯⋯⋯⋯⋯⋯⋯⋯⋯⋯⋯⋯⋯⋯⋯⋯⋯⋯078
　　第三节　西北公路——连通苏联⋯⋯⋯⋯⋯⋯⋯⋯⋯⋯⋯⋯⋯⋯080
　　第四节　苏联援华航空队⋯⋯⋯⋯⋯⋯⋯⋯⋯⋯⋯⋯⋯⋯⋯⋯⋯086

第五章　西南国际交通线的开辟⋯⋯⋯⋯⋯⋯⋯⋯⋯⋯⋯⋯⋯⋯⋯⋯089
　　第一节　公路泰斗赵祖康和抗战公路⋯⋯⋯⋯⋯⋯⋯⋯⋯⋯⋯⋯089
　　第二节　邹岳生、陈本端与二十四道拐⋯⋯⋯⋯⋯⋯⋯⋯⋯⋯⋯092
　　第三节　借道越南⋯⋯⋯⋯⋯⋯⋯⋯⋯⋯⋯⋯⋯⋯⋯⋯⋯⋯⋯⋯100
　　第四节　滇缅公路——连通印度洋⋯⋯⋯⋯⋯⋯⋯⋯⋯⋯⋯⋯⋯101
　　第五节　滇缅铁路⋯⋯⋯⋯⋯⋯⋯⋯⋯⋯⋯⋯⋯⋯⋯⋯⋯⋯⋯⋯117
　　第六节　大师云集滇缅铁路⋯⋯⋯⋯⋯⋯⋯⋯⋯⋯⋯⋯⋯⋯⋯⋯120
　　第七节　战时西南公路网⋯⋯⋯⋯⋯⋯⋯⋯⋯⋯⋯⋯⋯⋯⋯⋯⋯127
　　第八节　机场建设⋯⋯⋯⋯⋯⋯⋯⋯⋯⋯⋯⋯⋯⋯⋯⋯⋯⋯⋯⋯131
　　第九节　战时驿运⋯⋯⋯⋯⋯⋯⋯⋯⋯⋯⋯⋯⋯⋯⋯⋯⋯⋯⋯⋯133

第六章　石油禁运引爆太平洋⋯⋯⋯⋯⋯⋯⋯⋯⋯⋯⋯⋯⋯⋯⋯⋯⋯135
　　第一节　美国对日本石油禁运⋯⋯⋯⋯⋯⋯⋯⋯⋯⋯⋯⋯⋯⋯⋯135
　　第二节　偷袭珍珠港⋯⋯⋯⋯⋯⋯⋯⋯⋯⋯⋯⋯⋯⋯⋯⋯⋯⋯⋯139
　　第三节　日本的战略生命线⋯⋯⋯⋯⋯⋯⋯⋯⋯⋯⋯⋯⋯⋯⋯⋯141
　　第四节　缅甸——中国最后的海上国际通道⋯⋯⋯⋯⋯⋯⋯⋯⋯145
　　第五节　燃烧的太平洋⋯⋯⋯⋯⋯⋯⋯⋯⋯⋯⋯⋯⋯⋯⋯⋯⋯⋯148

第七章　通向胜利的立体交通⋯⋯⋯⋯⋯⋯⋯⋯⋯⋯⋯⋯⋯⋯⋯⋯⋯152
　　第一节　太平洋战争之后的美国援华⋯⋯⋯⋯⋯⋯⋯⋯⋯⋯⋯⋯152
　　第二节　空中飞虎⋯⋯⋯⋯⋯⋯⋯⋯⋯⋯⋯⋯⋯⋯⋯⋯⋯⋯⋯⋯156
　　第三节　"特种工程"⋯⋯⋯⋯⋯⋯⋯⋯⋯⋯⋯⋯⋯⋯⋯⋯⋯⋯⋯162
　　第四节　我国航空事业的西移⋯⋯⋯⋯⋯⋯⋯⋯⋯⋯⋯⋯⋯⋯⋯166
　　第五节　驼峰航线⋯⋯⋯⋯⋯⋯⋯⋯⋯⋯⋯⋯⋯⋯⋯⋯⋯⋯⋯⋯168
　　第六节　史迪威公路⋯⋯⋯⋯⋯⋯⋯⋯⋯⋯⋯⋯⋯⋯⋯⋯⋯⋯⋯176
　　第七节　中印输油管道⋯⋯⋯⋯⋯⋯⋯⋯⋯⋯⋯⋯⋯⋯⋯⋯⋯⋯190
　　第八节　立体交通中的民族脊梁⋯⋯⋯⋯⋯⋯⋯⋯⋯⋯⋯⋯⋯⋯193

**第八章　抗战生命通道的当代价值**·················208
　　第一节　抗战生命通道的重要作用·················208
　　第二节　抗战生命通道的遗憾·················214
　　第三节　抗战生命通道的当代启示·················223
**附录一　抗战交通大事记**·················228
**附录二　抗战交通人物简历**·················237
**附录三　民国历任交通部、铁道部部长**·················244
**参考文献**·················245

# 第一章 交通备战

## 第一节 危险的邻居

1840年，鸦片战争爆发，英国人用坚船利炮打碎了大清帝国"天朝上国"的美梦，中国由此渐渐陷入半殖民地半封建社会的深渊。13年后，马修·佩里将军率领着美国军舰，叩开了日本的大门，同时也结束了日本的锁国时期。

从19世纪60年代开始，日本进入了明治维新时代。军事方面，改革军队编制，陆军参考德国军队训练，海军参考英国海军编制。

明治维新后，日本经过20多年的发展，国力日渐强盛，先后废除了幕府时代与西方各国签订的一系列不平等条约，并迅速成长为亚洲强国，同时也走向了扩张之路。中日甲午战争和日俄战争中日本获得了全面胜利，从此跻身世界强国之列。甲午战争实现了日本征服朝鲜的梦想，迈出了大陆政策的第一步。《马关条约》第一次修正了日本的国防线。战争在朝鲜境内和渤海沿岸进行，而条约要求割让辽东半岛、台湾及澎湖列岛。从太平洋全局看，日本的南进政策也迈出了第一步，日本控制台湾、澎湖列岛，南与菲律宾相望，西则窥视中南半岛和印度洋。从北进的大陆政策看，日本进入朝鲜后势必和俄国为邻，冲突在所难免。

日俄战争后，日本海军独霸太平洋东海岸。1905年日俄签订《朴次茅斯条约》，日本霸占了库页岛南部，并取得俄国在中国东北的既得利益，俄国还将旅顺、大连以及附近领海的特权转让给日本。条约还规定，俄国将长春旅顺间的铁路及其一切支线，并同地方附属一切权利，以及经营的一切煤矿，全部无条件转让给日本。获得了铁路特权之后，日本仿照东印度公司成立了南满铁路公司，并开始对满洲进行殖民统治。

第一次世界大战日本加入协约国，消除了欧洲对于日本的限制。1915年，日本向我国提出了臭名昭著的"二十一条"，规定日本取得德国在山东的一切权利，并规定将旅顺、大连租借期限与南满、安奉铁路的让与期限延展至99年。

军国主义思想根深蒂固的岛国日本，因战而兴，成为中国最危险的邻居。著名的《田中奏折》❶ 所述："若日本欲管理中国，必先击碎美国，正如往昔日本不得不对俄作战也。但欲征服中国，必先征服满蒙，我国如能征服中国，则其余亚洲各国与南洋各国，必惧而降服……"

东北地区煤和铁的储量巨大，它们无疑是现代工业的基础，同时也是战争机器开动的必要条件。日俄两国对东北觊觎已久，日俄战争后，日本取得了东北的主导权。日本认为"满蒙（中国东北地区）的资源很是丰富，有着作为国防物资所必须要的所有资源，是帝国自给自足所绝对必须要的地区"。

对于明治维新以来不断膨胀的日本而言，满蒙的战略地位也至关重要。对俄作战，满蒙是主要战场；对美作战，满蒙是补给的源泉。因此，满蒙在日本对美、俄、中的战略中具有举足轻重的地位。

## 第二节　引爆两根枕木

中国东北地区，西南是华北，西面是蒙古，北面是俄国，东面是朝鲜，再往东则是危险岛国日本，南方则是海港，可通达四方。因此，鸦片战争以来，东北成为我国与世界的十字路口，其居中的位置，使之成为东北亚冲突的中心和世界上著名的"火药桶"。甲午战争、日俄战争的战火遍及东北。日本为维护其在中国的特权，于1928年出兵济南，制造了震惊中外的"济南惨案"。同年，又在沈阳附近的皇姑屯车站将张作霖炸死，企图以维持满洲秩序为名，出动关东军占领东北。

---

❶《田中奏折》的真伪在历史上存在争议。

铁路是工业革命的重要标志，也是日俄两国侵略东北最重要的工具。1896年，俄国与清政府签订《中俄密约》，允许俄国在中国东北修筑铁路。俄国将铁路称为"中国东方铁路"，简称"中东铁路"。1898年8月，中东铁路破土动工，以哈尔滨为中心，分东、西、南部三线，由六处同时开始相向施工。北部干线（满洲里到绥芬河）和南满支线（宽城子至旅顺）

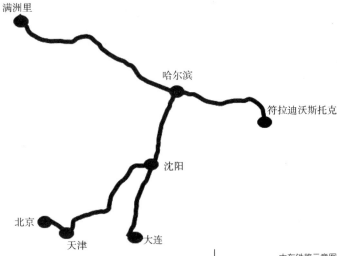

中东铁路示意图

及其他支线，全长2500多公里，采用俄制1.524米轨距，干支线相连恰如"T"字形，分布在中国东北广大地区。1903年7月14日，中东铁路全线通车，使中国的东北成为俄国的势力范围。俄国在任何时候都能以最快的速度将军事力量运到海参崴，或者集中于满洲、黄海海岸等地。

1904年日俄战争后，俄国把南满铁路长春至大连段转让给日本。美国驻华公使墨瑞评价道："日本以一铁路，将原始农民与外界工业联络，从而演变成政治经济上的优势。日本人视南满铁路为其在满洲地位的基础，于各条约中，凡是有利于该路者，无不扩张。视此权利，就如日本自己的领土。每寸土地，都以精兵驻扎巡防。"日本以铁路为动脉，趁中国内政混乱，不断威逼利诱中国政府。据统计，中日之间关于铁路的协定先后共21次。

1929年，全球性经济危机爆发。侵占中国成为日本政界军界摆脱经济危机的阴谋。1931年3月，板垣征四郎向关东军鼓动说："占领满蒙是实现日本远大理想的使命。"5月，板垣征四郎和石原莞尔又向关东军鼓动道："占领满蒙是日本摆脱经济危机的唯一方法。"石原还论断："惟有开发满蒙活跃经济，解决失业问题才有希望。"

终于在1931年9月18日晚，关东军派人将炸药设置在南满铁路轨道上，引爆之后破坏了约1.5米长的铁轨和两根枕木。日军以"中国军队炸毁南满铁路"为借口，突然袭击沈阳及附近的中国军队，并迅速占领了沈阳全城，拉开了侵华战争的序幕。

九一八事变之后，国民政府的不抵抗政策，使得日本快速占领了长春、安东、营口、齐齐哈尔、哈尔滨、锦州等地，东三省迅速沦陷。蒋介石在推行"攘外必先安内"方针的同时，寄希望通过外交途径来解决日本侵略问题，将日本侵略东三省行径诉诸国联。1932年1月国联组成调查团，由美、英、法、德、意各出一名委员组成，调查团团长为英国人李顿。由于列强间的矛盾和各自不同的远东政策，在日本侵华的既定事实面前，国联仍做出了模棱两可的结论，并将"承认日本在满洲的利益"和"满洲自治"作为解决东北问题的原则。国民政府依赖列强制止日本的希望完全破灭，国际社会的纵容，更加速了日本侵华的步伐。

## 第三节　长江口之战

上海是我国工业中心、金融中心，也是英美等国在华利益的重要地区。从战略价值上看，上海濒海临江，是铁路、水运的交通枢纽，距离日本本土仅1000多公里。

同九一八事变一样，日本于1932年1月不断在上海制造事端。日寇于1932年1月28日晚，突然向闸北的第十九路军发起了攻击。1月30日，国民政府发布《迁都洛阳宣言》，表示绝不屈服。随着战事的升温，淞沪之战演变为大规模阵地战。

1931年11月8日，土肥原制造了"天津事件"，将溥仪从天津日租界的住所秘密带出，经大沽口、营口、旅顺后抵达抚顺。当淞沪之战进行得如火如荼时，1932年3月1日，板垣、土肥原所导演的伪满洲国宣布成立。

日寇见利用开战上海转移国际注意力、掩护其东北傀儡政权出台的阴谋已实现，于3月和中国商定停战。在国联的斡旋下，5月5日中日停战协定签订，上海的战事才因此得以平息。

《上海停战协定》并未减缓日本侵略中国的步伐。在我国北方，日寇攻占山海关之后，进一步向长城沿线各军事要点发起进攻。长城战役失败后，中日双方签订《塘沽协定》。该协定给华北带来了灾难性的后果，使整个华北门户大开。

## 第四节　战前中日两国综合国力比较

九一八事变不仅改变了东北亚和太平洋的局势，也触及到了英、美、苏等国的切身利益。英国方面，希望把中国的势力范围再分割，让日本统治华北，英国则在华南和长江流域享有优越地位。苏联方面，虽然日俄战争之后，苏联和日本在东北亚地区冲突不断，但大规模的战争并未发生。美国方面则是希望中国能保持和平，以便开展贸易。深陷孤立主义的美国虽然在国联等场合批评日本破坏《九国公约》，但在远东并无实质性动作。1937年，美国对日本出口的战略物资、石油和废钢铁达7900万美金，反倒使得日本获得了提高军工产能、扩充军事实力的物质条件。

20世纪30年代初，经济军事化和对中国的掠夺使得日本先于列强摆脱了席卷全球的经济危机。1931年到1937年，日本工业平均增速达9.9%。到1937年，日本钢铁年产量580万吨，石油169万吨，水泥611万吨，发电量303万千瓦，工业产值占国民经济总产值的80%，成为工业强国。尽管如此，日本其他战略资源，如棉花、橡胶、羊毛和铅、锡、锌等有色金属原料以及石油、煤等燃料仍然缺乏，必须依赖进口。特别是军事工业中不可或缺的铁矿，日本本国年产量仅45万吨，加上朝鲜的60万吨，仅能满足其1/6的需求，因此每年要从中国和马来西亚、菲律宾等地输入数百万吨。1937年，日本军事工业投资达22.3亿日元，占当年工业总投资的61.7%，其武器生产能力达到了年产飞机1580架、大口径火炮744门、坦克330辆、汽车9500辆，造船能力40万吨，造舰能力5万吨。战争机器一旦开启，再难停止。

而当时拥有1142万平方公里土地、4.6亿人口的中国，工业基础非常薄弱，手工业仍处于主导地位。到七七事变之前，现代工业仅占国民经济中的总产值中的10%，其中还包括数量众多的外资企业产值。军事工业上，我国仅能生产少量的步兵轻武器和小口径火炮，大口径火炮、汽车、坦克、飞机等皆需从国外进口。

七七事变前中日两国国力比较

| 国别\类别 | 中国 | 日本 | 比率 |
|---|---|---|---|
| 国土面积（平方公里） | 1141.8 | 36.9 | 31:1.0 |
| 人口总数（万人） | 46710 | 9090 | 5:1.1 |
| 工业总产值（亿美元） | 13.6 | 60 | 1:4.4 |
| 钢铁年产量（万吨） | 4 | 580 | 1:145 |
| 煤年产量（万吨） | 2800（外资企业占55%） | 5070 | 1:1.9 |
| 石油年产量（万吨） | 1.31 | 169 | 1:129 |
| 铜年产量（万吨） | 0.07 | 8.7 | 1:121 |
| 飞机年产量（架） | 无生产能力 | 1580 | |
| 大口径火炮（门） | 无生产能力 | 744 | |
| 坦克（辆） | 无生产能力 | 330 | |
| 汽车年产量（辆） | 无生产能力 | 9500辆（设备能力3万吨） | |
| 年造船能力（万吨） | 不详 | 47.32 | |
| 年造舰能力（万吨） | 不详 | 5.25 | |

## 第五节 抗战全面爆发前的交通准备

孙中山所著《建国方略》里提到"交通为实业之母"。国民政府成立以来，尽管面临着国际国内困局，仍排除万难着手交通建设。战前的中国是农业国，作战使用的武器弹药、车辆设备、零配件、石油汽油等物资皆需从国外大量进口。我国的交通状况将直接决定抗战的形势，交通部部长张嘉璈指出"抗战与交通，相为表里，不可或分。现代战争所要求于交通方面，比过去更为重大，更为艰难。因为无论前方辎重的输送，后方物资的调集，乃至防空防岸的实施和战略战术的动用，每每与交通机构、运输工具，有最密切的关系。"

1934年，德国军事总顾问塞克特就进言蒋介石："发展具有战略性的交通系统，在日本入侵时，可以迅速地输送部队至危急地区，实为当前首要任务。"九一八事变之后，中国军队在东北、绥远且战且退的同时，发动了全国经济建设计划，制定了国防交通建设计划，为抵抗日寇的进一步入侵做准备。

## 一、铁路

"交通为实业之母,铁道又为交通之母,国家之贫富,可以由铁道之多寡而定之,地方之苦乐可以由铁道之远近计之……建设最重要之一件,则为交通。以今日之国势,交通最要者,则为铁路。"孙中山先生对交通的论述中,强调了铁路的重要性。在其《建国方略》中,提到建立比较完备的铁路运输体系,包括:中央铁路系统、东南铁路系统、东北铁路系统、扩张西北铁路系统、高原铁路系统,创立客货列车制造厂。中央铁路系统,拟以北方大港和东方大港为终点站,在现有的基础上,再兴建24条铁路线,全长约2.7万里,辐射范围覆盖了长江以北的广大地区,使之成为中国铁路系统中最重要的部分。东南铁路系统纵横布列以东方大港和南方大港之间的海岸线为一底边,以上海至重庆线、广州至重庆线为另外两底边构成的一个三角形上,长约1.5万里,覆盖了浙江、福建、江西三省,以及江苏、安徽、湖北、湖南、广东各省。这个三角形地区的农矿产物丰富,人口稠密,此铁路系统建成后,必定能够使地区进入快速发展的轨道。对于20世纪30年代内忧外患中的中国而言,这样宏伟的建设计划显然难以在短期内完成。

九一八事变时我国全国铁路里程约1.5万公里,新建铁路多在关外,关内较少。路线分布多在华北及沿海各省,所经地域仅为全部幅员的八分之一。通车里程少加上各铁路多为借款兴修,路线不成系统。因为政治经济外交等关系,国民政府的筑路计划并未能全部付诸实施;而旧有铁路虽经改进,仍不能满足非常时期军事运输的基本需要。九一八之后,全国上下担心外敌入侵。因此,中央制定了五年建筑八千余公里新路的计划,并且特别注重于长江以南及西北西南诸干线的修筑,以便联络贯通。对旧路加以整备,逐步颁布业务规章,对内则各路行政,渐趋一致;对外则整理债务,恢复信誉,鼓励外国投资我国修建铁路。中央命令各铁路局在工务及行车设备上多做准备,充实并改善行车设备,以增加运检能力。各铁路在九一八事变至七七事变之间,主要有以下改进:

抽换重磅钢轨:国有各干线铁路在建设之初,大部分使用每米30公斤至32公斤的钢轨。而铁道部标准规定干线需用每米43

公斤钢轨，次要路需用每米 30 公斤钢轨。自 1933 年起，各铁路开始陆续抽换重轨，大规模运输不再受钢轨过轻的限制而可跨线路通行。

改善钢桥：各铁路最初修建的钢桥大多承载能力小，不适合运输量激增的需求。因机车过重或时速过大致使钢桥折断的事件时有发生。在抗战之前，各铁路局已开始为钢桥进行加固，其中以胶济、平汉、平绥等铁路钢桥改善工作最为显著。

抽换枕木：各铁路普遍因枕木年久朽败，导致行车时速多被限制。自 1933 年起，各铁路局制定计划，开始着手限期抽换枕木。此项工作对于提高车速、便利军事运输大有帮助。

增添机车车辆：铁路运力的增加，一方面在于整修路基及轨道，另一方面在于增添机车车辆。1935—1936 年间，由国外采购机车 170 辆，客货车约 1500 辆，为战时运输打下了基础。

增加设备：各条铁路在建筑之初，由于设备简陋，运输量稍有增加就不能应对，具体表现在：①同一条铁路上，车站间距过远，错车耗时，致使车次密度受限制；②车站股道不够或者调车线太短，不能满足错车和存车的需要；③水站距离远、供水量太小且水塔设置不合适，致使加水时间过长，因而阻塞正线；④车站月台不够长，缺少货物站台，导致货物起卸不便；⑤缺少军用站台，致使车站秩序混乱；⑥车站与附近公路联络不佳，是导致客货拥塞的又一因素；⑦沿线电讯简陋，使得调车与一般通信迟缓；⑧机车使用之煤炭来源地点有限，沿线产煤地区未经过逐一开采，一有变故，燃煤来源受阻。

首都轮渡：京沪（南京至上海）铁路与津浦铁路在南京有长江之隔，导致客货转运困难。尽管长久以来都有建设桥梁的建议，但因工程艰巨而难以实施。国民政府定都南京之后，即着手轮渡计划。首都轮渡于 1933 年 10 月通车，从此南北车辆可直接安然渡江。七七事变前后，南北军队的调动大量使用这条轮渡；东战场失利之后，大部分铁路机车由此轮渡运达后方。

铺设调度电话：除上述各项行车设备的改进外，各铁路还装设了调度电话，建立了集中调度机车车辆的制度。抗战之初，军事运输当局组织铁路调度所，将大批机车车辆组成军用列车，运用于各战场中，调度电话在指挥过程中发挥了巨大作用。

布设防空设备：铁路是战场运输的大动脉，为日寇空袭的首要目标。各铁路积极做好防空准备,如建设车站防空洞、伪装沿线水塔、铺设疏散车辆的岔道、安装消防设施、施行防空演习等等,以减少敌人空袭带来的损失。

铁路员工的心理准备:战争时期,铁路员工的职责与战场上的士兵并无太大区别。各铁路对员工实施严格的军事训练,以便在非常时期能有所应对。战事爆发后,即挑选技术过硬的员工组织工程队,配以救险及修理工具材料,一旦路线被敌机轰炸破坏,不分昼夜地抢修,使路线不至于阻断,从而使军运保持畅通。如果由于军事阵地转移,路线必须放弃,则由工程队抢拆铁轨、枕木及各项设备并移送后方,并将路基和不能撤退的部分加以破坏,以免为敌人所用。

各线铁路改造之后运行能力得以大幅提升。以平汉铁路为例,改造前客车限速平均每小时 40 公里,货车平均每小时 30 公里。改造完成之后,客车限速平均每小时 50 公里,货车每小时 35 公里,速度和效率都得以提升。

从 1928 年到 1937 年抗战全面爆发,全国共修建铁路 8600 多公里,铁路总里程达 2.2 万公里,其中东北地区占 56%。东北沦陷之后,大量铁路落入日军之手,关内 1.1 万公里铁路线构成了抗战前期我国交通运输的大动脉。

## 二、公路

清光绪二十八年(1902 年),两辆汽车由美国运入中国,行驶于上海租界,这是我国汽车运输的开始。1913 年在湖南建成的长沙到湘潭公路,拉开了我国现代公路建设的序幕。1928 年交通部拟定全国公路网计划。1930 年国际道路协会在美国华盛顿举行第六届大会,赵祖康等人代表中国参会。参会人员采纳了美国中央协助地方筑路的方法,作为我国公路建设的重要政策。当时的公路建设原则有三点:①从大处着想,从小处入手;②中央与地方通力合作;③工程运输统筹兼顾,而政府设施先以工程为主。鉴于修筑公路的紧迫需求,全国经济委员会于 1932 年设立公路处,按照上述原则督造各省联络公路。将各省分离的公路路线统筹管理,并建设全国性公路干线。当时公路建设的基本方针是中央与地方协作,实行督造制度。借鉴美国联邦协助各州筑路的方法,中央在财政与技术方面给予支持,路线与工程标准则由经委会统筹规划。

1932年5月，全国经济委员会筹备处奉命协助苏、浙、皖三省在最短时间里完成主要干道的建设。根据当时的设计思想，把三省公路定名为"苏浙皖三省联络公路"，首先修筑路线6条：1.沪杭路（上海至杭州）；2.京杭路（南京至杭州）；3.京芜路（南京至芜湖）；4.杭徽路（杭州至徽州）；5.苏嘉路（苏州至嘉兴）；6.宣长路（宣城至长兴）。这6条路标准由国际道路专家会同全国经济委员会专家共同制定，开创了我国公路统一设计，分段施工的先河。

"苏浙皖三省联络公路"建设之后，引起了国民党当局的高度重视。1932年11月，蒋介石命令在汉口召开公路会议，由三省扩大为七省联络公路，苏、浙、皖、湘、鄂、赣、豫七省建设厅长和公路部门管理者出席会议。以"对内军事，对外国防，经济发展"三方面为依据，仍以南京为中心，计划修建干线11条，包括京黔路（南京至贵州）、京川路（南京至四川）、京陕路（南京至陕西）等，连同支线长度共约2万公里的公路网遍及七省，长远目标则是遍及全国。1934年初，全国经济委员会鉴于西北运输的重要，拨款兴修西兰和西汉两公路。

经委会规划公路路线时，认为铁路和水运将成为当前及今后的交通主线，因此力求公路能够联通铁路和水运，避免彼此平行建设。但由于铁路建设投入大且工期长，未能及时完成，因此不得不暂时以公路取代。到"七七事变"爆发之前，基本形成了以南京为中心，覆盖我国中东部各省份的全国公路网，一定程度上弥补了铁路建设滞后的缺陷。截至抗战前夕，全国公路建设进展迅速，1932年全国经济委员会开始督造公路时，全国公路仅6万公里，而至1937年，已建成公路约11万公里，其中土路6.6万公里，铺设路面的有4.4万公里。五年之间公路里程增加近一倍，平均每年增加一万公里。各省公路联络交通已初具规模。但是大多数公路标准较低，路基宽度4米到12米不等，最大纵坡达到20%，最小平曲线半径不足6米。桥梁大多都是临时修筑，载重3吨至10吨不等。

尽管30年代我国公路事业得到了长足发展，但是与列强相比，仍有较大差距。30年代末，日本公路通车里程高达90余万公里，汽车保有量超过40万辆。德国则建成了高等级的国防公路，联通奥地利和德国边境，为对外扩张做足了交通准备。

我国制定了将西南、西北作为对日作战交通大后方的战略，因此公路的督造范围，除我国中东部省份之外，还远达甘肃、青海、

由丝绸之路古驿道改建而成的西兰公路

新疆、绥远、四川、贵州、云南等省。这些在后来的抗战中发挥了重要作用的公路主要有：

### 1. 西兰公路

起于西安，经咸阳、长武、平凉，越六盘山至兰州，全长719公里。西兰公路是由古驿道演变而成的大车道。清同治年间，名将左宗棠进军新疆时，为便利军事运输和补给输送，征集2万民工。军民一同修筑西兰大道，并在沿途栽植杨柳共计约26万株。西兰大道为左宗棠收复新疆立下了汗马功劳。天长日久，沿途的柳树枝繁叶茂，沿线百姓为纪念左宗棠，将这些柳树称为"左公柳"。1932年淞沪战争爆发，国民政府曾决定移驻洛阳，将西安定为陪都。为打通物资供应通道，政府决定修建西兰公路，并且延至河西走廊直抵新疆中苏边境。1934年3月，全国经济委员会决定投资修建西兰公路，于3月21日在西安成立西兰公路工务所，派刘如松为该所总工，负责工程的实施。经过赵祖康、奥金斯基等人的实地勘察，西兰公路按丙等国道标准对全线进行改建，郭增旺、陈本端、翁朝庆等参与建设，1935年5月1日，西兰公路全线土路通车。

### 2. 川陕公路

川陕公路由宝鸡经凤县、汉中，抵达川陕边界的棋盘关，全长396公里，为贯通川陕的要道。陕西段可分为宝汉、汉宁两段。宝汉段全长255公里，多为山路，历史上曾经是入川的栈道，崎岖

故宫南迁文物经过川陕公路

张大千国画《七盘关》

险峻。1934年9月,经济委员会公路处开始改造此段,于1935年年底初通,随后铺设碎石路面、修筑桥涵等。汉宁入川一段山路较多,全长141公里,比较著名的有牢固关、棋盘关(七盘关)等,石方工程较大,桥涵比较多。修缮之后的川陕公路路况差强人意,美国记者格拉姆·贝克乘车通过此路后记载到"许多山坡都是那么陡峭,以至汽车必须停停走走,而且有的拐角太小,不倒车,就转不过弯去"。

川陕公路上的棋盘关(七盘关)被称为"西秦第一关",地势险峻。画家张大千在前往敦煌的途中,经过川陕公路时创作了国画《七盘关》,并描述道:"此从七盘关北上,初入秦界,路极陡峻,境亦幽邃,昔称牢固关,为秦之咽喉,今更名西秦第一关也。"

### 3. 滇黔公路

民国初期,西南边陲的云南到祖国内地,需先经过滇越铁路到越南,再转道香港才能抵达。1927年龙云执掌云南后将修筑公路列为四大政要之一,决定修筑滇黔公路,起于云南昆明,止于贵州贵阳。1937年滇黔公路全线开通,至此"横贯西南之京滇公路完成。由南京出发,经皖、赣、湘、黔诸省达昆明,全线长三千公里,以一百又八小时可达,此滇省交通之大革命"。同年4月,国民政府派出"京滇公路周览团"一行170人,18辆汽车由南京出发,浩浩荡荡,跨越5省,历时24天抵达昆明。这是昆明与国内各省第一次通汽车,从此结束了云南交通"不通国内通国外"的怪现象。滇黔公路的开通,结束了法国控制云南对外交通的屈辱时代。滇黔公路与川黔公路相连,形成了昆明经贵阳到陪都重庆的交通干线,在抗日战争中发挥了至关重要的作用。滇黔公路上的二十四道拐盘山公路是闻名全国的公路奇观,由公路巨子邹岳生负责设计和修筑。

滇黔公路上的傍山险道

### 4. 川湘公路

当日军在东北、华北、华东不断挑衅时，国民政府预感到了全面战争的来临。国民政府交通部机关刊物《抗战与交通》就疾呼："现代的战争，简直就是交通的战争！"国民政府于1929年提出川湘公路修筑计划。川湘公路在湘境接长沅、湘黔两线，在川境接成渝、川黔两线，是由湘入川、联结湖南与陪都重庆的唯一陆上通道，时有"战时生命线"之称。

1935年10月湘黔公路竣工后，川湘公路测量队在沅陵成立。当时设计有甲乙丙3种线路方案。武汉行营公路处与湖南省公路局派员会勘决定，采用甲线，即今修成之线——从沅陵筲箕湾附近的三角坪起，经泸溪、矮寨、花垣（简称"三花段"）至茶峒，再抵重庆秀山，全长451公里。

举世闻名的"矮寨公路奇观"就在"三花段"。该路段被称之为中国公路史上的奇观。人们形容其为"一长条折皱的带子，一根压缩的弹簧，一道陡峭的多级阶梯"。矮寨在吉首西40多公里处，是一个古朴的苗家集镇。这个"盘旋盛梯，路绕羊肠，一将当关，万夫莫过"的小镇，却是乾（吉首）、永（永顺）往来要道。

工程于1935年11月开工，1937年1月陆续建成通车。该路段与湘桂公路相连，方便国际援华物资从北部湾运往重庆等地。川湘公路上的矮寨段长约6公里，修筑于水平距离不足100米，垂直高度440米，坡度为70—90度的大小斜坡上。这样特定的空间迫使公路多次转折，形成13道锐角急弯，26截几乎平行、

矮寨公路奇观与矮寨大桥——天堑变通途

上下重叠的路线。其地势之险、工程设计之巧妙居全国公路之冠。为修筑这段仅 6 公里的公路，2000 多名民工栉风沐雨整整奋战了 7 个月，其中死亡 200 多人，伤残者不计其数。

2001 年 4 月 7 日，时任国务院总理的朱镕基来到川湘公路死难员工纪念碑默哀致敬，还动情地回溯了抗战期间自己乘坐木炭车经过此地的经历。2013 年 11 月，习近平主席专程考察了矮寨大桥，矮寨天堑变通途的过程让他赞叹不已。

**5. 成渝公路**

1913 年，当湖南开始修筑中国第一条行驶汽车的公路时，四川即有人倡议修筑成渝公路。终因政局不定，战乱频繁，公路时修时停。费时 9 年，直至 1933 年政府才宣告修成 440 公里的成渝公路。1934 年，成渝公路沿线开始设立"转弯危险""慢车""下坡危险"等彩色木牌，并在各场镇、码头竖立地名标牌，这些都是在四川公路上首次设置的道路交通标志。经过 1937 年的整修，成渝公路缩短里程 30 公里，但依然弯多坡陡，狭窄难行。为坚持持久抗战，政府对成渝公路进行了大规模修整，由赵祖康领导，戴居正、陈本端等人负责具体改善事宜，改善后的成渝公路成为抗战大后方的交通要道。

成渝公路

## 三、水运

我国东临太平洋，海岸线之东北起于辽宁的鸭绿江，西南止于广西之北仑河口，大陆岸线长约 1.8 万公里。在漫长的海岸线上，有着诸如大连、青岛、天津、连云港、上海、广州等举世闻名的天然良港。我国境内河流纵横，贯穿东西的长江航道更是被称为黄金水道。全国总计有约4.7万公里水道可行驶船舶，与此相较，抗战前我国铁路里程还不足1.8万公里。

在中国悠久的历史上，经过南海、印度洋至阿拉伯海的"海上丝绸之路"历经汉、晋、唐、宋、元、明等朝代，经久不衰，促进了中国和世界的交流。广州成为世界航海史上唯一2000多年来长盛不衰的港口。宋元时代的泉州不仅是中国最大的港口，还与埃及的亚历山大港并称为"世界第一大港"。明朝郑和下西洋更是远达东非、红海等地区。明清时期的海禁政策，却拉大了中国同世界各国的距离。但在同一时期，荷兰、西班牙、英国等国，则通过海上霸权逐渐称霸世界。1840年，英国人的坚船利炮打碎了清朝"天朝上国"的美梦。中国门户大开，列强纷至沓来，中国陷入了半殖民地半封建社会的深渊。这一时期我国优良港口多数在外国势力控制之下，海运事业被外国资本垄断；长江等内河航运，也被列强所把持。

自1927年南京国民政府成立后，为了发展中国的航运业，政府主要采取了4项措施：①设立航政管理机构，管理全国航政事宜；②颁布航政法规，保障航业利益；③管理国营航业，整理轮船招商局；④监督促进民营航运业发展。经过近10年的发展，到1935年底中国注册轮船达3985艘，71余万吨。其中内河航运方面，战前中国的内河运输主要集中在长江流域和珠江流域，长江流域的轮船吨位达24万吨左右，轮船运力32万余吨。

航运直接反映了国家的综合国力和对外贸易水平。率先完成工业革命的大英帝国，依靠其强大的海军成为海洋霸主。强大的航运能力为其海外贸易和殖民扩张提供了可能，殖民地也成为了英国的原料来源地和海外市场。在第一次世界大战结束后，英国达到领土面积最大时期，覆盖了近地球四分之一的土地和人口，成为世界历史上跨度最广的国家。由于英帝国的领土、属地遍及包括南极洲在内的七大洲、四大洋，因此被称为"日不落帝国"。19世纪后期，美国、日本等国也相继崛起，成为全球性的大国。在明治维新之后，日本海军向英国学习，并以"亚洲的英国"自居。中日甲午战争后，日本海军不断壮大，1905年战胜俄国后，跃升为太平洋海军强国。第一次世界大战后，日本海军实力迅速膨胀，开始大规模扩充海军。到1936年6月，日本海军拥有285艘舰艇，总吨位达115.3万余吨，还不包括许多炮艇、登陆艇及在建的舰艇，海军官兵总人数为12.6万人。至1937年全面侵华战争爆发时，其海军实力已接近英美。反观中国海军，自北洋水师全军覆灭后，始终没有振兴，仅有中小舰艇130艘，吨位合计6.8万吨，海军官兵2.5万人，而且中国舰艇普遍吨位小、质量差。水运方面，日本拥有轮船总吨位600余万吨，远洋船队遍布于世界各主要航道。而我国轮船总吨位仅为日本的十分之一。

海上力量的巨大差距，使得日寇对我国东部沿海实施海上封锁的战略易如反掌。抗战伊始，日本侵略者凭借其强大的海军优势，于1937年8月25日发表所谓"遮断航行"的宣言，宣布封锁上海至华北沿海；9月5日，日海军省宣布封锁中国全部海岸线；1939年5月26日，日海军省发言人宣称："第三国在中国沿海之航行，一律实行封锁。"全面封锁中国海面，禁止国内外商船往来，对华采取严密的战略封锁政策。

### 四、航空

较之铁路、公路和水运，我国的航空建设更为滞后。九一八事变时，我国空运事业正处于萌芽时期，当时仅有中国和欧亚两大航空公司。中国航空公司成立于1930年8月，由中美合资开办，以贯通国内东西南北主要空运干线为目的。中国航空公司在抗战前开辟的航线以上海为中心，有沪蓉线（上海至成都）、沪平线（上海到北京）、沪粤线（上海至广州）和渝昆线（重庆到昆明）。沪蓉线长约2037公里，普通航班分为沪汉、汉渝、渝蓉三段。

欧亚航空公司成立于1931年2月，由交通部与德国汉莎航空公司合资经营。德国为世界航空强国，汉莎航空公司在1926年以后成为德国唯一的航空大公司，所经营的航线达上百条，其中有20余条国际航线。欧亚航空公司以贯通欧亚两大洲国际航线为主，为改善我国西北交通运输条件发挥了重要作用。欧亚航空公司经营的航线有4条：上海至迪化（乌鲁木齐）、北平至香港、北平至兰州和西安至成都。欧亚航空公司的航线将中国东部的上海、南京、北京等城市与西北的西安、包头、兰州连接起来，加强了西北各地与东部沿海之间的联系。

1933年9月，云、贵、闽、粤、桂五省还官商合办了西南航空公司，开通了广东和广西之间以及通达越南的航线。到1936年全国航线仅有11841公里。九一八事变到七七事变的6年间，我国的空运建设政策为搭建国内空运网络，打通欧亚空运，开办通达邻国的国际航线。

**1931—1937年空运线路表**

| 公司名称 | 空　运　线　路 |
|---|---|
| 中国航空公司 | 上海—武汉—宜昌—万县—重庆—成都 |
| | 上海—南京—海州—青岛—天津—北平 |
| | 上海—温州—福州—厦门—汕头—香港—广州 |
| | 重庆—贵阳—昆明 |
| 欧亚航空公司 | 上海—南京—郑州—西安—兰州—肃州（酒泉）—哈密—迪化（乌鲁木齐）（兰州至乌鲁木齐一段因新疆发生事变于1933年7月起停航） |
| | 北平—太原—郑州—汉口—长沙—广州—香港 |
| | 北平—归绥（呼和浩特）—宁夏—兰州 |
| | 西安—汉中—成都 |
| 西南航空公司 | 广州—梧州—南宁—龙州—河内 |
| | 广州—茂名—北海 |
| | 广州—梧州—桂林—柳州—南宁 |
| | 广州—广州湾—河内 |

为发展航空运输事业，除了开辟航线外，我国还加强了机场建设。尤其是在交通不便的西部地区，迎来了我国航空史上第一次机场修筑的浪潮，主要机场如下表：

**抗战前西部机场建设一览表**

| 地点 | 机场长宽（米） | 有无跑道（米） | 与城市距离（公里） | 所属公司 |
|---|---|---|---|---|
| 万县 | 水面 | 无 | 无 | 中航 |
| 重庆 | 200×400 | 1937年在建造中 | 西南角1 | 中航 |
| 成都 | 600×400 | 南北跑道480×50，东西跑道400×17 | 北门外8 | 中航、欧亚 |
| 贵阳 | 600×300 | 无 | 城西北25 | 中航 |

续上表

| 地点 | 机场长宽（米） | 有无跑道（米） | 与城市距离（公里） | 所属公司 |
|------|---------------|---------------|-------------------|---------|
| 西安 | 1000×800 | 无 | 西城门附近 | 欧亚 |
| 兰州 | 1200×500 | 无 | 兰州以东5 | 欧亚 |
| 肃州 | 940×1000 | 无 | 城南5 | 欧亚 |
| 昆明 | 300×1000 | 无 | 城南4 | 欧亚 |
| 包头 | 1000×900 | 两条，800×50 | 城南2 | 欧亚 |

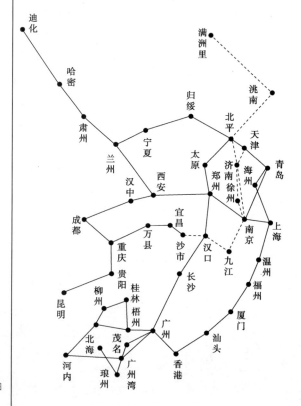

抗战之初国内航线图

# 第二章 铁路
## ——战略防御阶段的生命通道

### 第一节 铁路在战略防御阶段的地位

1895年甲午战争之后,列强掀起了瓜分中国的狂潮,纷纷在中国抢夺铁路修筑权。俄国在我国东北修筑了中东铁路,德国在山东修筑了胶济铁路,法国在我国西南修筑了滇越铁路。1904年日俄战争后,中东铁路被转让给日本,定名为南满铁路,成为日本攫取东北资源,从而准备全面进攻中国的发端。1905年,詹天佑主持的京张铁路是中国人自行设计和施工的第一条铁路。1911年清政府实行铁路"干路国有",引发四川保路运动,成为辛亥革命推翻清王朝统治的导火索。1931年9月18日,日本则是以我国破坏南满铁路为借口,发动了九一八事变。铁路可以说

京张铁路修成时,詹天佑(车前右起第三人)和同事的合影

是我国近现代史的有力见证之一。

一般认为，蒸汽机、煤、铁和钢是促成工业革命技术加速发展的4项主要因素，这4大因素也直接决定了各国铁路和航运水平。日本在1914年铁路里程超过7000公里。1916年，美国铁路总里程达40.9万公里。苏联在第二次世界大战前铁路通车里程也高达10万公里。1935年德国的铁路通车里程达到6.9万公里。而国土面积同美国、苏联接近的中国，在九一八事变之前，铁路通车里程仅约1.5万公里，且多数铁路修筑在东三省，并被俄国、日本等国把持。

1937年七七事变到1938年10月武汉沦陷，被称为我国抗日战争的战略防御阶段。中日之间海空军悬殊的实力差距使得日本可轻易封锁我国东部沿海，青岛、上海、广州等重要港口也注定沦陷。九一八事变日本以我国炸毁南满铁路为借口，进犯我国东北；七七事变日本以平汉铁路边的卢沟桥为起点，发动全面侵华的攻势。以铁路为借口侵华，看似偶然，实则是现代战争历史的必然。

## 第二节　从卢沟桥到钱塘江大桥

### 一、卢沟桥事变与全面抗战

蓄谋已久、早已开动战争机器的日本，不断地向我国华北增兵，一时间山雨欲来风满楼。1937年7月7日，在卢沟桥附近演习的日军宣称有一名士兵失踪，意图闯入宛平城搜索，日本全面侵华的序幕由此拉开。卢沟桥位于北京西南约26公里，为扼守北京西南的交通要道，宛平城位于桥头，平汉铁路桥位于卢沟桥以北约0.5公里。平汉铁路自卢沟桥一分为二，一条向东北直达北

中国军队守卫卢沟桥（1937.7）

京,并有支路抵达通州;另一条则向东到丰台与北宁铁路相交。因此,卢沟桥的交通区位十分重要。

面对日寇的步步紧逼,坚守"攘外必先安内"政策的蒋介石一边部署动员全国军队做好抗战准备,一边展开外交工作。蒋介石于7月17日发表了著名的庐山谈话,其主要内容摘录为:

"第一,中国民族本是酷爱和平,国民政府的外交政策,向来主张对内求自存,对外求共存。……前年五全大会,本人外交报告所谓:'和平未到根本绝望时期,决不放弃和平,牺牲未到最后关头,决不轻言牺牲'……我们既是一个弱国,如果临到最后关头,便只有拼全民族的生命,以求国家生存;那时节再不容许我们中途妥协,须知中途妥协的条件,便是整个投降、整个灭亡的条件。全国国民最要认清,所谓最后关头的意义,最后关头一至,我们只有牺牲到底,抗战到底……

第二,这次卢沟桥事件发生以后,或有人以为是偶然突发的,我们东四省失陷,已有了6年之久,续之以塘沽协定,现在冲突地点已到了北平门口的卢沟桥。如果卢沟桥可以受人压迫强占,那么我们百年故都,北方政治文化的中心与军事重镇北平,就要变成沈阳第二!今日的北平,如果变成昔日的沈阳,今日的冀察,亦将成为昔日的东四省。北平若可变成沈阳,南京又何尝不会变成北平!所以卢沟桥事变的推演,是关系中国国家整个的问题。

第三,万一真到了无可避免的最后关头,我们当然只有牺牲,只有抗战!但我们态度只是应战,而不是求战;应战,是应付最后关头,因为我们是弱国,又因为拥护和平是我们的国策,所以不可求战;我们固然是一个弱国,但不能不保持我们民族的生命,不能不负起祖宗先民所遗留给我们历史上的责任,所以,到了必不得已时,我们不能不应战……

第四,卢沟桥事件能否不扩大为中日战争,全系于日本政府的态度……

我们知道全国应战以后之局势,就只有牺牲到底,无丝毫侥幸求免之理。如果战端一开,那就是地无分南北,年无分老幼,无论何人,皆有守土抗战之责,皆应抱定牺牲一切之决心……"

国民政府和蒋介石决心抗战,得到了全国人民的拥护。7月15日中国共产党中央委员会将《国共合作宣言》交付国民党,在

日军经过卢沟桥，向北平进发

主张团结抗日及实行民主政治的主旨下，中共中央主动提出"取消红军名义及番号，改编为国民革命军，受国民政府军事委员会统辖，并待命出动，担任抗日前线之职责。"

四川的刘湘、潘文华等将领认为"在此国难当前，我辈捍卫国家、报效领袖之时"，因此"通电各省，同德一心，共同御敌"。广西的李宗仁、白崇禧，山西的阎锡山，青海的马鸿逵，云南的龙云等雄踞一方的将领也都纷纷表态，拥护国民政府抗日。中国的武装力量，在大敌当前的形势下，为了共同抗日，达到了自民国以来的空前团结。

军民的团结并未能改变战场的颓势，日军在东北、华北处心经营多年，战争一开始，平津陷落成为必然的后果。日本早已完成对平津包围的准备，战事一起便按照既定计划分三路进犯华北。7月29日，北京、天津相继沦陷。

## 二、淞沪会战——争夺中国最大的交通枢纽

### 1. 上海的地位

历史总是惊人的相似，同当年九一八事变与一·二八淞沪抗战一样，日本一边发动七七事变进犯华北，一边又将触角伸到了上海。而中国也希望能够在上海开战，主要原因有：①从政治上而言，上海不仅是中国最大的都市，也是国际大都市，"中外观瞻所系""国际观感"十分重要，以上海之战能够引发西方列强的干预，因此最高统帅部决定"不惜任何牺牲，予以强韧作战"。

②从经济上而言，上海是我国经济重心，聚集于此的国民政府经济和财政利益需要保护，且上海和江浙一带的工厂、物资也需要在对日作战的掩护下向内地迁移。这也是不惜一切代价作战的目的。③从军事战略上而言，中国缺乏机械化部队，不宜在华北平原对日作战，却可利用长江中下游湖沼山地作掩护，比在黄河流域作战有利。

壳牌石油在上海的精炼厂

上海是我国最大的综合交通枢纽。航空方面，中国航空公司和欧亚航空公司总部都在上海。水运方面，上海作为远东地区最大的港口城市之一，是我国东部最大的港口和进出口物资的主要集散地，国际航运公司云集于此；上海扼守长江口，是长江内河航运的中枢，我国最大的航运公司招商局的总部也设置于此。公路方面，上海公路四通八达，连接江苏和浙江。铁路方面，上海是华东铁路的中心枢纽，有沪宁铁路（上海至南京，共311公里），沪杭铁路（上海至杭州，共186公里）连接江苏和浙江。

国民政府意识到一旦上海发生战事，南京到杭州的铁路运输必将因此受阻。1932年5月国民政府在《淞沪停战协定》签字，使得中国遭受了新的耻辱。《协定》规定，中国军队退出上海，不得在京沪铁路（南京至上海）安亭车站以东至长江边的浦口地区驻扎和布防，这不仅使得上海成为"不设防城市"，而且势必造成南京与杭州间调动兵力的困难。为了防止上海战事爆发影响南京到杭州之间的铁路交通，一些有识之士建议修筑一条从苏州直达沪杭铁路嘉兴站的铁路（即苏嘉铁路），中间避开上海。1935年2月苏嘉铁路动工修筑，次年7月完成，全长约74公里。

苏嘉铁路沿太湖东岸与南北运河平行，沿线是江南最富庶的地区，原本已有便利的公路和轮船航运，再加上新添的铁路，形成3条平行交通线。南京到杭州不再经由上海，距离缩短了150公里。苏嘉铁路在后来的淞沪会战中发挥了重要的作用。

**2. 淞沪会战**

七七事变后仅一个月，淞沪会战在上海打响，标志着中日之间的不宣而战，由局部抗战阶段升级为全面战争。8月13日上午，日寇进攻闸北，下午三时，中日两军正式开火。8月25日，日本发布所谓"遮断航行"宣言，宣布封锁上海至华北沿海。

日军利用绝对的空中优势对上海的铁路进行了疯狂地轰炸。上海原有南北两个车站，北站处于战区，交通已完全断绝，南站就成了陆路交通的唯一出口。水路方面，淞沪会战爆发当天，中国军事当局就征集了附近招商局、民生公司和三北公司等的轮船，自沉在十六铺一线，堵塞黄浦江水道和码头，共用船只总吨位近1.5万吨，还铺设了大量水雷，为参加淞沪会战的中国军队解除了部分后顾之忧。如果日军舰队进入黄浦江，直插上游包抄上海后路，那么后果将不堪设想。中日军队在上海鏖战3个月之后，淞沪会战结束，中国以损失大量精锐部队为代价打破了日寇3个月灭亡中国的狂妄计划，同时也为从上海等地迁出大批厂矿机器及战略物资争取了时间，为坚持长期抗战起到了重大作用。

日军沿京沪铁路往南京进军

为防止日军利用长江水道迅速向中国内地推进，在淞沪会战爆发前两天即1937年8月11日，国民政府召开紧急军事会议，部署了上海、南京等地的防守。

长江下游与日军发生陆海空激战，仍无法阻止日军进犯。1937年12月13日，日军进占南京，至此我国南北干线津浦铁路两端的南京和天津都落入敌手。

## 三、钱塘江大桥——建桥炸桥总关情

钱塘江横亘浙中，将浙江分为浙东浙西。波涛汹涌的钱江潮因其壮丽景观闻名遐迩，但也成为交通一大障碍，自古便被称为天堑。就连不可一世的秦始皇在汹涌奔腾的钱塘江怒潮面前，也只能摇头叹息，收敛起平日的霸气，老老实实地绕道远走。唐代诗人施肩吾在《钱塘渡口》诗中，也发出"天堑茫茫连沃焦，秦皇何事不安桥"的感慨。

钱塘江上建桥是人们千百年来的梦想，然而真要在江上"安桥"又谈何容易。单从技术上就有两大难题，一是可作桥墩基础的岩层在水面以下40余米的流沙覆盖层，游移不定，随着水流冲刷，江底变幻莫测，杭州民间素有"钱塘江无底"的传说；另一个则是举世闻名的钱塘潮，怒涛飞沫，雷霆万钧，潮来时江口水位高差可达6米，流速每秒亦为6米，上溯钱塘百里之遥。长期以来，虽屡有建桥的建议，然而几番争论之后，总是毫无结果。"钱塘江造桥"竟作为一句名谚流传开来，以比喻一件不可能成功的事。

浙江省内有浙赣和沪杭甬两大铁路干线，浙赣铁路杭州出发站设在钱塘江南岸，与沪杭甬铁路的杭州闸口站隔江相望。沪杭甬铁路在清末时完成了上海至杭州闸口段和宁波至百官段，而杭州闸口至曹娥江边百官段由于要跨越钱塘江和曹娥江桥，工程巨大，耗资甚多，因此一直未能修筑，拖延了30多年，致使沪杭甬铁路无法全线通车。浙赣铁路的逐步贯通使得钱塘江大桥的修筑势在必行。

20世纪30年代以前，国内公路和铁路上较大的桥梁，都由外国人设计和承建。如英国人建滦州滦河桥、比利时人建郑州黄河桥、德国人建济南黄河桥、俄国人建松花江桥等。

1934年5月，浙江省政府成立了钱塘江大桥工程处，聘请了一批中国桥梁工程专家负责钱塘江大桥的设计和施工，任命茅以升为工程处处长，罗英为总工程师，梅旸春、李学海等人为工程师，负责钱塘江大桥的勘测设计。同年9月，铁道部和浙江省政府达成协议，预计建桥经费500万元，由铁道部和浙江省各承担一半，完工之后由双方合组大桥管理委员会。

钱塘江大桥设计为双层铁路、公路两用桥，全长约1387米，其中正桥约1073米，分16孔，每孔67米，北岸引桥约226米，南岸引桥约91米，桥址选定在杭州闸口六和塔附近。由中国专家和工程技术人员勘测选址，设计建造铁路、公路两用桥，这在中国建筑史上实属首次。1935年4月，大桥工程正式开工。桥墩工程发包给荷兰治港公司承建，桥梁上部工程发包给英国道门郎公司承建，日夜赶工，进展迅速。

"钱塘江桥"四个字中，有金有木有水有土，偏偏没有火。钱塘江建桥时，它的设计者——留美归国博士茅以升就曾出过一个对联。上联是，"钱塘江桥，五行缺火"，而下联至今仍未有人对出。"五行缺火"，没想到战火很快就烧到了钱塘江大桥。1937年8月13日，淞沪抗战爆发，钱塘江大桥还未交付使用就先经受了抗日战火的洗礼。在"八一三"的第二天，就有三架日军飞机来工地轰炸，当时茅以升在第6号桥墩的沉箱中指导工作。沉箱在水下30米深的地方，如果阀门没关住，水会倒灌进来，灯也会随之熄灭。正当他和工程师、监工在商量建桥细节的时候，灯突然灭了，工人们特别紧张，但茅以升博士镇定自若。上岸后，茅以升发现一切建桥工作都停止了，工地上只剩了一个掌管气阀的老工人。他告诉茅以升，半个小时以前听说日本飞机要来轰炸，于是发出空袭警报并关闭了所有电灯。

在此后的40多天里，建桥的工人们同仇敌忾，冒着敌人炸弹爆炸的尘烟，夜以继日地加速赶工，终于在9月26日通车。当时淞沪战场中日军队鏖战正酣，钱塘江大桥通车后立即承担起铁路公路运输任务。淞沪会战后期，中国的物资得以快速运往后方，京沪、沪杭甬、苏嘉铁路上的机车和客货车辆以及各种机器、材料等，得以快速转移到浙赣、粤汉、湘桂等铁路上继续使用，钱塘江大桥功不可没。

当时淞沪战役和南京保卫战进行得如火如荼时，茅以升密切地关注着战场的形势，并早在建桥设计时，就在靠近南岸的第14号桥墩中部，预留了一个安放炸药的长方形大洞。这个位置是桥墩要害，引爆后既能炸毁桥墩，使敌人短期内难以修复，又为胜利后自己修复大桥留下伏笔。对于这个原设计中没有的重大改变，茅以升没有向任何人解释原因。

同年11月16日下午，南京工兵学校的一位教官在桥工处找到茅以升，向他出示了一份南京政府绝密文件。文件要求在迫不得已时要炸毁钱塘江大桥，而炸桥所需炸药及爆炸器材已直接由南京运来。虽然茅以升已经做了以防万一的准备，但是听到这消息，还是"如五雷轰顶"。大桥一共有16孔，南京政府要求炸掉5孔钢梁，茅以升则认为，要炸就炸彻底，得炸毁桥墩。他们一起商议后决定，先布置雷管和炸药，将100多根引线接到炸药安放各处。在进行接线时，火车照常通行，但所有火车司机都预先接到一条秘密命令："绝对不得在过桥时加煤添火，也不许落下煤块。"

11月17日埋完炸药后，茅以升接到浙江省政府的通知，因大量难民涌入杭州而渡船数量有限，钱塘江大桥公路部分必须于当天全面通车。上海战事爆发后，每天有数万人要过江，渡江的船本来就不够用，不料在16日又因故沉没了一只，形势严峻。由于炸桥是高度机密，浙江省政府此时也不知道大桥上刚刚装置了炸药，因此省政府才决定开放大桥。当日，大桥全面通车。得到消息的人们从杭州、宁波远道而来，成千上万的群众来到六和塔下的钱塘江边，甚至连六和塔上也都站满了人。第一辆汽车从大桥上驶过时，两岸数十万群众掌声雷动，场面十分感人。茅以升后来在回忆录中感慨万分地写道："公路桥通车的第一天，桥下就埋上了炸药，这在古今中外的桥梁史上，可算是空前的了！"

1937年12月23日，茅以升接到了炸桥的命令，但是当时北岸仍有大量难民涌上桥来，无法实施。直到下午5点，隐约可以看到日军的骑兵来到江头，有关机构才断然禁止行人过桥并启动爆炸器。随着一声巨响，这条1453米的卧江长龙被从6处截断，不仅炸断了5孔钢梁，也炸毁了14号桥墩。亲眼见证了通车仅89天的钱塘江大桥被炸毁，茅以升博士当晚写下八个大字"抗战必胜，此桥必复"，并赋诗一首：

斗地风云突变色，
炸桥挥泪断通途。
五行缺火真来火，
不复原桥不丈夫。

茅以升

受阻于钱塘江大桥的日军

## 四、罗英——钱塘江大桥总工程师

罗英，字怀伯，江西南城县人，1890年11月2日生。他的父亲罗朗山从南昌卢振兴绸缎店当学徒起家、创业，后来成为南昌知名大商家和商会会长。

**1. 首批留洋　技术报国**

1908年，罗英完成其家乡私塾的学习，只身赴沪进上海澄衷学堂（南洋中学前身）读书。在沪学习时期，他发奋图强、成绩名列前茅，1910年经学校保送为"庚子赔款"第一批公费留美学生。1911年，罗英进入美国康乃尔大学土木工程系桥梁专业学习。当时该班中国同学前后仅三人，除了罗英之外，还有茅以升与郑华，后来均成为中国近代桥梁建设的先驱者。一次和胡适等学友聊天，胡适赞叹且半开玩笑地说："怀伯兄，你可真认真哟，我那天看见你在厕所里都还手不释卷呢。"

罗英于1916年自康乃尔大学毕业，1917年取得硕士学位，先后应聘于美国鲁洛歇斯特纽约州铁路公司和纽约中央铁路公司。在美期间，罗英与陈体诚等发起组织"中国工程学会"，每月出版《工程》杂志，时常撰文介绍国内外桥梁的成就，该杂志于解放后改版为《土木工程学报》。1919年罗英回国之后，先在南京河海工程专门学校任教，后去天津津浦铁路任养路主任，并兼南开大学和北洋大学教授。1927至1928年，他设计和建造了京奉铁路沈阳皇姑屯机厂。之后罗英奉调入关，任北宁铁路山海关桥梁厂厂长四年。期间，他除了培育人才外，修建了若干铁路桥梁，奠定了实践的经验，特别是在山海关厂的四年，为中国的桥梁制造开辟了自力更生的道路。

罗英在钱塘江大桥施工现场

视察一号墩打钢板桩的茅以升（左四）和罗英

1934年浙江省组建了钱塘江桥工程处，任命茅以升为处长，总体负责；罗英为总工程师，技术负责人。茅以升后来回忆道："桥工处开门第一件事是组成建桥班底……最要紧的是要请到一位可做主要助手并能代替我工作的人。"这位主要助手就是茅以升在康奈尔大学桥梁专业的同学罗英。

**2. 巧妙设计　艰辛建桥**

最初设计方案是铁道部美国顾问华德尔提出的单层公铁两用桥梁，桥面宽，墩身大，约需银元758万。而罗英等编制的钢桁梁双层桥梁设计方案，不仅切实可行，且耗资降至510万（竣工后决算是540万），优势明显，最终被采用。针对环境实况，他的设计理念是减少基础工程量。为此，采取了一系列措施，如提升钢材型号加大主桥跨径，从而减少桥墩数；单层桥改为双层，减小了桥宽，墩身和基础尺寸随之大减；整治堤岸，引导水流并将南、北两岸线各向前推进约300和200米，缩小跨径……即使如此，主桥仍然还有16孔桥跨，15个桥墩，若再算上引桥就更多了。如此浩繁的基础工程量，任何设计不当或施工的失误，都会对全局造成损失甚至无可挽回的局面。

在战争年代，作为大桥的总工程师，不仅对桥梁结构、施工要做到精心设计，还要考虑局势危急时刻的炸桥设计，做到既不让敌人轻易利用，又要便于我方战后的修复。钱塘江大桥的16孔钢梁跨度都是67米，如果其中一孔被炸毁，可用岸边的另一孔梁救急。事实证明了这个方案的科学性：抗战胜利后修复大桥时，就是用北岸第一孔钢梁修复了被炸毁的那孔梁；公铁双层联合桥型更是因结构合理、稳定性好，被新中国成立后修建的武汉、南京等长江大桥广泛采用。

1935年4月1日，大桥正式动工，在建桥过程中，罗英殚精竭虑，始终在施工一线处理各种实际问题。建桥惯例是先做完下部基础，再做桥墩，最后架设钢梁。为缩短工期，罗英提出"立体"施工方案：不按顺序，哪个桥墩先完成基础，就接着做桥墩，桥墩完工后马上架设钢梁。这种施工方式提高了劳动力利用率，但增加了施工管理难度。罗英作为总工程师，白天在工地指挥施工，夜间伏案审阅图纸，还要思考次日工作中可能出现的问题，并预想解决问题的方案。

在两年半的建桥过程中，罗英协助茅以升克服各种困难，先后研究出射水法、浮运法等新技术，大大加快了工程进度。1937年9月26日，大桥终于通车。在中国工程师学会表彰会上，茅以升致辞说："大桥的成功全赖罗英先生与全体员工的努力。"

### 3. 变废为宝　筑桥柳江

钱塘江桥通车前一个月，1937年11月，桥工处撤至浙江兰溪。罗英奉调任湘桂铁路桂柳段测量队总队长，1938年4月提升为湘桂铁路桂南段工程局局长兼副总工程师，负责桂林到柳州段勘测设计与施工任务，以延长内撤铁路。罗英积极工作，桂柳段于1939年12月通车，该段铁路从勘察到完工耗时仅两年。其间柳江大桥的建成，为抗日战争中铁路运输发挥了重要作用。

桂柳线西南段的关键工程是柳江桥。柳江属山区河流，枯水期时江面仅宽100余米，深约6—7米，水清见底。每逢山洪暴发，来势凶猛，一日之间可陡涨10米以上，江面宽达五六百米，洪水时流速每秒可达5—6米。

柳江桥原计划采用钢筋混凝土墩台，上部结构是从国外订制60米钢桁梁10孔。1938年秋，武汉和广州相继沦陷，原计划由国外运来存在香港的钢材和水泥等无法运进，虽有一部分水泥改由香港运往越南同登，再辗转由水陆运到柳州，但钢材仍然无着落。当时恰有一批从南浔铁路拆下的85磅旧钢轨以及从别处铁路拆下的10—13米长的单线铁路旧钢板梁，约几十孔撤退运来压在桥头。罗英急中生智，以其坚实的桥梁学识和机智的应变思想，提出用手头这些材料，拼建成大桥的方案。

桥以3孔短钢板梁对接，用旧钢轨作拉杆拼成30米一孔的双柱式桁。以3孔相联为一组，设两个用旧钢轨制成的排架摇轴墩和一个制动墩。共计6联18孔，桥全长581.6米。此设计别具匠心，故柳江桥后又称钢轨桥。

钢轨桥由梅旸春负责具体设计，当时的苏桥机厂郎钟厂长负责制造。修旧不如制新，这是工程界所熟知的客观规律。因高低不齐、梁距不一、长短参差、构造又不尽相同的旧钢板梁，以及断面楞杂、磨耗不同的旧钢轨来制造桥梁，其困难是显而易见。苏桥工厂在郎钟领导下，采用剪裁修补，可铆则铆，否则用拴，少数地方用土制焊条电焊的方法，在极简陋的小厂制成1350吨重的钢桥。

柳江桥的建成是罗英领导下继建成钱塘江桥后又一功绩。1944年8月衡阳失守，10月桂林沦陷，国民党政府为阻止日军侵入，于11月9日将柳江桥自行炸毁。此桥前后为运输服务仅47个月，也是罗英所建设而最终被炸毁的第二座大桥。

柳江桥建成后，罗英应桂林市建设局研究会邀请，设计建造了漓江桥。该桥因陋就简，上部用木结构，下部石砌墩台。新中国成立后，利用原基础改建为双曲拱桥。

1945年抗战胜利后，罗英为国家的桥梁建设奔走四方。先是调任北平第八区公路管理局局长，1947年任昆明第四区公路工程管理局长，后历任广州、重庆、成都等地公路总局专门委员、副总局长。

**4. 垂暮之年　历史永驻**

新中国成立后，罗英任上海华东交通部支前公路修建委员会总工程师，后调任北京重工业部顾问工程师兼北方交通大学土木工程系教授。1953年罗英应聘为武汉长江大桥技术顾问委员会委员。当时大桥负责人中不少是茅以升、罗英的学生，罗英大力支持新秀，着力培训技术骨干，对建桥提出了许多很有见地的建议。罗英历时3年于1958年写成《中国桥梁史料》一书，20余万字。可惜在着手撰写《中国石拱桥研究》一书过程中，完成前四章手稿之后，罗英不幸于1964年7月1日在上海逝世，享年75岁。

## 五、曾养甫与钱塘江大桥和中国交通

1937年9月,在全面抗战的隆隆炮火声中,钱塘江大桥——第一座由中国人自行设计建造的铁路公路两用桥终于飞架于钱塘江南北。作为大桥的设计者和建桥的主持人——著名桥梁专家茅以升的名字从此和钱塘江大桥紧紧联系在一起。然而另一个建桥的关键人物同样值得铭记,他就是建桥的倡议者、促成者和组织者,时任浙江省政府建设厅长的曾养甫。

### 1. 留洋归国

曾养甫于1898年出生,广东平远人。于1917年入国立北洋大学预科,两年后升入本科矿冶学系,1923年夏季毕业。同年秋,自费赴美国匹兹堡大学研究院深造,任匹兹堡大学中国学生会会长,后又当选为国际学生会会长。

1926年春,曾养甫获得硕士学位,回国筹办广州石井兵工厂并任厂长,并于1927年出任广东省政府建设厅长。1928年2月18日,国民政府设立"中华建设委员会",由张静江任委员长,曾养甫任副委员长。由于张静江还兼任浙江省政府主席,驻扎杭州,故由曾养甫实际负责建设委员会的工作。他根据《建国方略》,先从整理国营事业入手。本着"管理科学化""经营商业化"两个原则,建立会计制度,集中采购材料。3年间,曾养甫办了5项事业:①整理、扩充首都及戚墅堰两间电厂;②创办湘南煤矿,以充实长江下游的动力;③设置无线电台30座,筹建上海真茹国际电台,开创中国通讯事业之先河;④决定编制黄河、淮河、太湖的水利计划并进行勘测;⑤筹备开辟东方与北方两大商港。

1932年,曾养甫出任浙江省政府委员兼建设厅长,同时兼任浙赣铁路理事会理事长,建设钱塘江大桥委员会主任委员。为了掌握建桥的第一手资料,他先在建设厅内组建专门委员会,延揽专家,从事研究及钻探工作。历时6个月,收集了大量的水文、气象和地质资料,经过专家多次论证,通过了建桥的可行性报告。曾养甫随即将建桥意见报告省政府,得到省长鲁涤平的支持,建桥计划顺利通过。曾养甫马上搜集材料,寄给在南京的铁道部顾问、美国桥梁专家华德尔博士,请他为钱塘江大桥做设计。

### 2. 奔波筹款

据专家估计,建桥经费起码需要银元500万。这笔钱对于长期内战、财政窘迫的南京政府来说，堪称一笔大负担，何况现在要由浙江一省来承担！但曾养甫没有退却，他毅然担起了筹款的重任。

曾养甫先按国际上通行的办法制订了一个筹款计划。以大桥建成后对过桥的火车和汽车征收过桥费为担保，向银行借款，预计最多10年可偿还本息，届时大桥便不再收费。

计划制订后，曾养甫打出了"造福桑梓"的旗号，广泛宣传，大力游说，主要目标是针对金融界中的浙江籍人士。这一招果然见效，曾养甫首先得到了中国银行杭州分行行长金润泉、副行长寿毅成的大力支持，两人对曾养甫鼓励有加，寿毅成还亲自陪同曾养甫赴上海游说，商议借款事项。由于被曾养甫的诚心所打动，浙江兴业银行董事长叶揆初专程来杭，与曾养甫商讨投资建桥事宜，答应借给浙江省政府100万元，随后他又联络浙江实业银行、四明银行、中国银行和交通银行组成银行团，后4家合出100万元。经曾养甫多方奔走，全国经济委员会也答应拨借100万元，另200万元得到陈果夫同意，从他的导淮委员会中英庚子赔款董事会中转借。计划初告成功，曾养甫随即将建桥计划报告铁道部。当时铁道部正筹划完成沪杭甬铁路，故铁道部长顾孟余对这一计划非常赞赏，并提出和浙江省合作建桥。于是部省签订建桥协议，规定建桥经费平均负担，后改为铁道部负担70%，浙江省负担30%，大桥工程款由双方按比例拨付。

**3. 全力支持茅以升**

筹款初有着落，曾养甫即着手物色人才。经多方了解和慎重考虑，决定聘请毕业于美国卡耐基大学土木系的茅以升博士来担任建桥主持人。但曾养甫只和茅以升有过几面之缘，并无深交，且茅以升当时又远在天津北洋大学任教，联系不便。曾养甫想到了茅以升在杭州的两个同学，一个是浙赣铁路局局长杜镇远，另一位是浙江公路局局长陈体诚，决定请他们出面，力邀茅以升来杭面谈。

杜镇远和陈体诚觉得机会难得，欣然受命。1933年3月，茅以升意外地收到了老同学杜镇远的来信，信中提到："钱塘江一水，将浙省分成东西，铁路、公路无法贯通，不但一省的交通受到了限制，而且对全国、国际之经济文化也大有妨碍。建设厅长曾养甫想推动各方，在钱塘江上兴建大桥，现在时机成熟，拟将此重任，寄诸足下,特托转达,务望即日来杭,面商一切。"陈体诚也来信催促:"我国铁路桥梁,过去都是由外国人包办。现在我们自己有造桥的机会,千万不可错过。"在老同学的一再催促和鼓励下,茅以升终于鼓起了勇气:"不造桥则已,要造桥总有这些问题,我是学桥梁的,能知难而退吗?"于是他向校方请了假,风尘仆仆南下杭州。

茅以升抵达杭州后,首先登门见曾养甫,不料曾养甫正患感冒,无奈在床上会见茅以升。曾养甫一谈起建桥就滔滔不绝,好像病也轻了。他说:"钱塘江上建一座桥,这是浙江人民多年来的愿望,我一来杭州,就想促成此事。"茅以升盘算着说:"这是需要一大笔钱的。"曾养甫回应道:"筹款的事我已多方接洽,很有希望。有了款,还要有人会用,才能把桥造起来。"曾养甫看着茅以升又说:"关于主持造桥的人,我考虑了很久,还是请你来担任。经费我负责,工程你负责,一定要把桥造起来,你看如何?"茅以升看他这样坦率,当即答应:"我们共同努力,一定要把桥造起来。"这样的交谈,两人进行了多次。茅以升问道:"造桥的工程资料,有无准备?"曾养甫说:"有一些,当然是初步的,将来还需要你大大补充。"并要他马上辞去北洋教席。停了一会,他又像发声明似地补充:"造桥工程完全由你负责,我决不干涉。"在建桥一事上,曾养甫说话算数,他把建桥的工程技术权全交给茅以升。

1933年8月,茅以升如约来杭开始筹建工作。曾养甫在建设厅内专门成立了"钱塘江桥工委员会",由茅以升任主任委员,1934年4月又正式成立了"钱塘江桥工程处",茅以升任处长。

尽管已有铁道部顾问华德尔的设计,曾养甫却十分坦诚地对茅以升说:"华德尔的设计用不用,你们尽可研究,我很希望你们能作出比他更好的设计来。"华德尔的设计采用单层联合桥形式,铁路旁为公路,公路旁为人行道,3条通道同层并列,建桥预算共需银元758万。茅以升仔细研究了华德尔的设计方案,认为铁路、公路两条线路并列的方式孔径小,墩子多,不适合钱塘江水文与

钱塘江桥委员会

河床地质条件，水下工程量太大，也不符合桥梁下部工费和上部工费相接近的技术经济理论。于是茅以升、罗英设计出6种新的建桥方案，曾养甫十分支持，将华德尔的方案和茅以升的方案一并拿到部、省设计委员会去审查，并据理力陈，赢得了大多数人的赞同，最后委员会决定采用茅以升、罗英设计的67米跨度双层式大桥设计方案，建桥预算也压缩到510万元。

### 4. 赶工和逼工

钱塘江大桥实行招商承办的施工办法，经登报公开招商。1934年8月22日，全桥工程分3部分发包：正桥钢梁，由英国道门郎公司承办；正桥桥墩，由丹麦康益洋行承办；北岸引桥和南岸引桥，则分别由国内的东亚工程公司和新亨营造厂承办。

钱塘江大桥无疑是东南地区的交通枢纽，有着极其重要的战略意义。而此时日寇正步步紧逼，全面抗战一触即发。鉴于此，曾养甫一再要求桥工处加快进度，缩短工期。大桥原计划2年半内完工，曾养甫坚持将工期改为1年半。他对茅以升说："这两年内，

1934年11月11日，钱塘江大桥开工典礼

国际形势变幻莫测，中日之间的局势已经日益紧张，大桥关系重大，愈早完工愈好。宁可提高承包价，也要将工期缩短。"1934年11月11日，钱塘江大桥开工典礼正式举行。曾养甫和夫人冯晓云为大桥纪念碑揭幕，随后他又当场向来宾们宣布："自开工之日起，再有一年半之时间，即可完成此项巨大工程。"

1935年12月，曾养甫调任铁道部政务次长，离开了杭州，但他仍是大桥工程的浙江省代表，依然关注着建桥的进展。当造

桥一开始遇到种种困难，社会上谣传四起时，曾养甫找茅以升去南京谈话，询问建桥工程的详情，最后他对茅以升说："我一切相信你，但是，如果桥造不成，你得跳钱塘江，我也跟你后头跳！"曾养甫的话，使茅以升百感交集。于是，他吃住在工地，日夜奔走，解决了一个个困难，终于在1937年9月26日全桥安装就绪，下层铁路桥正式通车，11月17日上层的公路桥通车。钱塘江大桥实际施工时间仍是两年半，没有实现曾养甫一年半内完工的目标，但这已大大超出了当时普遍的施工进度，所以后来茅以升回忆说，幸亏有曾养甫的"赶"和"逼"，钱塘江大桥"才能真的于两年半内完工，没有耽误大桥在抗日战争中的作用，否则两年半还是不够的"。人们为了感谢曾养甫，在大桥上镌刻着"曾养甫"3个大字，至今犹存。

曾养甫任浙江省政府建设厅长时，动工修筑浙赣铁路，半年之内便筑到了浙江金华市。1933年冬，又由金华延伸到江山县。他在调任铁道部次长后，多方督促，使浙赣铁路建成通车并与粤汉铁路衔接，成为长江以南的大动脉。抗日战争期间充分发挥了运输物资和军队调动的效用。

**5. 撰写《建桥记》**

1937年9月26日，大桥铁路正式通车。当时淞沪抗战正酣，战火迫在眉睫，而宁沪铁路已不能通行，钱塘江大桥成为唯一的撤退后路，大桥运输十分繁忙。到11月17日，为了尽快转移人力物资，大桥铁路、公路两部分更是公开使用，日夜通车。据铁路局统计，仅12月22日这一天，撤退过桥的机车就有300多辆，客货车2000多辆，难民10多万人。由于日军逼近杭州，大桥被迫于12月23日被炸毁。

茅以升在亲自炸毁大桥之后，心情异常悲愤，作《别钱塘》诗三首，立下"不复原桥不丈夫"的誓愿。抗战胜利后，茅以升回到杭州重整桥工，1947年3月大桥恢复通车。应茅以升之约，曾养甫为大桥北岸桥纪念

1937年1月，第一辆汽车通过上层公路桥

碑撰文——《钱塘江建桥记》，文中回顾了建桥艰难曲折的过程，记录了大桥的历史作用。曾养甫写道："大桥虽仅通车3个月，然战役中军旅转运，人民疏散，及公私物资之抢救，胥以斯桥为孔道，所以保全国家实力者至大。虽甫成而遽毁，其效已大见于当世。"

钱塘江大桥创造了中国工程史上的奇迹，成为中国铁路桥梁史上的一个里程碑。而作为其中的一个领导者，曾养甫功不可没，如时人所言："钱塘江桥之有今日，不能不称颂于曾厅长之努力。"

1937年9月，第一列货车通过（下层为铁路桥）

### 6. 建设大后方交通

1935年，曾养甫奉令入川，督促川、黔当局赶筑由重庆至贵阳的公路。当年，西南5省联络干道工程开工，次年秋即宣告完成，使以贵阳为中心的公路网四通八达，东通湖南，西达云南，南至粤桂，北接重庆。在抗战期间，该公路网对军队的调遣、物资的运输起着重要作用。

1936年秋，曾养甫调任广州特别市市长兼黄埔开埠督办公署督办。1937年，任广东省政府委员兼财政厅厅长，复兼任军事委员会西南进出口物资总运输处主任。当时日寇侵华，曾养甫预料到海面被敌军封锁后，西南大后方的燃料将会缺乏。他于1936年返粤之初，就创办了湘南煤矿局，积极开采湖南宜章杨梅山和资兴县煤矿。在抗日战争期间，粤汉、湘桂、黔桂各条铁路及后方各省的工业用煤均依靠此供应。此时，曾养甫认为当务之急是自造汽车。长途运输用柴油车辆较为经济，于是与德国沃乐甫厂进行合作，创办了"中国汽车制造公司"，至1937年，已能自造柴油引擎。我国全部海岸线被日本封锁后，汽油不能输入，国产桐油又无法出口，中国汽车制造公司以自制引擎设计改燃桐油，使得汽车能在各条公路上行驶，保障军民物资的运输。

1939年，日寇深入华南，妄图阻断我国后方运输命脉，当局为另辟国际通路，特派曾养甫任滇缅铁路督办公署督办。1940年夏，国民政府军事委员会设"运输统制局"，委派曾养甫为监察处长，负责统一西南各省公路的军队、物资调遣，以应抗战军事急需。同年冬，日寇占领华南，封锁中国的全部海岸线，海防港被敌军占领。这时，国际通道只能依赖滇缅铁路，才能负担起繁重的运输任务。为协商筑路事宜，国民政府于1941年9月组织"中国友好访缅团"，蒋梦麟为团长，曾养甫为副团长。经中缅双方会商后，便动工勘测、修筑滇缅铁路。中缅边境崇山峻岭，悬崖深谷，森林遍野，瘴气弥漫，施工人员爬山越岭，凿路架桥，工程艰巨。曾养甫不避瘴雨，亲率员工勘测施工，致使其左肢不适，变成痼疾。铁路施工不到半年，仰光沦陷，中国国际通道被完全断绝，筑路工程不得不中断。1942年12月8日，曾养甫由滇回渝，无暇顾及麻痹的左肢，便随即奉命出任交通部长兼军事委员会工程委员会主任。

中国国际通道被完全切断后，美方决定用大型运输机载运军需物资，经印度空运援助中国，并欲利用中国后方基地打击日本。由曾养甫督办的滇湎铁路的工程人员立即负责赶筑飞机场。在工程委员会的主持下，由云南东至广西、湖南、江西、广东、福建，北至贵州、四川、湖北、陕西，计划共筑飞机场72处。其中以成都平原等5处机场的工程最为巨大，设计适合巨型轰炸机及运输机起飞与降落所用。这些机场从1943年秋开工，仅用了半年时间便赶筑完成。由于在大后方主持修筑机场的卓越功绩，曾养甫于1944年被授予中国工程师的最高荣誉——中国工程师学会荣誉金牌。

1945年初，曾养甫左臂和右腿日益僵硬，影响到脑神经，经请准辞去交通部长职务后赴美治疗。医师命他绝食减肥，经40余日躯体便消瘦如柴。日本投降后，国民政府还都南京，曾养甫回国后被选为立法委员。1949年冬，曾养甫先后前往香港和日本治疗腿疾，并两次实施脑部手术。1962年，他定居台北。1969年5月由台北扶病赴港，7月到九龙法国医院治疗，同年8月28日逝世，享年72岁。

曾养甫为中国工程界、交通界做出了重大贡献，后人评价他为"孙中山建国方略实践第一人""中国土木水利（交通）建设之父"。

## 第三节　津浦、陇海铁路沿线作战

日本占领南京之后，并未沿长江逆流而上攻占武汉，而是将全部力量用到了津浦铁路（天津至南京浦口）。其目的在于打通津浦铁路，再沿陇海铁路进入河南，从河南经平汉铁路南下、从南京沿长江西上，两路夹击，进犯武汉。

陇海铁路是东南沿海联系西北的一条交通大动脉，原计划西通陕甘、东接连云港，横贯苏、豫、陕、甘四省。1904年，使用比利时贷款开始动工修建开封至洛阳段，陆续分段施工修建，但进展缓慢。到1927年仅完成海州的大铺到河南的灵宝段，长819公里。国民政府成立后，开始修建陇海铁路西延工程。政府拨款200万，并利用比利时退还庚子赔款的200万美元，于1930年

日寇列车通过平汉铁路

修建灵宝至潼关段72公里，于1932年1月通车。1931年4月成立了潼西段工程局，1935年潼西段工程大体完工，并于1937年3月通车至宝鸡。至此，陇海铁路宝鸡以东至连云港1075公里铁路全线通车。陇海铁路途经徐州、开封、郑州、洛阳、西安等大城市，连接了津浦、平汉、同蒲等南北铁路干线，是横贯东西的交通大动脉。

徐州为津浦、陇海两铁路交汇之处，是华中枢纽，控制着苏、鲁、豫、皖、陕5省的交通要道，自古以来都是兵家必争之地。1938年初日寇为打通津浦铁路沿线，采取南北对进的方针夹击徐州。徐州会战由临沂战役、台儿庄战役、鲁南对峙等系列战役组成。中日双方投入近百万兵力展开徐州会战，沿津浦铁路增援的部队，在台儿庄大捷中发挥了关键作用。台儿庄大捷后，中国军队主动有计划地撤离了徐州战场，为部署武汉会战赢得了宝贵时间。

蒋介石的德国军事顾问法肯豪森将军,早已预料到豫东危局。早在1935年他提交给蒋介石的《关于应付时局对策之建议书》中,便预测到一旦发生军事冲突,华北即面临直接的危险。若中方不战而放弃,则纵贯南北的平汉、津浦铁路和与之连接的陇海铁路,以及沿线的重要城市开封、洛阳皆面临危险,黄河防线有被敌军从山东突破并席卷而下的可能。"万一敌军打到开封、郑州之时,"法肯豪森建议,"最后战线为黄河,宜作有计划之人工泛滥,增厚其防御力。"蒋介石在旁边批示"最后抵抗线",表示赞同法肯豪森的建议。利用黄河以水代兵的作战方案得到了冯玉祥、白崇禧、陈果夫等人认同。徐州失陷后,敌人沿陇海铁路西犯,企图进占郑州、洛阳,经郑州沿平汉铁路进犯武汉。眼见开封、郑州岌岌可危,蒋介石决定孤注一掷,下令黄河决堤,由守卫黄河的国军商震下属部队执行,地点首先选在了中牟县境内大堤较薄的赵口,因赵口流沙太多,没能决堤。经过紧急协商,驻守在黄河附近的新八师把地点初步选定在赵口以西的花园口附近。1938年6月9日凌晨,经过两天两夜不停地挖掘,几乎在距郑州30公里的中牟失守的同时,花园口终于被挖开了。花园口决口后,黄河水顺着贾鲁河迅速下泄。第二天,黄河中上游普降了一场暴雨,黄河水量猛增,花园口决口处被冲大,同时被淤塞的赵口也被大水冲开。赵口和花园口两股水流汇合后,贾鲁河开始外溢,漫溢的河水冲断了陇海铁路,浩浩荡荡向豫东南流去。

受困于黄泛区的日军

黄河花园口决堤,也是中日双方沿着黄泛区边界东西对峙的开始,依赖机械化军事装备进攻陇海线和平汉线的日寇,被迫改

变原来沿铁路线西进南下的战略。从郑州斜贯东南，穿越豫东大平原的新黄河就成为军事分界线，把日寇阻隔在泛区的东面。双方相持一直延续到1944年日本发动打通大陆交通线战役。花园口决堤一方面延缓了日军对武汉的进攻，另一方面给黄河下游河南、安徽和江苏等地的中国百姓带来了深重的灾难。据统计，决堤造成死亡人数约89万人，受灾人口高达1200万人。

黄河花园口决堤阻碍了日军的计划，日军不得不沿长江西上，继而攻取武汉。

南京撤退以后，经过徐州会战至开封失守，战争由东战场西移。日军一方面向江南行至浙赣苏皖边境，一方面由津浦铁路渡江北上，由津浦铁路北段渡黄河南下，以夹攻徐州为目标。因此津浦铁路南北两端均在极度紧张状态中，平汉和陇海两条铁路运输繁重。江南方面，浙赣铁路亦忙于军队移动与调整。台儿庄大捷中，铁路员工发挥了重要的作用。仅1938年1月至6月，铁路运输军队共计433.78万人，军品共计114.7万吨。

沿津浦铁路支援徐州会战的中国部队

## 第四节　粤汉铁路沦陷

### 一、粤汉铁路的修筑

粤汉铁路是贯通广东、湖南、湖北3省的唯一南北大干线，北连平汉铁路，南通广九铁路。南段广韶段（广州至韶关）约224公里，已于1916年建成通车；北段武株段（武昌至株洲）约417公里，于1919年全段通车。但韶关至株洲间约406公里的工程，一直未能修通。

粤汉铁路长期不能贯通，影响粤、湘、鄂3省的交通，阻碍了华北、华中至华南的南北大动脉畅通，一直是国人关注的"胡子工程"。英国也希望粤汉铁路全线早日完成，以便与广九铁路接轨，使广九、香港与内地贯通起来。几经周折，英国政府同意将尚未支付的庚子赔款余额用于粤汉铁路的修筑。

筹措到筑路款项之后，株韶段分成3个总段、21个分段全面铺开，同时动工兴建。原计划全段工程4年完成，结果提前一年于1936年4月完成。由于铁路需要穿过长江和珠江之间的山区，山冈交错，河流迂回，地质地形复杂，瘴痢肆虐，给铁路的选线和施工带来了极大的困难，筑路员工付出了染疾、遇险死亡3400多人的代价。株韶段的工程标准，完全按照铁道部颁布的铁路技术标准修建，是当时中国铁路工程中标准最高的一段铁路。

## 二、广九、粤汉铁路的接轨

广九路始发站在广州大沙头，距离粤汉铁路广州站至广九铁路大沙头站4公里左右。虽然近在咫尺，但两路通车以来一直未能接轨，其原因是广州工商界害怕两路接轨之后客货可以直通，对当地市场不利。1936年3月，粤汉铁路全线通车在即，新任铁道部长张嘉璈视察粤汉铁路，造访广州。张嘉璈接触各方人士后，了解到各方仍然反对广九、粤汉铁路接轨，但对黄埔筑港和修筑黄埔支线一致赞成。张嘉璈认为，修筑黄埔支线必须经过广九铁路，这正是使广九、粤汉两路接轨的最好迂回办法，因此他极力推动黄埔支线修筑。

黄埔港和黄埔铁路支线工程于1937年1月开工。黄埔支线自粤汉铁路西村车站，经广九铁路石牌站，抵达黄埔港，全长24公里。为避免当地人的反感和抵触，拟定支线采用"悬桥"立体交叉线跨越广九路，以避免和广九路接轨。七七事变爆发之后，最高当局即令广九、粤汉两铁路接轨，石牌站成了两路的接轨站。同年8月下旬正式接轨通车。

## 三、粤汉铁路的沦陷

淞沪会战打响之后，中国海岸线被封锁，长江下游逐渐被日军控制，香港成为全国进出口通道。中国最为重要的对外通道，是粤汉铁路转广九铁路至香港，因此粤汉铁路可谓抗战战略防御阶段我国最为重要的交通生命线。广九、粤汉两路接轨之后，立即实行联运。"凡车辆过轨以抵货物交换，不计车租为原则"，大大方便了运输。

南京沦陷之后，虽然国民政府西迁重庆，可是事实上的军事、政治、经济、交通中心却在武汉。武汉位于长江中游，是当时中国第二大城市，人口超过200万，该市被长江及汉水分成三部分：武昌、汉口及汉阳。武昌是政治中心，汉口是商业的集中地，汉阳是军工业重镇。徐州会战以及日寇渡江向北攻占津浦全线，虽然打通了我国南北交通干线津浦铁路，但也为我国准备武汉会战赢取了宝贵时间。

在粤汉铁路建成后，武汉成为中国内陆的重要交通中心，同时也是将南方港口运来的对华援助运往内陆的枢纽。武汉位于长江中游，自古便有九省通衢的称谓，交通位置极为重要。水路方面，武汉享有长江、汉江、洞庭湖之利，东达上海，西至重庆。铁路方面，北接平汉铁路通平津；南接粤汉铁路至广州、香港；经衡阳西接湘桂铁路至广西。公路方面，西北可达陕西，西南可至重庆。

汉阳兵工厂——战时我国最先进的军工企业

为保卫武汉，广东的半数军队被抽调参加武汉会战。在青岛、上海失陷之后，粤汉铁路、广九铁路交点的广州，成为我国最为重要的港口。日军见广州守卫薄弱，在武汉会战进行得如火如荼时，出其不意的分兵约7万人，于10月11日在广州附近的大亚湾、大鹏湾登陆。随后一路势如破竹，于10月21日占领广州。广州沦陷之后，粤汉铁路从源头上被切断。10月26日日军占领武昌、汉口，历时四个半月的武汉保卫战结束。

武汉会战是抗日战争战略防御阶段规模最大、时间最长、歼敌最多的一次战役。此后，中国抗日战争由战略防御阶段进入战略相持阶段。武汉会战期间，粤汉与广九运输繁忙异常，国内所需的一切海外资源及国民经济必需品，皆由九龙进口运至内地，同时输出货物及铁路设备器材，均以粤汉铁路为出口。因此，敌人不惜一切代价攻取了粤汉铁路两端的广州和武汉。据统计，自1938年7月至12月，各路铁路运输共计264.76万人，军品共计48.61万吨。

## 第五节　铁路争夺战

　　叫嚣3个月灭亡中国的日本，短期内集结数十万军队侵略中国，而决心全面抗战的中国则投入上百万的军队进行抵抗。战略防御阶段的淞沪会战中，中方投入兵力约80万人，日方投入兵力约30万人；徐州会战中，中方投入兵力约60万人，日方投入兵力约24万人；武汉会战中，中方投入兵力更是高达110万人，日方投入兵力约30万人。我国的公路和水运难以支撑如此大规模的兵力调动和军需、补给需求，因此铁路成为战略防御阶段中日两国争夺的关键。一条铁路的存亡即决定了一个区域兵力、军事物资、人口、工业的走向，战略防御阶段的中日之战可以看作是铁路之战。铁道部要求员工"一、与军队同进退，勿先军队撤退；二、无论敌人如何轰炸，必须随炸随修，勿令行车有一日阻断"。一条条铁路大动脉，成为一个个悲壮的战场。

　　据统计，仅在淞沪会战的前三个月，京沪铁路（今沪宁铁路）受到日机猛烈轰炸，最猛烈的两个月内被轰炸达264次，平均每日轰炸4次，重要车站每天高达六七次之多。日机炸中路基13次，桥梁涵洞14次，轨道91次，站台33次，雨棚14次，票房30次，仓库13次，煤水站14次，其他22次。

　　津浦铁路南段，自抗战爆发到徐州失陷的10个月里，遭敌机轰炸1433次，炸毁机车110台，客货车218辆，桥梁4座，其他设备及线路损毁亦很严重。铁路员工为保证徐州会战的军事运输，抱着必死的决心，冒险抢修被毁的线路和设施。

　　在徐州会战中陇海铁路平均41小时就被日机轰炸一次，每140米铁轨就被投弹一枚。陇海铁路许多机车、车辆和路轨、桥梁等被炸毁，但陇海铁路员工为了维持通车，亦冒险随炸随修。即使交通暂时受到阻滞，但数小时或数十小时之内即可修复。1938年1月到6月间，陇海铁路员工有50人被敌机炸死。后任交通部长的俞飞鹏曾评价"台儿庄之胜利，铁路员工之血汗，亦可谓其中因素之一"。

　　日军准备进攻广州时，企图先切断粤汉铁路，不断派飞机狂轰滥炸。每月轰炸多达一百五六十次，少则六十余次，粤汉铁路平均 18 小时被日机轰炸一次，日军先后投掷炸弹 3256 枚，平均每公里就有 3 枚。除了密集轰炸之外，日军还对重要的结构物进行集中轰炸，包括粤汉铁路上的银盏坳大桥。铁路员工在大桥附近储备材料，随炸随修，始终保持铁路畅通。抢修保桥过程中，先后有 200 多人被炸死炸伤或劳累过度致死。

武汉会战结束之后，抗战进入相持阶段。我国南北铁路干线津浦铁路、平汉铁路、粤汉铁路两端的天津、南京、北平、武汉、广州皆陷落；东西铁路干线陇海铁路东段也落入敌手。中国在战前修建的铁路 80% 以上都被日军占领或破坏。

## 第六节　西南地区铁路的尝试

西南地区战前主要建成了 3 条铁路，即滇越铁路、个碧石铁路和北川轻便铁路。滇越铁路由法国投资修建，全长 854 公里。个碧铁路由滇越铁路碧色寨起、经蒙自到达个旧，1921 年 10 月通车，全长共 73 公里。1928 年，个碧铁路临鸡线由鸡街修筑支线到临安，长 62 公里。北川轻便铁路从重庆北碚的白庙子至黄桷树，是 1927 年由爱国实业家卢作孚等人集资修建的一条专运煤炭的窄轨铁路，全长 16.8 公里。当时，我国中东部大片国土沦陷或处于敌人的威胁之下，为此不得不在西部开展铁路修筑工作。抗战期间，西南地区修筑的铁路主要有以下几条。

### 1. 湘桂铁路

湘桂铁路为西南交通要道，建于 1937 年 9 月 10 日，原计划起于湖南衡阳，经东安、桂林、南宁等地抵达广西的镇南关，全长 1027 公里，横贯湖南、广西两省，筑路工程最初分为衡（衡阳）桂（桂林）、桂柳（柳州）、柳南（南宁）和南镇（镇南关）4 段同时进行。当时由于国防需求，衡阳到桂林段按照每天一公里的速度赶筑，创造了当时中国铁路工程的最高纪录。1938 年 10 月，该段工程率先完工通车。湘桂铁路于 1939 年通车至柳州，正值桂南战事吃紧，对抗战贡献极大。柳南段由于日寇侵入桂南，于 1939 年 12 月停工，又因为该段煤炭运输的需要，于 1941 年 4 月复工并修筑至来宾，总长 69 公里，于 1941 年 9 月 8 日完工通车。衡阳至来宾的铁路全长 605 公里，柳江大桥也于正式通车前修建完成，与黔桂、粤汉各路办理3路联运业务，不仅军运繁忙，客货运输业务也非常发达。南镇段自同登车站至宁明已经铺轨67公里，又因为南宁失陷导致此段无法使用，因此停工并将轨道拆除。

2. 黔桂铁路

黔桂铁路为衔接湘桂铁路、联络西南各省的主要通道。自抗战转入相持阶段之后，西南交通日益重要。黔桂铁路于1939年春开始筹备修建，路线原定东起广西柳州，西至贵州的威宁。

柳州至贵阳段全长615公里，跨越凤凰和云雾两大山脉，沿线地形自金城江以上均在群山峻岭中盘旋。由于工程艰巨，于是将全线划分为3段，一段是柳州到金城江，长166公里，此段沿龙江而行，地势较为缓和，工程比较容易。第二段为金城江到独山，长约227公里，此段处于贵州与广西交界处，路线在崇山峻岭中蜿蜒而行，其中侧岭一带为凤凰山脉的背脊，形成陡壁高原，10公里内的高差达300米，为全路最为艰巨的路段。第三段为独山到贵阳，长约223公里，此段工程跨越云雾山脉，其艰巨程度较金城江到独山段而言有过之而无不及。

金城江到独山段的重点工程施工时，因为要穿越侧岭高原，路线必须蜿蜒而上，自六甲向西，路线即沿山脉逐渐上升，向侧岭进发，随后向独山迈进。全段建设隧道26座，总长4560米。平时在如此复杂的地带施工已经是非常困难，而战时更是难上加难。因此，铁路专家们几经讨论会商，降低了修筑的技术标准，将最大坡度定为2%，于是2公里长的隧道缩短至不足400米，石方工程也减少了30%—40%。

柳州至宜山段于1940年10月10日铺轨完成，先行通车。12月20日延伸到德胜后开始通车，并与柳州到贵阳公路接通联络。1942年8月15日，柳州到金城江正式通车。到1944年，仅修好柳州至都匀清泰坡段的461公里铁路勉强通车运营。随后，日寇在中国大陆上发动企图打通大陆交通线的"一号作战"计划，于1944年底侵入贵州，黔桂铁路的修筑也戛然而止。

3. 川滇铁路

川滇铁路也称叙昆铁路，于1938年11月开工，自昆明经宣威、威宁，达四川的叙府（宜宾），全线长859公里。中国和法国于1939年12月达成借款合同合作修建此路。由于欧洲战局突变，法国节节败退，未能履行契约供应材料，后来日寇入侵越南，导致材料无法输入，工程不得不宣告停顿。1940年7月，叙昆铁路已由昆明铺轨至大板桥，8月1日，叙昆、滇缅、滇越3路联络线在昆明南站接轨并互相通车。后来因为滇越铁路云南段轨道被拆卸，叙昆铁路借机继续铺轨，由当年大板桥铺轨至曲靖，全段总长160公里，于4月1日正式通车。滇缅铁路由昆明到石嘴共13公里，于1941年2月14日铺轨通车。1942年2月1日，石嘴至安宁完成通车，共23公里。整个工程于1942年结束。

### 4. 成渝铁路

成渝铁路全长529公里。为了连接叙昆铁路，又从内江至宜宾修筑长133公里的支线，在抗战之前已经着手动工。但开工不久后抗战爆发，材料因长江被封锁而无法内运，只能做土石及隧道桥基等工程。重庆内江一段大致完成，但由于材料和工程款短缺，于1942年7月停工。

**1940—1942年铁路通车里程表**

| 路线 | 1940年 通车区间 | 营业公里 | 1941年 通车区间 | 营业公里 | 1942年 通车区间 | 营业公里 |
| --- | --- | --- | --- | --- | --- | --- |
| 陇海铁路 | 洛阳至宝鸡 | 542 | 洛阳至宝鸡 咸阳至潼关 | 680 | 洛阳至宝鸡 咸阳至潼关 | 680 |
| 粤汉铁路 | 曲江至株洲 | 451 | 曲江至板塘铺 | 481 | 曲江到板塘铺 | 481 |
| 浙赣铁路 | 诸暨至邓家埠 | 438 | 安华至邓家埠 | 414 | 全路破坏 | |
| 湘桂铁路 | 衡阳至柳州 | 536 | 衡阳至来宾 | 605 | 衡阳至来宾 | 605 |
| 黔桂铁路 | 柳州至德胜 | 130 | 柳州至金城江 | 160 | 柳州至拔贡 | 198 |
| 川滇铁路 | 昆明至小新街 | 73 | 昆明至曲靖 昆明至石嘴 | 160 13 | 昆明至曲靖 昆明至安宁 | 160 36 |
| 总计 | | 2170 | | 2514 | | 2161 |

战前我国铁路除东北地区之外，共有1.21万公里。1943年初，尚存战前旧路2437公里，较抗战前大为缩短。武汉会战之后，抗战进入战略相持阶段，情势愈发危急，日寇对我国经济封锁日益加剧，而新建的铁路全在崇山峻岭、地势偏僻以及人烟稀少处，面临材料缺乏、运输不便、工粮短缺等困难。由于国力羸弱，我国再无法大规模修筑干线铁路，不得不更多依靠公路和水运来完成运输任务。

尽管如此，铁路在中国抗战特别是战略防御阶段中，依旧发挥了相当大的作用。据不完全统计，自抗战爆发到抗战胜利之间，铁路共运送军队2743.3万人次，军需品542.9万吨。

## 第七节 凌鸿勋——30岁任交大校长的铁路奇才

仿效英国牛津、剑桥两大名校每年举行划船赛，台湾新竹相邻的台湾清华大学与台湾交通大学每年都举行体育对抗赛，对抗赛被命名为"梅竹战"，以纪念两所大学的杰出校长。"梅"取自台湾"清华大学"的校长梅贻琦，"竹"则取自台湾"交通大学"校长凌鸿勋（字"竹铭"）。

凌鸿勋，祖籍常熟，1894年生于广州，1905年考入广州府中学堂。凌鸿勋天资聪颖，记忆力超强，中学毕业后，以第1名的成绩在广州考取了上海高等实业学堂（交通大学前身）预科，第二年升入本科，1915年从土木科毕业。由于他各学期的考试成绩均名列第一，受唐文治校长推荐，很快就被交通部派往美国桥梁公司实习，之后进入哥伦比亚大学进修。1918年回国后，在京奉铁路和交通部考工科任职，1921—1922年担任平汉铁路工程师，参与了黄河铁路新桥的设计审查工作，踏勘了龙烟铁路和朝锦铁路，拟定了国有铁路建筑规范，为我国铁路技术标准奠定了基础。

1921年，交通部将上海、唐山及北京3所直属学校合并组建交通大学，凌鸿勋是上海交大的副主任，茅以升是唐山交大的副主任，号称"南凌北茅"。1923年9月，他再回母校任教授，第二年11月被交通部委派为校长，年仅30岁。

凌鸿勋任校长4年多，颇有建树，如利用英国退还的庚子赔款，建立工业研究所，首创国内大学附设研究所的范例。他还在建校30周年纪念活动中，举行工业展览会，征集中外机械及仪器进行展示，铺设了一条环绕校园的小铁路，用小机车牵引几节小车厢行驶。此外，凌鸿勋慧眼识人，他对赵祖康的才华和学识非常欣赏，作为学术引路人，他在赵祖康人生的几大重要关头鼎力相助，为我国的交通事业培养了大量人才。

**1. 潼关隧道：中国铁路史无前例的设计**

陇海铁路是我国东西方向最重要的铁路干线，至今仍是我国铁路网络中的骨干。1930年11月陇海路灵潼段工程局成立，凌鸿勋任局长，起用本国技术人员主持灵宝到潼关的修建工程。陇海铁路的修建与原借款合同脱离关系，这条东西干线自此完全由中国工程师负责修建。1931年年底，陇海铁路通至潼关（灵潼段），通车里程达920余公里，约为陇海铁路全线的二分之一。1934年，潼西段修至西安，次年徐州至西安段正式营业。

陇海铁路修筑中最具特色的是潼关线路的设计。潼关位于黄河南岸，城墙已近河边，城南又是高山，城东门也建在山上，取道城北则太靠近黄河，取道城南则需开几座隧道。最后，凌鸿勋决定在城底下开一个长1078米的山洞直通城区。这是中国铁路史上从未有过的大胆尝试。

潼西段完工后，国民政府铁道部即有继续西展的计划。向西有北南两线：北线即循旧驿道经乾县、彬县进入甘肃省境，然后经泾川、平凉至兰州；南线自咸阳经宝鸡、天水、定西至兰州。凌鸿勋向铁道部建议，先按南线方案修至宝鸡，将来向西可经天水至兰州、向南可入四川至成都，不仅回旋余地大，而且施工先后也可任意选择。这一建议很快得到南京国民政府认可。西宝段于1937年7月全段工程完工，全长174.1公里。抗战时期，西北的铁路建设基本上是以此线为基础延展的。

**2. "五大拱桥"连通粤汉**

正当潼西段工程紧张进行时，铁道部又于1932年10月调凌鸿勋任粤汉铁路"株洲—韶关"段工程局局长兼总工程师。456公里长的株韶段因资金缺乏和地形特别复杂，停工已达14年。英国工程师曾做过多次测量，并在"乐昌—郴州"间提出过多种方案，但都因种种困难没有形成定案。凌鸿勋接任局长后，亲自主持路线方案的选择。在最终的方案中，将原来由英国人勘测需建的70多座隧道减为16座，最低越岭垭口的标高也比英国人测定的最低点两洞湾还低18.3米，为铁路的顺利贯通奠定了基础。凌鸿勋的杰出工作使得该段铁路提前1年3个月竣工，为南京沦陷后武汉坚持抗战做出了重要贡献。

株韶铁路中高亭司至观音桥段，也曾由湘鄂段外籍工程师本格司和川汉铁路外籍工程师卡罗两次勘测，方案均不理想。凌鸿勋接手后进行复测，对原来方案作了较大改善。在筑路过程中，就地取材，在白石渡至坪石路段连续修筑新岩下拱桥、硖矶冲桥、省界拱桥、燕塘桥、风吹口桥五座石拱桥，号称"五大拱桥"。其中有3座桥跨径超过100米，新岩下桥达190米，属当时国内最长的铁路石拱桥，在6公里范围内桥隧相连，五跨白沙水，桥上线路高出河床面约30米，颇为壮观。"五大拱桥"是我国工程技术人员自行设计和主持施工的，当时以其设计跨度大、施工注重质量和造价低廉而闻名于世。

凌鸿勋与粤汉铁路的拱桥

粤汉铁路3段的建设前后历经数十年，且采用不同标准。1934年9月，凌鸿勋发起将粤汉铁路3段标准统一的会议，经过艰辛的努力，使粤汉铁路全线采用当时国有铁路规范的标准，为其运营管理和维护提供了便利。

1936年4月28日，粤汉铁路提前1年3个月全线贯通，这是中国工程师自行设计和施工的又一条重要干线。次年，中国工程师学会将首枚金质奖章颁给了凌鸿勋，以表彰其在铁路领域的杰出贡献。

**3. 为西北铁路规划作出杰出贡献**

凌鸿勋在西北地区铁路线路规划中，基本上遵循孙中山《实业计划》中所拟定的内容，即从兰州经新疆到乌苏，使之成为欧亚铁路系统的主干。但他认为此线目标既然首先在于国防，在西北铁路网没有完全建成之前，苏联的"土西铁路以弧形环我，我以单线与之相通，则无异以剑柄授人，而以剑头向我"。同时，他认为在西北仅建一条从兰州到乌苏长达2400多公里的铁路，单线直入，实在过于单薄，因而主张在此线南北分别建筑国防线，用以屏蔽和联络,而以此路为主干中线。在西北开发的考察与规划中,铁路是极为重要的方面,而凌鸿勋在此方面的贡献是他人难以匹敌的。他率领技术人员在西北地区进行了大量勘测,包括兰宁铁路、甘青铁路等线路。这些线路的勘测为未来的铁路建设留下了宝贵的技术资料。

### 4. 台湾复校 著书立说

凌鸿勋自1945年起担任过交通部常务次长、政务次长,后辞去公职,在香港从事著译。1950年由香港迁居台湾,任台湾大学教授。后创纪录地连任台湾中国石油公司董事长长达20年之久,于1971年退休。他在台湾仍念念不忘交通大学。1956年美国交通大学同学会请求在台湾进行交通大学"复校"工作的电报,就是由凌鸿勋在台湾纪念交通大学60年校庆的大会上宣读的。此后,着手"复校"时,由凌鸿勋担任主任委员,牵头进行这一巨大的工程。1958年6月1日,"国立交通大学电子研究所"成立,在台北市罗斯福路设立办事处,并决定在新竹建校。1979年,"国立交通大学"在新竹正式挂牌。凌鸿勋晚年从事铁路史研究,一生著译甚多,主要著作有《铁路工程学》《桥梁学》《中国铁路志》《詹天佑与中国铁路》和《现代工程》等。

## 第八节 张嘉璈——为战时铁路呕心沥血的"中国银行之父"

"抗战与交通,相为表里,不可或分""抗战固以交通为命脉,而交通的维系,更以抗战的前途为归依"。这两个著名论调的提出者便是战时交通部部长张嘉璈。

张嘉璈生于1889年,字公权,1904年考取秀才,次年考入北京高等工业学堂,半年后赴日本庆应大学进修财政学。1909年毕业回国,任邮传部路政司司员,负责编辑《邮传公报》。1913年12月,张嘉璈出任中国银行上海分行副经理,他对列强抢夺中国铁路修筑权、政府依赖外债筑路导致铁路尽为外人操纵的现状极为不满和忧虑,指出:"欲求发展我国铁道事业,我们必须反求诸己,须先有进步之银行信用机构,集聚民间资本。"30年代初,张嘉璈升任中国银行总经理,表示中国银行将尽力"辅助

张嘉璈

铁路建设"。后来中国银行为了粤汉铁路的贯通和浙赣铁路的修筑，参与承销公债和贷款。他还出面谋求并担保外债，履行了他辅助中国交通事业的诺言。

1935年，华北形势恶化，蒋介石特意嘱咐张群征询张嘉璈可否就铁道、交通、实业三部中，选任一席。张嘉璈同意效力政府，以赴国难，于1935年12月出任铁道部部长。

选择出任铁道部部长的原因，张嘉璈后来解释道："我以国难当前，毫不迟疑，选择铁道部。一则可以贯彻在中行时代所抱辅助铁道建设之志愿，二则希望实行中山先生建筑十万里铁路之大计划。"

张嘉璈出任铁道部部长之后，在全面了解中国铁路状况、实地考察路政并征求各方意见的基础上，拟定了修筑铁路的五年计划，拟以发行公债的办法，完成5000公里的筑路任务。被称为"中国银行之父"的张嘉璈卓有成效地进行了铁路债务整理工作。到1937年4月，"外债十分之九以上，均已整理就绪"。通过债务整理，大大提高了中国铁路的信誉，使本已一落千丈甚至失去市场信任的中国铁路债票，在国外市场地位完全恢复，债票价格已涨至可以募集新债的程度。

张嘉璈上任铁道部部长到抗战全面爆发的一年多时间里，务实的工作态度和初见成效的工作业绩，得到了朝野人士地赞赏。1938年1月1日，国民政府调整机构，合并交通部和铁道部，原交通部部长俞飞鹏任军委会后方勤务部长，原铁道部部长张嘉璈任交通部部长，卢作孚为常务次长。执掌交通部不久，他随即动身南下考察，经长沙、衡阳、桂林、柳州、南宁，随后到越南河内，指挥物资运输。1940年2月，他又亲自到海防指挥抢运。抗战进入相持阶段之后，张嘉璈视察了西北公路和西南公路，还冒着黄河北岸日军炮击的危险考察了陇海铁路。

随着战争的进行，一直处于高度紧张工作中的张嘉璈积劳成疾。由于铁路线和水上航线所剩无几，1940年3月，蒋介石决定成立运输统治局，俞飞鹏任局长。交通部在运输方面尤其是公路运输方面，仅充当配角。张嘉璈数度向蒋介石请辞，1942年12月蒋介石予以批准，交通部长之位由曾养甫接任。

辞去交通部部长之后，张嘉璈1943年9月赴美考察，研究战后中国经济复兴计划。国共内战期间蒋介石为解决内地的金融通货膨胀,再度邀请张嘉璈出山担任中央银行总裁。但当时国民政府财政赤字高达 60% 以上,政府滥发公债和货币,导致信誉扫地,通货膨胀已经病入膏肓,即便张嘉璈这样的"金融神医",也回天乏术。

1949 年 4 月,张嘉璈终于获准辞职,如释重荷。被再请出山时,他坚决地表示:"今后只想从事研究工作,对于政治既无兴趣,亦无勇气。"张嘉璈离开内地前往香港,一年半后到澳大利亚担任悉尼一所大学的教授。1953 年后,赴美国斯坦福大学胡佛研究所从事经济研究,著有《关于旧中国的通货膨胀》《关于旧中国的铁路建设》等专著。其论著至今仍是国际上研究中国通货膨胀的权威著作之一。

张嘉璈的前半生犹如一条通货膨胀的经济曲线,跌宕起伏,后半生却非常平静。难能可贵的是,他一生从事银行和实业,为官廉洁,两袖清风。在他离开大陆之前,还闹过一个笑话。在国民党的一次立法会上,有人提出,为解决政府财政困难,要向宋子文、孔祥熙、张嘉璈征借 10 亿美金。人人皆知孔、宋富有,而张嘉璈在中行离职时,得到退职金 16 万元,而当时他已负债 6 万元。张嘉璈听闻后,立即致函当时的行政院长何应钦:"请派人彻查我的财产,如私产超过中国银行退职金数目以外,甘愿贡献国家。"到了美国,他想在学校附近买套房子,可是钱不够,最终还是贝祖贻(贝聿铭的父亲)等 10 多位故交帮忙凑了 11000 美元。1979 年 10 月 13 日,张嘉璈在美国加利福尼亚州辞世,终年 90 岁。

# 第三章 百舸争流——水上生命通道

## 第一节 大后方的建立

1937年7月7日,卢沟桥事变爆发,日本军国主义由此发动全面侵华战争。骄横不可一世的日本军阀以为贫穷落后的中国会不堪一击,认为只需出动几个师团的兵力,进行一场速战速决的战争就可以战胜中国。日本陆军大臣衫山元在开战前向裕仁天皇保证:"中国事变一个月就解决了。"

面对日本的速胜论,中国的战略家、军事家研究提出:①国情方面,中国地大物博,人口众多;日本则是资源贫瘠的岛国,人口相对较少;②近现代化方面,中国是分散农业国,长久以来能保持基本的自给自足;日本则是工业化强国,但需进口大量资源;③军事方面,中国地理西高东低,东部有优良的港口和肥沃的平原,西部则多山地丘陵,因此东部易攻难守,而西部易守难攻。因此建设战略大后方和持久抗战成为中国各界的共识。

战略后方是坚持抗战、争取胜利的基础,是持久作战的政治、经济、军事后方。1932年军政部提出"依国防形势论,全国军用各厂须在平汉、粤汉以西交通便利之地,而置重点于长江、长城间。"1934年底,蒋介石派遣贺国光为首的参谋团入川,整顿四川的政治、军事,开始经营西南片区。1935年7月,西康省在雅安成立,成为战略后方建设的一部分。

1935年8月,德国军事顾问团团长法肯豪森向蒋介石提出了《关于应付时局对策之建议》,提到了"持久抗战"、以四川作为抗日的"最后防地"的两大设想,得到了各界的高度认可。政府

法肯豪森

也认为"川滇黔为中国复兴的根据地……只要川滇黔无恙,一定可以战胜任何强敌,复兴国家……从此不但三年亡不了中国,就是三十年也打不了中国……就四川地位而言,不仅是我们革命的一个重要地方,尤其是我们中华民族立国的根据地。无论从哪方面来讲,条件都很完备。人口之众多,土地之广大,物产之丰富,文化之普及,可说为各省之冠,所以自古即称'天府之国',处处得天独厚。我方军事与政治重心全在四川。"

除了西南的川、黔、滇、康4省,西北的陕、甘、宁、青、新5省,交通不便,人烟稀少,但西北为中国连接欧亚大陆的交通要道,也被纳入了战略后方当中。

毛泽东从世界全局出发,预测了中日持久战的走势。早在1936年7月16日他同美国记者斯诺的谈话中即指出:"日本的大陆政策已经确定了,我们确切地知道,就是扬子江下游和南方各港口,都被包括在日本帝国主义的大陆政策之内。日本还想占领菲律宾、暹罗、越南、马来半岛和荷属东印度,把外国和中国切开,独占西南太平洋。这又是日本的海洋政策……日本就是把中国沿海封锁,中国的西北、西南和西部,它是无法封锁的。"

1936年底制订的《民国廿六年度国防作战计划》中写道"实行持久战,逐次消耗敌军战斗力,乘机转移攻势。"早在抗战初期,李宗仁对于像中国这样一个古老庞大而落后的国家,如何进行有效地抵抗外族入侵问题,就从战略上作过深入的思考。他曾在《焦土抗战论》中,分析了当时中国工业、交通的落后状况,指出:"从战略方面说,若日本侵略者实行堂堂正正的阵地战,则彼强我弱","故敌人利在速战速决","但吾人必须避我所短,而发挥我之所长,利用我广土民众,山川险阻等条件,作计划的节节抵抗的长期消耗战","到敌人被深入我国广大无边原野时,我则实行坚壁清野","发动敌后区域游击战,使敌人疲于奔命,顾此失彼,陷于泥沼之中"。

著名军事学家蒋百里在1937年初出版的《国防论》中主要提出了以下论点:第一,用空间换时间,"胜也罢,负也罢,就是不要同它讲和";第二,不畏鲸吞,只怕蚕食,全面抗战;第三,开战上海,利用地理条件减弱日军攻势,阻日军到第二棱线(湖南)形成对峙,形成长期战场。他还指出,中国不是工业国,是农业国。对工业国,占领其关键地区它就只好投降,比如纽约就

蒋百里

是半个美国，大阪就是半个日本。但对农业国，即使占领它最重要的沿海地区也不要紧，农业国是松散的，没有要害可抓。所以，蒋百里的结论是：抗日必须以国民为本，打持久战。在《国防论》的扉页上，蒋先生深情地写下了这样的字句"千言万语化作一句话，中国是有办法的"。

国民政府的大后方和持久战战略，得到了西南地方掌权者刘湘、龙云等人的支持。1937年7月7日卢沟桥事变爆发，10日刘湘通电请缨，13日再次通电，主张全国总动员与日寇拼死一决。8月7日刘湘到南京出席了国防会议，会上各方主战主和犹豫不决，刘湘慷慨陈词近2小时："抗战，四川可出兵30万，供给壮丁500万，供给粮食若干万担！"8月26日刘湘发表《告川康军民书》，号召四川军民为抗战作巨大牺牲。9月1日刘湘率部出川抗战，川军兵分两路，一路通过陆路北出剑门，一路经水运东出夔门，前往东部战场。10月26日，被任第七战区司令长官的刘湘说："过去打了多年内战，脸面上不甚光彩，今天为国效命，如何可以在后方苟安！"1938年1月20日刘湘因病在汉口去世，临终前他留下遗嘱："余此次奉命出川抗日，志在躬赴前敌，为民族争生存，为四川争光荣，以尽军人之天职。不意宿病复发，未竟所愿……""抗战到底，始终不渝，即敌军一日不退出国境，川军则一日誓不还乡！"

抗战爆发后，四川每年向前方输送大量青壮军人。据统计，共有350万川军出川抗战，占全国同期实征1405万余人的五分之一。川军出川时，各界普遍认为这是当时中国"最糟的军队"。然而，就是这样一支部队，却在抗战中进行了无数次最艰苦、最惨烈的牺牲，为中华民族的独立事业做出了伟大的贡献。

刘湘

## 第二节　长江中下游的沦陷与工厂、学校的西迁

### 一、沉船塞江

淞沪会战前，国民政府就意识到了上海可能沦陷，为防止日寇利用长江航道沿江西进，攻击南京、武汉等重要城市，国民政

府召开军事会议，确定了构筑江阴要塞的防御计划。海军部在1937年8月11日派出舰艇，开始扫除江阴以下航道上所有助航设施。8月12日开始，由海军部长陈绍宽亲自指挥，交通部派人协助，在江阴沉船塞江，这是抗战时期中国方面进行的时间最早、规模最大的沉船塞江行动。江阴沉船塞江共征集船舶43艘，总吨位4.4万吨，其中国营招商局的江海大轮船7艘，还将1.3万立方米的石块等沉入长江，并布置大量水雷和其他障碍物，构成了著名的江阴阻塞线，江阴以下长江航道随即中断。

国民政府于1938年4月，实施了马当沉船塞江计划，此次沉船共计2.5万吨位，船载石头用铁链穿连沉于江中，构成了长江上一条新的封锁线，直到6月30日马当后方陆路被日军攻占。为打通武汉方向的主航道，日军急调工兵、海军等，实施疏浚工程，进行水下爆破，但一时也只能炸开若干个小缺口，仅能通航小船，而大船、军舰等仍然无法通过。

江阴沉船封江以阻止日军沿长江西进

马当沉船，暂时有效地阻滞了日军的水陆并进，为武汉保卫战的外围布置赢得了时间。

日寇攻占武汉后，中国统帅部下令在石首附近的长江水域构建阻塞线，随后还在宜昌沉船塞江。据统计，自抗战爆发到宜昌大撤退，仅招商局用于沉船塞江的各类船舶共达3.4万吨位。

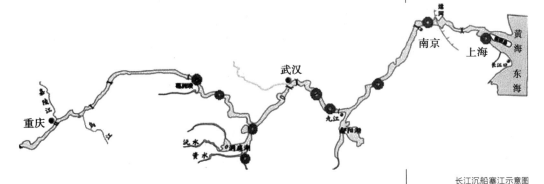

长江沉船塞江示意图

## 二、上海工厂内迁

抗战爆发之前,全国万元资产以上的工厂,有1/3集中在上海。因此上海的工厂内迁,是保存国家经济实力的重大举措。1937年8月10日,国民政府决定成立上海工厂迁移监督委员会,命令上海各工厂立即内迁,并且指定迁移的最初集中地点是武汉徐家棚。工厂抢运持续两个多月,共抢运出的民办工厂多达146家,工人2500多名,机器和物资1.5万多吨。

从上海迁出的工厂溯长江而上抵达武汉之后,不少厂家立即找到安定地点,着手恢复生产。但是时隔不久,1938年7月17日,军事委员会下令各工厂在5天内搬迁重庆。这时外迁武汉的工厂共170多家,加上原在武汉应拆迁的工厂160多家,工厂和技术骨干数万,迁移任务极其繁重。大部分机器设备和物资人员都要经水路西运,然而政府不提供经费和交通工具,民办工厂内迁几乎只能依靠木船。宜昌至重庆的长江水道,滩多水急,木船上行全程要花费一个多月的时间。当船入巫峡,两岸峭壁,纤夫无法立足,只能候风满帆而行;有的急滩,以数百人拉纤,每小时也仅能前行数丈;遇到险滩,水流过滩时落差过大,船行至此容易失事翻船。工厂设备从宜昌转运重庆的途中,有数十只船、上千吨物资在事故中沉没。

## 三、同济大学内迁

由于政府机关和军队大量征用交通工具,飞机、火车、汽车等多被政府部门或军事单位挤占。因此,真正借用缓慢的水路内迁的往往是学校、工厂以及大批难民,水上航运在这场举国内迁的行动中发挥了重要作用。

卢沟桥事变后,平津一带的大学先后内迁。国立北京大学、清华大学和私立南开大学西迁昆明,组成西南联合大学。国立北京师范大学和北洋工学院、北平大学等,西迁到陕西南部山区,组建了西北联合大学。其中内迁的高校以国立同济大学最为艰难。

国立同济大学位于上海东北的吴淞镇北,淞沪会战爆发,学校被迫开始内迁。到达浙江金华之后,浙江省又全面告急,只得又从金华登车西向南昌,然后又改从赣江水路,租用数十只大小木船逆流而上。经过20多天,总算到达赣州。但是安顿不到半年，日军进攻九江，江西又告急，因此学校只好再次迁往广西贺县。大部分师生分批步行去韶关，然后分头去广州或桂林，再搭乘船只从西江或漓江去贺县。但是，大部分的仪器、设备、图书、行李等无法运出，最后校方终于找到木船，分批装运从赣江转入支流章水，半个多月之后才到达大庾，租车运到广东南雄，再租船从浈水去韶关，到三水后换船到贺水北上，到达贺县八步镇。学校尚未安定，广州沦陷的消息传来，校方决定第五次西迁昆明。而刚刚运到的木船，来不及卸下物品，掉头南下，沿着贺水再转入西江，换船到南宁，再沿左江去龙州，最后转到越南，陆续抵达昆明。由于经费有限而物价飞涨，加上一些官员刁难，昆明学生运动高涨，国民政府有心将一些学校迁离昆明。特别是曾担任教育部部长和交通部部长的留德博士朱家骅，对同德国有渊源的同济大学格外关注，最终同济大学再次搬迁，由昆明改迁宜宾以东数十公里、长江南岸的李庄。当时有许多文化单位也迁到了这里，比如中央研究院的几家研究所、中央博物馆、中国营造学社等。总之，同济大学和其他许多学校及文化单位一样，经历了反复的颠沛流离，而迁校次数之多，实属罕见。

# 第三节 迁都重庆

## 一、国民政府迁移重庆

1937年底南京告急，国民政府根据西南大后方和持久作战的战略方针，决定迁都重庆。11月17日凌晨，国民政府主席林森率直属文官、主计、参军三处高级官员等1000余人，从南京下关码头登"永绥号"兵舰启碇西上。20日林森一行抵达汉口，发布了《国民政府移驻重庆宣言》。21日，林森一行抵达湖北宜昌。宜昌上至四川宜宾一段，俗称川江，长1000余公里，横贯四川全境，滩多浪急，加上正值枯水季，重载军舰无法通行，于是22日逗留宜昌换乘川江客轮。23日，林森及三处长官和高级官员改乘民生公司"民风轮"，其余人员、物资乘民生公司"民贵轮"，再次启行。26日清晨"民风轮"进入重庆航段，下午四时，经铜锣峡、唐家沱，到达重庆朝天门码头。以周恩来为首的中共中央代表团也迁抵重庆,并在重庆相继成立了"中共中央南方局"和"八路军驻重庆办事处"。

林森等人乘坐的民生公司"民风轮"

重庆是长江、嘉陵江交汇的码头城市,航运便利,有一定的现代工业基础,山城的地形和气候可削弱敌军的空中优势,东有长江三峡天险可守,因而被选定为战时首都和陪都。迁都重庆是中国近代史上最大规模的一次政府首脑机关和国家都城的大迁徙。多种力量和因素,共同推动着重庆在抗日战争这一特殊的历史背景和条件下发生着前所未有地巨大变化:由一座古老的内陆城市一跃成为中国的战时首都,成为世界反法西斯战争远东战区的指挥中枢。

武汉会战之后,抗战进入相持阶段,无力发动大规模袭击的日寇利用武汉的机场,对陪都重庆等城市展开了长时间的无差别轰炸。日军对重庆的空袭昼夜不停,常常使陪都变成一片火海,带来的死伤更是不计其数。仅1939年5月3日、4日的轰炸,就造成重庆市中心大火两日,商业街道被烧成废墟,3991人死亡,2323人受伤,损毁建筑物4889栋,约20万人无家可归。据不完全统计,在重庆大轰炸中,日机空袭重庆共达218次,出动飞机9513架次,投弹2.2万枚,炸死市民1.2万人、伤1.4万人,炸毁房屋1.8万幢。然而重庆市民以及沿长江而上的人民并未就此屈服,在断壁残垣上,人们写下了"愈炸愈强"的标语,在重庆市区的核心地段,建立起了"精神堡垒",以示中国人民抗战到底的决心。

断壁残垣上的"愈炸愈强"　　屹立于市中心的"精神堡垒"

## 二、大后方的交通枢纽

重庆地处我国西南,没有铁路,运输多依赖公路、水运和航空。经过数年建设,各种交通方式相互配合,形成了大后方以重庆为中心,辐射东西南北各方的交通网络。

### 1. 公路

重庆的主要公路有成渝、川黔、川湘、汉渝4条。这4条公路干线,是重庆从东、南、西、北4个方向与全国各省市和国外联系的通道,在抗战中发挥了重要作用。

**成渝公路**:该公路起于四川省会成都,经资阳、内江、永川到重庆牛角沱,全长445公里,是重庆第一条通往市外的公路干线。国民政府迁渝后,这条公路成为城市防空疏散的要道。国民政府各机关部委,都迁驻至成渝公路的市郊路段。

**川黔公路**:该公路起于重庆市南岸区海棠溪,经綦江进入贵州至贵阳。经滇缅公路运往昆明的国际援华物资,经过滇黔公路运往贵阳,再通过川黔公路运往陪都重庆。川黔公路在抗日战争中运送了大量援华物资,是重庆经贵阳、昆明、缅甸仰光西南出海大通道的重要组成部分。

**川湘公路**:该公路从川黔公路雷神店分岔东行,经南川、彭水、酉阳、秀山进入湖南，再经吉首到三角坪，全长885公里。这条公路是西南与华中之间的交通要道，沦陷区大批难民、机关团体和工商物资，多从此路撤退至重庆。

**汉渝公路：**该公路起于陕西省汉中，向南经万源、达县、邻水，进入重庆，全长586公里。抗战之初国民政府确定了西南西北大后方的战略，然而在抗战爆发前的公路建设中，并未修通连接西南西北的公路。汉渝公路是重庆与陕西以及西北各省联系的交通要道，可通过陇海路西接兰新公路与苏联连通，为接运苏联物资到重庆的捷径。1938年10月，国民政府交通部组织两个勘测队，以万源为中心，分南北两线同时勘测。勘测结束之后，即成立宣（宣汉）渝段和汉（汉中）宣段两个工程处，开始分段施工。1940年6月，因苏联援华物资减少，汉中至万源段工程奉命暂停。1942年万源至重庆路段全部建成通车。

### 2. 水路

重庆是长江、嘉陵江交汇处的码头城市。水路运输对于我国抗战至关重要。武汉会战之后以重庆为中心，沿长江向下至宜昌，溯长江至宜宾，以及沿嘉陵江而上至南部的水路运输异常繁忙。宜昌以上的水运，多由卢作孚创办的民生实业公司经营。重庆在战前仅有轮船56艘，约2万吨，到1941年6月，重庆区域（川江流域）有轮船226艘，共计约6.4万吨，比战前增加了两倍多。抗战期间，为了便利军政人员、学校师生、工厂职工以及商旅贸易往来，促进后方经济发展，民生公司在重庆地区开辟了以客运为主的短期航线。主要有：重庆至白沙线、重庆至江津线、江津至合江线、泸县至合江线、重庆至涪陵线、重庆至长寿线、重庆至寸滩线、重庆至磁器口线、万县至云阳线等。这些航运线将重庆城区与郊区紧密联系起来，形成纵横发达的内河运输网络，极大地便利了民众的出行和物资的运输，也促进了战时重庆的发展。

**重庆至各主要港口的距离**

| 地名 | 长寿 | 涪陵 | 丰都 | 忠县 | 万县 | 云阳 | 奉节 | 巫山 |
|---|---|---|---|---|---|---|---|---|
| 里程（公里） | 100 | 160 | 232 | 323 | 425 | 508 | 590 | 655 |
| 地名 | 巴东 | 宜昌 | 江津 | 合江 | 泸州 | 宜宾 | 合川 | 南充 |
| 里程（公里） | 745 | 910 | 100 | 215 | 305 | 485 | 115 | 550 |

此外，为应对繁忙的运输任务，重庆市区长江、嘉陵江两江四岸建设了十大交通码头，如下表所示。

## 重庆城区主要码头及其作用

| 码头名称 | 作用 |
|---|---|
| 九龙坡铁路码头 | 铁路运输与轮船运输衔接的码头，其建筑规模冠绝重庆 |
| 海棠溪公路码头 | 供渡汽车的轮渡停泊 |
| 朝天门码头 | 轮船、木船停泊的码头，重庆城区公路的起点 |
| 嘉陵码头 | 全长150米，为重庆主要轮船码头 |
| 千厮门码头 | 为嘉陵江轮船、木船汇集之处 |
| 太平门码头 | 长江轮船、木船水码头 |
| 储奇门码头 | 为川黔公路轮渡过江码头，对岸即为海棠溪码头 |
| 江北码头 | 与朝天门码头相对，为江北水陆交通要地 |
| 飞机码头 | 负责南区路与珊瑚坝机场的交通衔接 |
| 牛角沱码头 | 将成渝公路运到重庆的物资存放装船 |

### 3. 航空

为应对频繁的国际交流和驼峰航线空运的需要，重庆主城区共建设了五大机场，分别是：

**广阳坝机场**：1929年，由国民革命军第二十一军军长刘湘派兵修筑，为重庆最早的机场。在九龙坡和白市驿机场启用前，每年夏秋两季珊瑚坝机场被淹时，民航班机在此起降。

**珊瑚坝机场**：1933年，中国航空公司开辟重庆至成都航线时，因广阳坝机场离市区太远而往返不便，由此决定在珊瑚坝修建陆上机场。珊瑚坝机场是国内民航修建的第一个陆上机场。跑道长750米，宽46米。为了方便乘客乘机和装卸货物，还配套在珊瑚坝与市区江岸之间搭造浮桥，修建飞机码头。乘客从浮桥上岸，再登322级台阶，方可抵达马路。机场与北岸之间搭有浮桥，修建码头称为飞机码头。珊瑚坝机场在我国抗战史上有着重要的地

珊瑚坝机场

周恩来、叶剑英等人在珊瑚坝机场留念

位，宋氏三姐妹到访重庆即在该机场降落，周恩来、叶剑英等人在抗战期间也是此机场的常客，汪精卫则从珊瑚坝机场走上了叛国投敌的不归路。

抗战爆发后，珊瑚坝辟为空军基地，1942年美国空军飞虎队进驻于此。1944年11月21日，美军飞行员布朗上尉驾驶B-29型战略轰炸机，在上海轰炸日寇后，返回成都时因油料不足，迫降珊瑚坝机场。如此庞然大物降落立即引发轰动。B-29机长31米，翼展43米，高近9米，最大起飞重量60吨，可载弹9吨在万米高空巡航16小时，续航达9000公里。第二次世界大战时，只有成都附近的新津、彭州、双流等少数机场可供其起降，跑道长度均在2000米以上。为了让第二次世界大战时最大的飞机从珊瑚坝机场重新起飞，重庆市政府紧急征用上千民工，连夜扩修跑道。跑道向东延伸300米后，已探入长江，但长度仍不够。工程师们巧妙地沿江边转一个弯，又加长了一段，与原先的跑道成20°夹角，同时将飞机上所有的弹药、装备卸下，使飞机重量减至最轻。布朗上尉起飞时，一边滑行一边转弯，待进入直线后，飞机已具有较大速度，终于在抵达跑道尽头前安全腾空，长江两岸数万市民欢声雷动。B-29超级空中堡垒战略轰炸机在这么短的跑道起飞，创造了美国空军史上的奇迹，也为珊瑚坝机场的抗战岁月留下了浓墨重彩的一笔。

**白市驿机场**：该机场位于重庆市西南方向，距离市中心25公里。该机场于1939年6月基本竣工。共完成长1200米、宽500米的场地平整，泥结碎石跑道长1150米、宽100米。1939年年底，航委会决定再次扩修机场，1942年1月完工。扩建后的机场南北长达1500米，主跑道长1000米。1943年机场北部又进行了一次扩修，延长跑道两端。场面向北延长300米，主机场长1800米，宽500米，主跑道延长至1500米，机场用地约为1.2平方千米。抗战时期，该机场为美国驻华空军司令部驻地。目前，该机场仍在使用。

白市驿机场

**九龙坡机场**：1936年，国民政府军事委员会重庆行营航空部部长与四川省建设厅厅长卢作孚会商，拟在九龙坡建设一较大规模的机场。3月，中航派德籍工程师及技师数人前往九龙坡一带测量。1939年3月，交通部、航空委员会联合向铁路局租借九龙坡铁路路基修建飞机场，年内建成长1125米、宽45米的跑道，1940年机场投入使用。1942年由交通部投资，中航负责修建一条长900米、宽25米的滑行道，大小停机坪8个，停机坪面积约6000平方米。该机场地理位置比较隐蔽，常为要人专机起降所用。自机场启用之后，每年长江涨水淹没珊瑚坝机场之际，民航班机即由珊瑚坝改在九龙坡机场起降。1945年8月28日，毛泽东、周恩来、王若飞等从延安到重庆参加国共两党和平谈判，所乘专机就是在九龙坡机场降落。1950年，机场停用并改建为成渝铁路九龙坡火车站。

**大中坝机场**：该机场位于重庆巴南区鱼洞镇长江中心的中坝岛上，又称中坝机场。该机场跑道长1300米，宽40米，主要用于加油和备降。

抗战期间，蒋介石、毛泽东、宋氏三姐妹、美国副总统华莱士、美国总统特使威尔基、美军后勤部长索摩维尔、美国陆军航空兵司令阿诺德、东南亚战区盟军总司令蒙巴顿、中国战区参谋长史迪威、飞虎队司令员陈纳德等政界军界名流，都先后乘专机抵达重庆。中国航空公司、欧亚航空公司、中苏航空公司也将重庆作为航运中心，不仅经营着重庆到大后方各地的航线，还开辟了重庆—桂林—香港、重庆—昆明—河内、重庆—昆明—腊戌—仰光、重庆—昆明—腊戌/丁江—加尔各答、重庆—兰州—乌鲁木齐—阿拉木图等国际航线，向西北可达莫斯科，向西可借道印度转往北非和欧洲。重庆因此成为第二次世界大战时期远东地区重要的航空枢纽。

## 第四节　吴华甫——陪都重庆的规划者

战前国内完成的近代城市规划有《首都计划》《大上海计划》等。在抗战背景下，国民政府曾组织市政专家为西部城市编制了《西京规划》《昆明市三年建设计划纲要》等城市发展计划。重庆的《陪都十年计划草案》虽是战后短期内完成的，但却是战后西部地区乃至全国最为全面的城市计划。担任"陪都建设计划委员会"技术组组长的正是留美博士——吴华甫。

吴华甫

1937年全面抗战爆发，国民政府迁都重庆，这座闭塞的小山城一跃成为与伦敦、华盛顿、莫斯科比肩的世界名城。但相较于"前辈们"的光鲜亮丽，这个"后起之秀"浑身上下散发着不羁的野性——城市主要集中在崎岖狭窄的渝中半岛下半城，竹、木结构的低矮房屋一层一层临江而建，顺高低起伏的地势延展，凌乱地布满了整个城市。房屋间曲曲折折的隐蔽小道就是城市主要的交通系统。生活用水从两江挑上来，由于没有下水道，污水又四处横流排回江中，衣衫褴褛的船夫推挤着竞争生意……

就是这样一副任性发展的粗犷模样，却一夜之间成为国家战时首都，源源不断迎来国民政府机关、高校企业、商贸机构、达官贵人和淑女名媛。市政建设迫在眉睫，1938年8月行政院384次会议决定，重庆市政府机构按特别市规模设置，市工务科扩大为工务局，吴华甫任局长。

工务局的主要职能是房屋、公园、道路、桥梁、河道、港务、飞机场的建设管理，以及水电和其他民营公用事业的建设管理。大到机场、公路、桥梁，小到蒋介石在南山居住时饭后散步前往南山小学看望抗战遗孤通过的简易石桥，都是工务局紧急派人修筑而成。简而言之，工务局代表政府行使所有城市设施建设和管理职能：要迅速在这座简陋、凌乱、崎岖狭窄还炮火纷飞的山城中创造出一个现代化、国际化的战时首都！

吴华甫1905年出生于上海，1925年以复旦大学土木科优等生第一名成绩毕业，1931年获美国威斯康星大学博士学位。1932年回国，在执掌陪都工务局以前，他还担任过北平燕京大学建筑部总工程师、全国经济委员会公路处督察工程师、天津国立北洋工学院土木系教授兼总务长。

笃实干练的吴华甫迅速开展了一系列市政规划建设，包括：规划城区道路网、开凿防空洞、建设城市自来水厂、安装城市道路路灯、开行各大内迁高校校车等。这些建设管理显著改善了陪都面貌，甚至可以说重塑了一个崭新的城市，为重庆现代化发展奠定了良好的基础。其中，以火巷建设带动的道路建设工程最为艰巨，意义最为重大。

混乱而拥挤的陪都，日军的毁灭式大轰炸不仅造成大量市民死伤、建筑损毁，还常常引发严重的火灾。重庆民宅大多就地取材，用竹、木、草构筑而成，火势极易蔓延成片，而全市无井，水源皆依靠两江河水。因此，火灾给陪都带来的损毁极其严重。为了降低火灾的伤亡和损失，吴华甫决定疏散房屋，开辟火巷，亲自兼任火巷疏散工程组组长，管理疏散工程和疏散地区的一切建设事项。1939年4月29日，旧市区神仙口至三牌坊和长安寺至县庙街两线6公尺宽的火巷顺利完工。随后爆发的五三、五四空袭惨案，火巷工程紧急加速，规划达到80余条，总长23公里。大轰炸后修筑的15公尺火巷成为旧市区的主要交通马路，在城市中发挥着重要作用。

抗战前后重庆面貌

吴华甫还兼任汽油分配委员会委员。随着战争的进行，各种物资尤其是汽油，越来越短缺。经济部为调整后方物资规定粮食、棉花、铁材、机械、汽油、水泥、化工原料等14种物品，不论来自何国何地，一律准予进口。吴华甫兼任汽油分配委员会委员期间，先后在甘肃徽县的县城及其泥阳镇、伏家镇等地兴办了4家酒精生产厂。在汽油紧缺的情况下，高浓度酒精作为汽车动力燃料的替代品，被誉为抗战时期的一大发明。

中国市政工程学会于1944年在重庆成立，上海市工务局局长沈怡担任理事长，茅以升担任常务监事，吴华甫是理事之一。多年陪都工务局局长的经验使吴华甫对陪都的建设问题和设计规划都有深刻的思考，发表于《中国市政工程年刊》的《陪都市政建设》一文，对陪都建设的总体布局和具体问题都做了详尽的研究和分析。

1945年国民政府还都南京，陪都政府奉蒋介石之令制订一个"以交通卫生及平民福利为目标"的十年建设计划。以吴华甫为技术组组长延揽何北衡、茅以升、卢作孚等专家组成的陪都建设计划委员会，用时3个多月草拟完成《陪都十年建设计划草案》。对涉及重庆未来发展的交通、市政、公用等事业进行了全面规划，明确指出要完善交通系统、发展交通工具、建立港埠设备、建设4座两江大桥等。计划虽未实施完成，但为重庆未来的城市规划提供了重要参考。

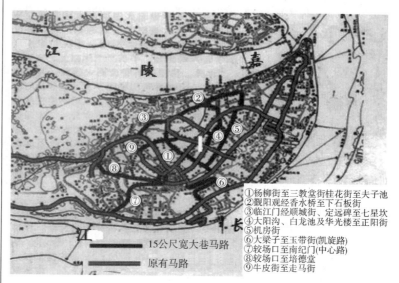

①杨柳街至三教堂街桂花街至夫子池
②觐阳观经香水桥至下石板街
③临江门经顺城街、定远碑至七星坎
④大阳沟、白龙池及华光楼至正阳街
⑤机房街
⑥大梁子至玉带街(凯旋路)
⑦较场口至南纪门(中心路)
⑧较场口至培德堂
⑨牛皮街至走马街

15公尺宽大巷马路
原有马路

陪都重庆的火巷马路

1950年，川藏公路开始修建。川藏公路原名康藏公路，从西康省雅安到西藏拉萨，全长2255公里。这项工程派驻了11万人民解放军、数量众多的工程技术人员和各个民族的劳工，他们用镐头、铁球、铁锤、钢钎在悬崖峭壁、险川大河上生生开辟出

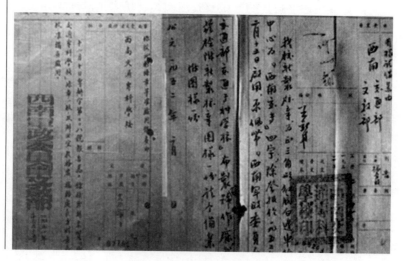

1951年，邓小平主政大西南时创建了重庆交通大学的前身——西南交通专科学校

一条道路。3000多名解放军官兵、1000多名藏汉工人英勇捐躯、长眠于此。

1951年修建的川藏公路是中国乃至全世界公路建设史上创造奇迹的浩大工程，在其启动之初，急需的交通工程技术人员却严重不足，经邓小平审批的西南交通专科学校紧急成立。时任西南军政委员会交通部副部长、川藏公路筑路指挥部政委穰明德出任首位校长；具有丰富建设实践和科学研究经验的吴华甫博士出任教

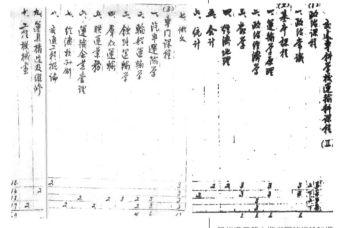

吴华甫毛笔小楷书写的运输科课程表

务长。吴华甫为初建的学校努力构建完善的组织系统，招揽人才，制订教学计划。50年代初，吴华甫失踪，至今下落不明。

## 第五节　航运先驱卢作孚和宜昌大撤退

### 一、长江宜昌到重庆段的航运

1897年英国人李德乐驾驶着55英尺长的"利川"轮船由宜昌抵渝，从此拉开了川江航运的序幕。李德乐聘请薄蓝田（英国人）船长来四川考察航道，尝试做商业航行，于是德、法籍轮船亦相继试航。川江航运获利颇丰，因此被称为"黄金水道"。宜昌到重庆之间水道长650公里，被称为长江上游，为四川连接长江中下游各省的唯一通道。

根据历史记载，宜昌到重庆段的最低水位一般在2月，最高水位则在7—8月。

民生公司的"民主"号货轮行驶在三峡的激流之中

**宜渝段各地水位表（米）**

| 地点 | 距离（公里） | 平均高水位 | 平均低水位 | 江底高度 | 水尺零点高 | 当地水尺数 | |
|---|---|---|---|---|---|---|---|
| | | | | | | 最高 | 最低 |
| 宜昌 | 0 | 49 | 40 | 31 | 39.7 | 16.3 | 10.8 |
| 奉节 | 203 | 114 | 80 | 70 | 79.2 | 52.9 | 11.1 |
| 万县 | 322 | 129 | 103 | 94 | 99.1 | 41.9 | 10.4 |
| 重庆 | 649 | 179 | 166 | 148 | 166.5 | 36.0 | 10.7 |

宜昌到重庆段有记载的险滩约284处，但情况因水位涨落而不同，其中属于低水位期或中低水位期的占190处，因此低水位时险滩最多。

宜渝段行船主要有水流和岛礁两大隐患，其中水流隐患分为急流和旋流。急流为水道突然变窄所致，最危险处为峡谷涨洪水时。旋流则是河道突然变宽造成的，多在石门及峡口下游发生。岛礁危害分为石岛和礁岸两种，两者都能使河道变窄，因此也是急流和旋流产生的原因。水位稍高时，江中石岛与岸上的礁岩常被淹没在水中，不容易辨认，因此危及来往船只。除此之外，冬季早晚的迷雾也影响航行安全。

宜昌到重庆航线可分为宜昌到奉节、奉节到万县、万县到丰都、丰都到重庆4段，其中宜昌到奉节段长203公里，此段峡谷众多、航行最为困难，其中主要峡谷有：宜昌峡（长25公里）、牛肝马肺峡（长7.5公里）、兵书宝剑峡（长4.5公里）、巫峡（长46公里）、瞿塘峡（长8.5公里）。

峡谷之外还有众多险滩，其中以青滩和崆岭最为险要，是整个川江低水位时航行的最大障碍。

宜渝段轮船与长江下游轮船相比有两大特点：一是动力强大，即马力与净载重之比较大，主要原因是险滩和高水位期间流速较快；二是轮船长度因受水流和河道等特殊条件的影响，有一定的限制规定。为保障航线安全，航政局在险滩、礁石等隐患处设置了浮标以警示来往船舶；还限制了船只的速度，平均每小时不得超过8海里，每天下水不得超过18海里，且自宜昌到重庆全程不得少于45小时，重庆到宜昌全程不得少于20小时，夜间禁行。

## 二、航运业先驱卢作孚和宜昌大撤退

卢作孚1893年出生于重庆合川。他自幼好学，天资聪颖，因家境贫寒,小学毕业后辍学。后自学成才,讲授中学数学。卢作孚边教书边自学,编著有《卢思数学全解》《中等代数》《三角》《几何学讲义》。1925年,卢作孚弃学从商,受孙中山交通运输业为"实业之母"论述的影响,创办民生实业公司,次年赴上海订购载重70.6吨"民生轮"白手起家创办航运。

1927年建成了四川第一条铁路——北川铁路,组建了当时四川最大的煤矿——天府煤矿,创建了西南最大的纺织染厂——三峡织布厂。1935年卢作孚在长江航运的竞争中击败美英日国等轮船公司,在川江航运业务上独占鳌头。卢作孚先后担任川江航务管理处处长、四川省建设厅长、交通部次长、全国粮食管理局局长、全国船舶调配委员会副主任委员等职。

抗战之初,卢作孚便做出了"江阴封锁了,上海割断了,公司的业务即十九被割断了,一部分担忧的人们认为国家对外的战争开始了,民生公司的生命就完结了,我的感觉却恰恰相反,认定国家的战争开始了,民生公司的任务也就开始了"的论断。当武汉会战如火如荼地进行时,我国集中长江中下游及海运轮船的全力,将所有人员和器材沿江西运至宜昌。武汉危急时,蒋介石命令民生公司所有船只一律开到武汉长江下游田家镇凿沉,用以封锁江面,卢作孚通过何应钦、张嘉璈、陈诚等人说服蒋介石,使得最适合在川江上行驶的民生公司轮船得以保留。堆积在宜昌待运的各种工厂(包括官办、公办)物资12万余吨,航空汽油1万余吨。由于川江运输能力太小,因此在汉口陷落后,全国的兵工工业、航空工业、重工业、轻工业以及人员、物资都集中在了宜昌。日寇空中轰炸机时刻威胁,地面部队也步步紧逼。因此,尽快将人员、物资运入四川,成为维系抗战全局的关键。在中华民族生死存亡的紧要关头,卢作孚和他创办的民生轮船

交通部次长卢作孚和"民生号"轮船

公司出现在历史的舞台。

抗战爆发的 20 世纪 30 年代，长江中下游航运主要由国营招商局经营，而长江上游则主要由民营的民生实业公司经营。因此，宜昌抢运的重任落在了卢作孚和他的民生实业公司肩上。到 1937 年抗战之初，民生公司共有轮船 46 艘，计总吨位两万余吨，成为长江上游运输的中坚力量。

在宜昌危急关头，卢作孚和他的民生轮船公司义不容辞地提出了"为抗战服务，军运第一"的口号，全力参与到抗战救国运动之中。卢作孚后来在回忆这段艰难岁月时说道："那些器材是当时整个中华民族工业的精华，是国家仅存的一点元气，全中国的兵工工业、航空工业、重工业、轻工业的生命。"

枯水期川江上纤夫拉着木船逆流而上

1938 年的宜昌抢运，摆在卢作孚和他的民生公司面前的主要有三大难题：

一是宜昌扼守着长江三峡，是长江的咽喉。从宜昌行至上游，航道狭窄弯曲，滩多浪急、暗礁林立，1500 吨以上的轮船不能直达重庆，且夜间不能航行。因此，所有上行的大轮船，到了宜昌必须等候换成川江的大马力小船，才能穿过三峡前行。二是当时距川江每年的枯水期只有 40 天。枯水期一到，水位下降，运载大型机器设备的船只根本无法开航。三是当时运输船只奇缺，而民生公司单船运载能力只有 200 吨至 600 吨。按这样的运力计算，全部物资和人员运至重庆需要整整一年时间。

宜昌大撤退

1938 年 10 月 23 日，卢作孚到达宜昌向公司员工演示了他精心研究的航运计划：宜昌至重庆，去时溯江而上需要 4 天，返回顺江而下需 2 天，来回一趟 6 天。为了缩短运载时间，整个运输划分为三段航行：即宜昌至三斗坪为第一段，三斗坪至重庆万县为第二段，万县至重庆为第三段。每艘船以吃水深度、马力大小为基本依据,用一部分船只先运货物至三斗坪,当即返回,再由公司调船运至万县或直运重庆;对重要物资和大型货物则由宜昌直接运至重庆,并在重庆满载出川抗日的士兵,再顺江而下。

为了尽快抢送难民难童,卢作孚对客运舱实行"座票制",将二等舱铺位一律改为座票,这就可以增加一倍以上的客运量。10月24日,第一艘满载着物资和人员的轮船启航,开出宜昌港。几百名孤儿难童在卢作孚亲自护送下第一批上船。孩子们扒在栏杆上放声高歌,他们摇着小手向卢作孚告别的情景,岸边观者无不为之感动。

宜昌大撤退时街上拥挤的人群

鉴于三峡航段不能夜航,卢作孚要求各船尽量利用夜晚装卸,抢在白天航行。为了搬卸方便,他在三峡航线增设码头和转运站,临时增加雇工 3000 多人,同时征用民间木船 850 余只,运载轻型物资。20 多艘轮船和 850 多只木船,不停地在峡江来回穿梭。

1938 年 11 月,日寇对宜昌实施疯狂轰炸。在整个大撤退运输中,民生公司损失轮船 16 艘,116 名公司职员牺牲,61 人受伤致残。据不完全统计,到宜昌沦陷前,民生公司运送部队、伤兵、难民等各类人员约 200 万人,货物 100 余万吨,其中包括兵工器材约 17 万吨,军品辎重约 26 万吨。使用这些抢运入川的物资,人们很快在西南建立了一系列新的工业区,特别是以重庆为中心的兵工、炼钢等行业的综合性工业区,构成了抗战时期中国的工业命脉。

**民生公司转运的部分单位**

| 转运单位性质 | 单位名称 |
| --- | --- |
| 政府机关 | 国民政府 |
| 学校 | 中央大学、金陵大学、大夏大学、复旦大学、武汉大学、山东大学、中央工职校、航空器械学校、中央陆军学校、国立戏剧学校、中央警官学校等 |
| 兵工工业 | 二十二厂、二十三厂、二十四厂、二十五厂、金陵兵工厂、陕西兵工厂、湘桂兵工厂等 |
| 航空、电讯企业 | 南昌飞机厂、宜昌航空站、航委会无线电厂、航委会安庆站、扬州航空站等 |
| 钢铁机械工业 | 钢铁迁建委员会、申钢厂、大鑫钢铁厂、恒顺机器厂、天元电化厂、新民机器厂等 |
| 能源工业 | 中福煤矿等 |
| 轻纺工业 | 大成纺织厂、武汉被服厂、武昌制呢厂、武汉纱厂、沙市纱厂、中国毛纺织厂、庆华颜料厂等 |
| 文艺团体 | 上海影人剧团、抗战剧团等 |

宜昌大撤退一年半后，1940年5月，英、法举全国军力在敦刻尔克完成了举世闻名的大撤退。而宜昌大撤退的运输则完全依靠的是卢作孚和他的民生公司，亲历了宜昌大撤退的晏阳初说，"这是中国实业史上的'敦刻尔克'，在中外战争史上，这样的撤退只此一例。"日本军界所作的战后检讨中，认为一个重大失误就是占领武汉以后没有强攻宜昌。由此可见，宜昌大撤退的作用和影响举足轻重。1939年元旦，卢作孚获得了国民政府颁发的一等一级奖章。解放后毛泽东评价中国实业界有4个人是不能忘记的，分别是"搞重工业的张之洞，搞化学工业的范旭东，搞交通运输的卢作孚和搞纺织工业的张謇"。

1950年6月，卢作孚拒绝去台湾，毅然从香港返回内地，并安排和指挥民生公司滞留香港和海外船舶驶返内地的行动。他还作为特邀代表参加了中国人民政治协商会议第一届第二次全体会议，后被增选为全国政协委员。在北京期间，他曾两次受到毛主席的接见，多次与周恩来、朱德、陈云等中央领导见面。同年10月，卢作孚回到重庆，受到邓小平等西南地区军政领导的亲切接见。遗憾的是，相继而来的"镇压反革命""三反""五反"等运动殃及民生公司，1952年2月8日下午，卢作孚服大量安眠药离世，时年59岁。

## 第六节　开展水陆联运

大后方地形复杂，许多地方既不通公路也不通铁路，主要依靠水运和人力运输。为了发挥水运和人力运输的特点，交通部在大后方大力发展水陆联运，主要包括川湘和川陕两条。

1940年宜昌沦陷前，湖北西南的恩施处于抗战前线，每月由湖南补给军米1500吨。随着宜昌以及湖南大部分地区的沦陷，恩施的第六战区所需军米由四川提供。为便利向外运送军米，四川需开辟水陆联运路线。1940年8月，招商局和民生公司组成"川湘、川陕水陆联运总管理处"，经营由重庆至衡阳和广元至陕西之间的水陆联运业务。同年12月，交通部将"川湘、川陕水陆联运总管理处"改为"交通部特许官商合办川湘、川陕水陆联运总管理处"。

川湘水陆联运线对大后方而言意义重大。首先，盛产粮米的洞庭湖沿岸平原历来有余粮外运，四川虽然号称"天府之国"，但是无法满足突然涌入的数万人口对粮食的需求，因此湘米运川对于稳定战时的四川意义重大。其次，湖南、湖北甚至江西、广西等地，因为抗战爆发后沿海沦陷，交通阻塞，食用盐供应短缺，而四川盛产井盐，因此川盐运湘并分散各省，对于各地民众的生活和四川盐业的发展，同样意义重大。

水陆联运

湖南是西南大后方通往东部各省未沦陷地区的交通必经之地，川湘水陆联运处设在湖南沅陵，以水运为主。川湘水陆联运线自重庆到常德，主要利用水运，一路从重庆港经长江运至涪陵，再沿乌江水运至龚滩，用驿运由龚滩至龙潭，再由龙潭沿酉水运至常德，全程共989公里；另一路从重庆经长江水运至涪陵，沿乌江至彭水，利用川湘公路车运由彭水至龙潭或沅陵，龙潭或沅陵至常德利用水运，全长 956 公里。川湘水陆联运为四川与湖北、湖南运输的一条主要路线。

为保持川湘联运的顺达，联运处根据各段路途的不同情况，一般采取分段运输法。通常在常德、沅陵之间，保证有木船 600 只，要求一次运输能力达到万吨以上，负责近 200 公里水路运输；由沅陵上行至龙潭，通常要求木船 200 只，一次运量要求达 2700 吨，负责这段约 270 公里的水运；龙潭至乌江的龚滩，陆路有 300 余公里，准备板车等人力运输工具，随时可以集中力夫 5000 人以上，保持每趟运输能力在 250 吨左右；由龚滩下水到涪陵的乌江水道有 200 多公里，常有木船 300 余只，一次运输能力达到 6000 吨；最后一段是涪陵到重庆的长江水运，约 150 公里，除有大型轮船参与水运之外，也随时可以征调木船参与紧急抢运。

川陕水陆联运线，主要沿嘉陵江流域进行，包含川盐运陕和陕棉运川等重要生活用品运输路线。川陕水陆联运线于 1940 年 9 月开辟，陆路长 713 公里，水路长 400 公里。川陕水陆联运线，自重庆上溯嘉陵江经过合川、南充、阆中、昭化至广元，广元至陕西宝鸡则沿川陕公路，或者广元再沿嘉陵江而上到阳平关，由阳平关沿烈阳公路至烈金坝再到宝鸡。广元至阳平关之间上行船需 6 天，下行船需一天半。交通部要求重庆到广元的嘉陵江上必须保持 500 只船，运力在万吨以上，以满足运输需要。有时任务紧急，沿线船只甚至多达数千只。1940 年前后，重庆到广元的几百公里水路上，每月单程行船可达 3000 多艘。美国记者贝克在他的著作中写道自己目睹的情况，他从广元登车沿江行进时，看到"宽阔的嘉陵江中挤满了帆船和舢板，这些就是河湖纵横的半个国家的主要运输工具"。

# 第四章 苏联援华——复活的丝绸之路

## 第一节 抗战早期德国援华

在全面抗战爆发前后，德国对我国进行了大规模的援助。从 1928 到 1938 年十年间，鲍尔、柯利伯尔、佛采尔、塞克特、法肯豪森 5 位德国军人先后来华担任总顾问，其中以塞克特和法肯豪森对我国抗战影响最大。

塞克特于 1934 年 5 月至 1935 年 3 月间担任蒋介石的军事总顾问，在他的提议下，国民党方面根据军队每月的实际需要，制定了一个"精确的后勤供应计划表"，据此向德国公司定购必需的军火器械和有关设备，同时促成了中德双方《中国原料及产品对德国工业产品交易合约之实施》的签署。

法肯豪森于 1935 年 3 月接替塞克特成为最后一任德国顾问团团长，他积极参与中国的最高机密筹划与各项战争准备工作长达四年之久。法肯豪森对日本军队及其军事战略作过深入的研究，深知日本全面侵华的野心。法肯豪森上任不久，就多次考察中国的江防、海防。1935 年 8 月 20 日，根据其以前多年驻日经验以及对日本陆军的深切研究，法肯豪森拟订了《关于应付时局对策之建议书》，对两年后爆发的中日战争大致走向有相当准确的判断。

法肯豪森认为中日之间"一旦军事上发生冲突，华北即直受威胁，若不战而放弃河北，则长江北岸、（津浦、平汉）南北两干路唯一之横贯联络，极占重要之陇海路及其重大城市（洛阳、开封等），起首即陷于最前战区，对黄河防线，不难由山东方面，取席卷之势。"

"对海正面有重大意义者，首推长江。敌苟能控制中国最重要之中心点直至武汉一线，则中国之防力已失最重要之根据。于是直至内地，中国一分为二。"

对于国际关系，法肯豪森明确指出，国际上对于日本侵略行径"一时无联合或单独干涉之可能。华盛顿九国之公约实际早已成废纸。中国苟不自卫，无人能出面拔刀相助"。中国唯一能做的，就是丢掉幻想，"竭尽全力，为保全国土而奋斗"。

法肯豪森特别强调了我国西南的重要性，提道"终至四川为最后防地，富庶而因地理关系特形而安全之省份，宜设法筹备，使做最后预备队……目前唯一之联络线为长江，然五百公里之长，系一长峡，不无危险。铁道只能筑于江之南岸，由长沙经贵阳，或直向重庆，再由重庆于江之北岸展至成都、万县、康定，该处实为造兵工业最良地方。由重庆经贵阳建筑通昆明之铁路，使能经滇越铁路向外国联络，有重要意义。唯同缅甸铁路因末端地形困难，故目前不能建筑大输送力之铁路……"

《建议》针对日军的进攻方向和战略部署，提出了中国方面的作战方案，不仅为国民政府应付华北危机提出了对策，也为之后的长期抗战拟订了总蓝图。建议书中提到的"持久抗战"、以四川作为抗日的"最后防地"的两大设想，为后人称许。

从1934年开始，大量的德制装备开始源源不断地运到中国。1936年德国运交中国2300万马克军火，1937年德国运交中国8200万马克军火。八一三淞沪抗战中，德式样板师第87、88、36师全部投入战斗，这些德籍顾问所指导的部队训练有素，重创日军，彻底粉碎了日军"三月亡华"的妄念。伦敦海外通讯社当时报道说："（上海）十周之英勇抵抗，已足造成中国堪称军事国家的荣誉，此乃前所未闻者。"

## 第二节　苏联援华之目的

德国虽然通过军事顾问团和输送武器对我国的早期抗战发挥了重要作用，但其后来与日本盟友的关系注定了援华不可能持久。抗战全面爆发后，首先予以中国精神与物质援助的大国是苏联。

为了进一步沟通中苏关系，蒋介石派曾担任参谋、侍从八年的亲信邓文仪担任驻苏联武官。邓文仪于1935年春到达莫斯科后，在苏联帮助下进入新疆考察。邓文仪从苏联回国后向蒋介石汇报，苏联有积极援助中国的意向，蒋介石便让行政院副院长兼财政部部长孔祥熙向苏联大使提出："如果中国被迫武装抗日，考虑到海路难以获得军需物资，能否从新疆得到军需品？"1935年10月苏联驻华公使鲍格莫洛夫同蒋介石会谈时，说明苏联要与中国改善中苏关系，提出苏联愿与中国缔结商务协定和互不侵犯条约的意向。

1937年11月11日，杨杰作为蒋介石的全权代表和斯大林进行会谈。斯大林对杨杰说："你们应该记住，只要中国没有军事工业，它就会一直动荡不定。谁想独立，谁就应该建立自己的军事工业。外国人出卖不好的武器，他们还可以完全拒绝出售武器。我们可以把我们的教官提供给你们，这要比向外国人购买武器更便宜……要记住，仅仅依靠别人的援助是不可靠的。需要发展自己的工业……如果你们想成为独立的国家就应该有自己飞机、大炮、石油。当你们打垮日本人后应该建立自己的重工业……盟友有坚定的也有不坚定的，也要和不可靠的盟友打交道，比如英国。仅仅从苏联获得援助是不对的，中国也需要从不坚定的盟友那里获得援助……"斯大林兑现了自己的诺言，全力援助中国。

中苏两国于1938年3月1日在莫斯科签订《苏维埃社会主义联邦共和国政府与中华民国政府间关于实施五千万美金信用借款条约》。附录规定中国以茶叶、皮革、羊毛、锑、锡、锌、镍、钨、丝、桐油、药材、紫铜归还，还期5年，其中农、牧产品占25%，矿产品占归还贷款总额的75%。

1938年5月5日，蒋介石给斯大林发电报要求尽快提供武器，电报中写道"由于你们多次给予全力援助，中国在抗日作战中才能坚持到现在……现在中国只剩下10架轻型轰炸机……请求首先以贷款形式提供轰炸机和发动机。"斯大林于1938年5月19日给蒋介石回信"我们完全理解中国艰难的外汇财政状况，并考虑到了这一点。因此我们既不要求中国用黄金也不要求用外汇支付武器的贷款，但我们希望得到茶、毛皮、锡、钨等类商品。我们清楚地知道中国能够向苏联提供这类商品而且无损于中国的国民经济和国防。"此后中苏于1938年7月1日续签了5000万美元的贷款合同，还期为7年，贷款内容与第一批援华贷款无太大区别。中苏于 1939 年 6 月 13 日签订了 1.5 亿美元的贷款合同。3 次苏联援华贷款合计 2.5 亿美元，据《美国外交关系文书》估计，苏联贷款总数为 5 亿美元。

运送苏联援华物资的中国驼队

1940 年 8 月，苏日行将妥协之说甚嚣尘上。为此，10 月 6 日斯大林致电蒋介石，向在全面抗日战争中坚持奋战的中国人民表示崇高的敬意。苏方还数次派员向中方表示：对履行商约应交中方的物资，愿积极运交。其种类包括大炮、机枪、飞机等。同年 12 月，在崔可夫领导下的 15 名苏联顾问、专家来华，苏方向中方运交了 100 架轰炸机，148 架战斗机、300 门大炮、500 辆汽车及其他军火物资。苏联如此竭力地援助中国，更深层次的原因还是为了苏联自己的国家利益，不想两面作战。苏联政府认为："由于有我国的援助和英美盟国的援助，蒋介石即使不能打退日本的侵略，也能长期拖住日本。"中国人民进行的抗日战争也支援了苏联，关于这一点斯大林在 1938 年和孙科的谈话中承认，他深知中国不仅是为自己作战，也是为苏联作战；日本人的最终目的是占领整个西伯利亚直到贝加尔湖。斯大林还表示苏联将继续尽一切可能对中国援助军火飞机和其他军需品，但不会出兵。

## 第三节　西北公路——连通苏联

1887 年，在德国地理学家李希霍芬出版的《中国》一书中第一次提到一个充满诗情画意的名字——丝绸之路。它在英语中被称作 The Silk Road，这个既写实又写意的名字，见证了东西方文明的交往。这条路在极其漫长的历史时期中实际上是东西方文化交流的大动脉，它也同样见证了历史上中国西北地区的繁荣与昌盛。中国的高僧法显、玄奘就是经这条路去往印度，意大利旅行家马可波罗也是由这条路到达中国。然而随着海洋时代的来临，丝绸之路曾经繁荣的场面一去不复返。这条中国经中亚、西亚通达欧洲的陆上通道变得荒凉而寂寞，我国的西北地区也由此逐渐走向了衰落。

行驶在西北公路上的马车队

西北地区深居大陆腹地。若以乌鲁木齐为中心，东到太平洋3400公里，西到大西洋6900公里，北到北冰洋3400公里，南到印度洋2600公里。四周距离海洋遥远，加上周围高山的阻挡，海洋水汽难以到达，降水量远比同纬度的其他地区少。不仅如此，西北地区冬季普遍寒冷也制约了交通发展。新疆到印度之间主要有3条山道，分别抵达印度的克什米尔、拉达克和坦克昔，这3条山道均需翻越昆仑山脉。当大雪封山，每年只有三四个月可以通行。而黄河每年也有近4个月的结冰期。

左宗棠为创办兰州织造局，曾向德国订购了一套毛纺织机械4000多箱，用轮船从上海运到汉口，再用木船经襄河运到龙驹寨，上岸后再用牛马车和人力运到兰州。"几千里的长途运输，极为困难……足足运了一年。"西北交通的困难程度，由此可见一斑。

## 一、西北公路干线

民国时期张继在谈到西北建设时说："开发西北，首重交通，交通不兴，开发无从谈起。"邵元冲将军也认为："交通之发展迂缓，则执政之耳目难周，而剔弊势亦不易，且货物之流通阻滞，则金融之调剂困难，农业亦终无由繁荣，而与国防之布置，大多窒碍，此西北交通问题之影响与政治、民生及国防者矣。"所以，开发西北的首要责任是发展交通事业，交通兴则西北兴。

为使陕甘新3省交通形成网络以完全贯通，国民政府曾派赵祖康、龚继成等人视察，并拟定有详细计划，除将西北各省旧有公路加以修整外，新辟公路10条，全长2.7万公里，需耗资2300万元。10条公路分别为：①西安伊犁线；②西安汉中线；③包头兰州线；④兰州疏勒线；⑤包头塔城线；⑥塔城疏勒线；⑦汉中白城线；⑧西宁玉树线；⑨西安包头线；⑩兰州汉中线。此举目的在于开发西北资源，便利国防交通。

首先建设的是西兰（西安至兰州）和西汉（西安至汉中）两条干线公路，以弥补铁路建设的不足。西兰公路全长753公里，为陕甘两省干道，同时也是通向西北的主要国防干线。该路是1925年在陕甘古驿道基础上整修而勉强通车的，全线极为简陋，绝大多数河沟没有桥梁，汽车只能涉水而过，道路弯急坡陡。全线均为土路，经大车碾压后高低不平，晴天尘土飞扬，雨天泥泞不堪，行车极为困难。1934年3月，全国经济委员会筹款修筑西兰公路，于1935年5月竣工通车。西汉公路全长447.6公里，不仅是陕西关中通往陕南汉中盆地的唯一公路，也是沟通西南、西北的重要通道。全国经济委员会曾网罗当时国内一些著名大学的工科毕业生从事此路的测量、设计和施工工作。该公路于1934年动工，1936年3月全路竣工。

交通具有经济和国防的双重属性，既是国家经济和社会发展的动脉，又是战争能量转换的通道。时任军政部部长何应钦认为："西北为中华民族摇篮，又是中国大陆之屏蔽。从国防考虑，从经济考虑，从文化考虑，都需开发。"国民政府财政部长宋子文在考察西北时也曾重点提到："西北的建设不是一个地方问题，而是整个国家的问题，现在沿江沿海各省已经在侵略者炮火之下，我们应当在中华民族发源地的西北，赶快注重建设。……西北建设,是我中华民族的生命线。"

苏联援华武器物资,一部分是由苏联奥德萨港运抵越南海防港,然后转运至中国内地。据统计,1937 到 1939 年约有 6 万吨苏联援华武器物资通过海运运抵中国。由于海运容易被拥有海空优势的日寇切断,1937 年 10 月 2 日,国民党政府交通部部长张嘉璈与苏联驻华临时代办麦拉麦德会晤,要求苏联帮助修建萨雷奥泽克—乌鲁木齐—兰州的公路,以方便苏联往中国运输武器、弹药、飞机和备件等物资。

甘新公路是从甘肃到新疆的一条重要通道,它与西兰公路连接起来便是古丝绸之路的东段和中段。从 1934 年起,为了修建甘新公路,前后进行过 9 次勘测。1936 年第 4 次查勘由全国经济委员会公路处组织测量队进行,依据的技术标准为:山区最小曲线半径 25 米;平原最小曲线半径 250 米;最大坡度 7%;视距 100 米;平原路基宽度 9 米;山区路基宽度 5 米。

1938 年 1 月,苏联援助中国的第一批石油等物资由 500 辆卡车运入中国时,并没有现代意义上的公路。车队沿着古老的丝绸之路驿道从新疆进入甘肃,再经嘉峪关、酒泉到兰州。在原始驿道上,苏联的 500 辆大卡车硬是从没有路的地方压出了一条"大道",这条大道成为西北公路的雏形。

甘新公路的修建异常艰苦,以张掖黑河桥的修建为例。张掖黑河桥位于甘新公路 518 公里桩号处,是一座 25 孔、每孔净跨 4 米、总长 100 米的木排架木面桥,桥面净宽 4 米,载重 7.5 吨。黑河发源于祁连山,流经张掖附近河宽数百米,河床系冲积沙砾,平时水流不大,雨季洪水泛滥,漫流河滩。修建初期曾架设木桥,由于埋设木桥架抗洪能力弱,致使桥屡建屡毁。1938 年 7 月,采用打排桩方法,将木桩打入地下 7 米深的地方,稳定地基后再开始修建桥梁。这次黑河桥修建完工后,虽经几次大水,大桥仍然完好无损。

西兰公路、西汉公路、甘新公路、甘青公路、甘川公路等联络线,共同构成了连接甘肃、青海、安息、湖北、宁夏、新疆 6 省的西北公路干线,全长 4700 公里。

## 二、从新疆到苏联

甘新公路直接与苏联相连,此段公路早在 20 世纪 20 年代已

骡马通过甘新公路上的木桥

具雏形，自兰州经酒泉、星星峡而进入新疆境内。新疆于1935年修筑了横贯北疆的迪伊公路（迪化至伊犁）和迪哈公路（迪化至哈密），全长1895公里，于1937年7月通车。甘新公路由苏联专家设计，中国负责施工，工程浩大，仅土方就近650万立方米，耗费人工300余万工日。新疆的公路从哈密向东延伸到星星峡，与西北公路连接，向西延至霍尔果斯，与苏联公路连接。由兰州经乌鲁木齐、霍尔果斯连接到苏联的国际公路通车之后，大量苏联援华物资就是通过这条公路运往中国抗日前线。

中苏公路全长2925公里，从萨雷奥泽克到霍尔果斯（230公里），然后通过新疆（1530公里）、甘肃境内一直到兰州（1165公里）。沿途设有20个加油站和食宿站，设立了公路养护点和航空基地维修的服务点。同时，自阿拉木图至兰州的航线也开始运营。

苏联车辆行驶在西北公路上

中苏公路有相当长一段路程是海拔1500—3000米的盘山路，夏季白天气温高达40摄氏度，冬季气温低于零下30摄氏度，沿线自然环境恶劣。老舍先生曾经写过一首打油诗赠给汉中司机沈印堂："一去两三里，抛锚四五次，修理七八回，八九十人推。"从萨雷奥泽克到兰州的公路全线贯通后，运输第一批军用物资车队行驶了24个昼夜。1938年道路加宽和桥梁加固改造后，行驶全长需要18个半昼夜。4000多名苏联工人奋战在这条公路上，保证了苏联援华物资源源不断地运到抗战前线。中国偿还苏联援华贷款的茶叶、矿产等物资也是从这条路运抵苏联。苏联驻华军事总顾问切列潘诺夫回忆说："成千上万的苏联筑路工人以极其英勇的劳动修造了穿越新疆的公路，迄今似乎还没有一部史书记载这条'生命之路'的建设者和司机们可歌可泣的功绩。"

### 三、苏联援华物资的运输

甘新公路距西南政治、经济中心较远，连结国别单一，使其地位和声望较滇缅公路似乎略逊一筹。尽管如此，在中苏两国之间所有国际运输线中，甘新公路所运输的苏联援助无疑是最多的。飞虎队陈纳德将军也曾说过："虽然这条公路的开辟未大肆宣扬，但实际上从这条路运抵中国的战时物资，却远远超过赫赫有名的滇缅公路所输入数量。"

随着日本对中国的全方位封锁，通往苏联的甘新公路一度成为中国接收外援的最主要通道。仅从1937年12月到1939年2月中旬，苏联运抵中国的各类物资就达5640节货车车厢，经新疆到甘肃的公路运输货物超过5260辆苏式货车。可见，苏联的援华物资基本上是通过此路运抵中国，空运和海运的物资相比甘新公路上的陆运物资都望尘莫及。据统计，抗战期间西北公路运输管理局从苏联购入的汽油达12万吨。大量的苏联援助物品从这条公路运送到了中国抗日前线，不仅包括枪炮弹药，还有汽油药品、汽车飞机等。而这些汽车等运输工具在返程途中，又将中国的羊毛、猪鬃、茶叶、桐油、矿产品运送出去，以助中国获得更多的国际援助。从1938年到1941年，中国向苏联出口的主要物资如下表所示。这些物资在苏联的卫国战争中发挥了重要作用。

**中国向苏联出口的主要物资统计**（单位：吨）

| 物品<br>年份 | 钨 | 锡 | 锑 | 桐油 | 茶叶 | 羊毛 |
| --- | --- | --- | --- | --- | --- | --- |
| 1938年 | 39640 | 4600 | 40750 | 568 | 7993 | — |
| 1939年 | 4600 | 1900 | — | 1500 | 7800 | — |
| 1940年 | 1600 | 1400 | — | 2000 | 12700 | — |
| 1941年 | 4500 | 3000 | — | — | 1300 | 4200 |

## 第四节　苏联援华航空队

全面抗战爆发后，中国能执行战斗任务的飞行员为 620 人，飞机共约 600 架，其中作战飞机仅 305 架。除了少量国产，这些飞机分别购自美、意、德、英、法等国，机种多且维修难，不少飞机常因缺乏零部件而长期不能起飞，全面抗战时能参加战斗的飞机仅 223 架。中国飞行员的飞行技术也不佳。1937 年 8 月 14 日，接到命令的中国飞机去轰炸日本出云号巡洋舰，结果将炸弹扔到上海中央大楼旁边和上海最繁华的街道，甚至误炸了美国轮船"总督号"和英国军舰。中国用第一批苏联援华贷款购买了"И-16"94 架，"И-15"62 架，

苏联援华飞机与中国飞行员

"УТИ-4"8 架，"СБ"62 架。1937 年 8 月 28 日，蒋介石在与苏联驻华全权代表鲍格莫洛夫交谈时提出："苏联政府能否允许苏联飞行员以志愿者身份加入中国军队。"苏联政府马上派飞行志愿者参加中国抗战。

中国航空委员会设立了苏联空军顾问组，首任总顾问由日加列夫兼任。1938 年 5 月特豪尔继任总顾问，他参加过西班牙内战，完成了 102 次飞行，经验极为丰富。在他领导下，完成了飞机验收、试飞和转场等复杂工作，保证了苏联飞机到达目的地后就能战斗。1937 年 12 月，中国在兰州修建了当时中国最为重要的空军基地——苏联飞机和军事物资转运站。苏联空军志愿队经阿拉木图—乌鲁木齐—哈密—兰州，再飞往前方目的地。

1937 年 12 月 1 日，苏联援华志愿者飞行员驾驶 25 架"И-16"型歼击机飞抵南京机场。刚到机场，苏联飞行员就迫不及待地起飞和日军飞机进行战斗，击落 6 架日军双引擎轰炸机。几个小时后，20 架"СБ"型轰炸机在南京另一个机场降落，仅休息了几个小时后，就轰炸了日本运输舰聚集的上海港，并击沉一艘日军

抗战前期中国空军的主力战机为苏联援助歼击机

巡洋舰,击损6艘日本军舰。1938年2—3月,第二批苏联飞行志愿者到达中国。2月23日在"苏联红军日"这一天,从南昌机场起飞完成对台湾日军飞机场轰炸,击落40架日军飞机,击沉数架日军舰艇。原来日本轰炸机基地都是在离前线50公里以内的,但当苏联志愿空军出现后,日本空军不得不把其空军基地转移到五六百公里以外。苏联飞行志愿者以他们优秀的飞行技术和英勇无畏的精神赢得中国人民的尊重。1938年4月29日,40位苏联飞行员在汉口以东上空痛击39架日本飞机,击落了其中36架,有力地配合了武汉保卫战地面中国军队的作战。

　　苏联飞行志愿者不仅积极参与打击日寇,还承担起培养中国飞行员的任务。例如将自己的鲜血洒在中国的苏联重型轰炸机大队长库里申科,他对中国人民遭受的苦难极为同情:"说实话,就像体验着我的祖国的灾难一样,体验着中国劳动人民的灾难。每当我看到被日军炸毁的建筑物和逃难的人群就难过。"当时援华志愿人员的去向是保密的,库里申科在给妻子的家书中写道:"我调到东方的一个地区工作,这里人对我很好,我就像生活在家乡一样。"飞机起飞前他耐心地给中国飞行员讲解当天飞行的科目,讲远程轰炸机的性能、操纵方法和仪表等,亲自看着中国飞行员坐到驾驶舱的座位上并为他们垫好垫子,然后才坐到前舱;待飞机降落到地面后又耐心细致地讲评这次飞行的成绩和优缺点以及改正的方法。为了纠正一个飞行员的落速和进入机场角度的偏差,有时连续飞行三四天。执行任务时库里申科和普通队员们一起动手抬炸弹、挂炸弹、加油。1939年8月14日下午两点,库里申科大队长在武汉上空迎战日本战斗机,共击落敌机6架,自己不幸光荣牺牲，他为中国人民的抗战事业献出了宝贵的生命。

至1939年，苏联先后派出700多名飞行员同中国空军并肩作战，经苏联培养的中国飞行员达1045人。苏联空军志愿队的飞机，北至归德机场，南到广州、南海各地，进行过多次空战。从1937年12月到1941年，苏联志愿飞行队参加了25次战役，共击落、炸毁日机539架，连同苏联援助的高射炮和高射机枪及中国飞行员击落的飞机总共1049架，炸沉日本军舰70多艘。有16名苏联飞行员获得"苏联英雄"或金质奖章，200多名苏联飞行员把自己的生命献给了中国人民的抗战事业。

除了苏联援华航空队之外，抗战前期苏联军事顾问团也来华帮助抗战，顾问团中包括第二次世界大战名将崔可夫将军。崔可夫早年曾经在伏龙芝学院东方系学习汉语，在1926—1929年多次来华，能够说比较流利的汉语。1940年，崔可夫作为第4任也是最后一任总顾问来华，在中国逗留了14个月，这14个月正是中国抗日战最艰苦时期，也是中国、苏联和日本关系最为微妙复杂的时期。

第二次世界大战名将——崔可夫

在崔可夫来华之前，他曾经接受了斯大林的亲自接见。斯大林对他的任务作了明确的布置："崔可夫同志，你的任务和我们驻华全体人员的任务，就是紧紧束缚日本侵略者的手脚，只有当日本侵略者的手脚被捆住的时候，我们才能在德国侵略者一旦进攻我国的时候避免两线作战……。"崔可夫从莫斯科坐火车经过5昼夜到达阿拉木图，然后乘飞机经停兰州后抵达重庆。在华期间，崔可夫作为顾问参与指挥了长沙会战等战役。回国后的崔可夫参与了苏联卫国战争，在1942年的斯大林格勒会战中，他指挥的第62集团军一次又一次地击退了数倍于己的德军部队，完成了苏联最高统帅部"不许后退一步"的任务，并最终率部队攻克了德国法西斯的老巢柏林。

牺牲在中国的苏联空军英雄——库里申科

# 第五章　西南国际交通线的开辟

## 第一节　公路泰斗赵祖康和抗战公路

赵祖康 1900 年 9 月出生于上海松江县。中学时代的赵祖康广泛阅读中外文学名著，梦想将来能成为一名文学家。随着时代的变迁，怀揣孙中山"实业救国"理想的赵祖康决心弃文学工，18 岁考入了上海南洋公学土木工程系，将"致力工程，为民服务"作为终生奋斗的目标，曾写下"开边须筑路，救国仗书生"的豪迈诗句。1920 年北洋政府对位于北京、上海、唐山的三所交通部下属高等学校进行改造，合并组成国立交通大学，北京设铁道管理系，唐山设土木工程系，上海设机械工程系和电机工程系。因此，赵祖康转往唐山继续求学。

学生时代的赵祖康

1922 年，赵祖康以出众的成绩毕业于唐山交通大学土木系。1930 年，铁道部决定，挑选 10 名成绩优秀者赴美国学习深造。赵祖康立即给上海交大和唐山交大的前校长凌鸿勋和茅以升写信表达留美的意向，并以唐山分校 1922 年市政及道路系成绩最好者入选。1930 年赵祖康远渡重洋，进入美国康奈尔大学研究院，进修道路和市政建设工程。1931 年夏天，赵祖康结束了美国的学习生活，毅然回国。经全国经济委员会公路处处长陈体诚推荐，担任道路股股长。

赵祖康回国时中国公路总长度不过 2 万余公里，且各省各自为政互不联系；工程技术缺乏标准；桥梁多为木质临时式建筑，大江大河多用人工摆渡；经费无固定来源，管理缺少规章制度；汽车无统一的牌照，不能过境行驶；筑路技术水平较低，也无培训组织。赵祖康自全国经济委员会转到交通部，此间道路股扩大到公路处、公路总管理处，直到公路总局，他的职位由股长、副处长、处长到副总局长。赵祖康主持省际联络公路的筹建和督修，联络公路由东南3省到7省，再扩大到东中部10省；制定了筑路经费的补助办法；成立了督察区，监督工程用款、工程质量和进度；颁发了统一的工程技术标准；逐步改善桥渡；统一汽车牌照，建立中国各省市交通互通和公路监理制度。赵祖康在主管公路期间，十分重视公路交通人才的培训。他尊重科学，引进先进技术，主张"筑路带动试验，试验促进施工"。他努力钻研公路选线，提出了精湛的见解。截至1937年全面抗战爆发前夕，中国公路里程增加了8万余公里，这与赵祖康的辛勤努力是分不开的。

抗日期间，赵祖康组织力量赴前方抢修公路，又加紧筹划西北和西南国际干线公路的修筑，奋不顾身地奔波在蜀道天险之间和黄土高原之上，不遗余力督导施工。他主持修筑的著名的"三西"（西兰、西汉和乐西）公路都是抗战大后方重要的生命通道。

西汉公路是赵祖康主持修建的第2条公路，该路所经之地就是古蜀道。唐代诗人李白曾有"蜀道之难，难于上青天"的名句，足见其艰险程度。赵祖康在修筑该公路时曾写道"蜀道何难，车辆出川"。该路自1934年底动工，1936年5月抢通。1938年5月，赵祖康应西南联大校长李书田的邀请，到该校就西汉公路的修建情况做了一场学术报告。与会者被赵祖康生动精彩的报告深深吸引，为筑路功臣的高尚情怀感染。赵祖康通过这次报告，既传授了西北的见闻和公路的知识，又弘扬了爱国奉献的精神，使西南联大的师生受益匪浅。他在主持乐西公路工程3年时间里，由于昼夜操劳而患咯血，生病疗养于成都，写下了"久愿风尘殉祖国，宁甘药饵送余生"的感人诗句。

万源境内的赵祖康题书

1946年，因在滇缅公路、乐西公路等建设中的卓越贡献，赵祖康被美国总统杜鲁门授予第二次世界大战自由勋章，现存于中国历史博物馆。

赵祖康在乐西公路上及赵祖康所获第二次世界大战自由勋章

在赵祖康的公路定线研究中，他认为定线有 3 个主要控制因素，即交通量、地形、造价，因为 3 个字的英文，都含有"T"字母（Traffic, Topography, Cost），所以简称为 3"T"因素；4 个定线目标即：速度、安全、经济、景观，因为这 4 个字的英文名称（Speed, Safety, Saving, Scenic），都以"S"字母为首，故又称为 4"S"目标；5 个定线要目即：距离、坡度、线形、宽度、排水；5 个山岭线即：越岭线、山腹线、山脚线、山谷线、岭脊线；还有 2 个主要定线方法，即：纸上定线、实地定线。由于考虑周详，提要钩玄，其理论对公路定线很有指导意义。

赵祖康治学非常重视基本功，他花费了一生的精力审订和注释道路交通名词。他早自 1929 年即开始着手于这项工作，曾著有《道路工程学名词译法之研究》，提出了原则性的意见，归纳成为 21 律，对译名具有创造性的见解。1960 年，他在担任上海市副市长期间，组织了 28 位专家、教授，主持编辑了《英汉道路工程词汇》。在编写过程中，他对一词一字都反复推敲，直到满意为止。经过 4 年的努力，该词典终于在 1965 年 6 月由人民交通出版社出版，后又经过修订和补充，1978 年再版，联合国教科文组织曾指定它为专业参考工具书之一。

赵祖康感于词条只定名而无释义，不能满足读者的要求，于是从 1978 年开始组织力量，编写了《道路与交通工程词典》，其难度较前者更大，耗时 5 年才完成。该书共有词目 7100 余条，

赵祖康（左）与徐以枋（右）

120余万字，于1985年由人民交通出版社出版。

1989年9月2日，正值赵祖康90寿辰，时任上海市市长的朱镕基曾亲往祝贺，称赞赵老："年高德劭，功在上海。"赵祖康和詹天佑、茅以升被后人评价为中国交通工程界三杰，研究中国交通史的人们都一致将赵祖康视作近现代中国公路第一人。

## 第二节　邹岳生、陈本端与二十四道拐

### 一、京滇公路的修筑与国防意义

近代以来，出现了从云南到中国东部，需要领取护照并绕道越南才能抵达的现象。这是世界交通史上的一大奇观，也是中国交通人的耻辱。

我国西部地区，自然条件恶劣，自古以来交通不便。云贵高原在近代以驿路为主要交通方式。从贵阳至北京，距离约2400公里，普通行程需要49天，最快也需28天；从昆明到北京，距离约3000公里，普通行程需60天，最快需要44天。滇越铁路通车之后，从南京出发到上海，再由上海坐轮船至法属越南的海防登岸，再换乘滇越铁路抵达昆明，行程仅需7天。由于越南是法国的殖民地，因此从国内其他地区赴云南，必须办理出国护照。九一八事变之后，我国公路建设的重点任务便是修筑一条横贯中国东西部的公路。1937年4月，起于江苏南京、止于云南昆明，跨越江苏、安徽、江西、湖南、贵州、云南的京滇公路正式建成通车，这条长约3000公里的公路是战前我国公路中最长的一条。其里程表如下。

**京滇公路里程表**（单位：公里）

| 地点 | 南京 | 黄山 | 南昌 | 长沙 | 沅陵 | 镇远 | 贵阳 | 安南 | 曲靖 | 昆明 |
|---|---|---|---|---|---|---|---|---|---|---|
| 里程 | 0 | 404 | 823 | 1305 | 1684 | 2043 | 2308 | 2559 | 2815 | 2974 |

1937年4月5日，由19辆各式汽车组成的京滇公路周览团

由南京浩浩荡荡出发，于 4 月 25 日抵达昆明。除去重要城市停留参观的时间之外，实际行驶天数 16 天，汽车行驶时间共 106 小时。在平原地区汽车运行速度达到每小时 50～60 公里，在山区的时速则在每小时 10～20 公里。京滇公路的通车对国防意义重大，不但连接了中国的东部和西部，同时连接滇越铁路，使我国大西南有了出海大通道，为我国应对日本封锁东部沿海做好重要准备。

## 二、公路巨子邹岳生与二十四道拐

提到史迪威公路，人们就会条件反射般地联想起那张著名的"二十四道拐"照片。这幅闻名于世的照片由美国随军记者阿尔伯特拍摄于 1945 年 3 月 26 日，数十辆美式 GMC 十轮大卡车正沿着一条无数"∽"形弯道组成的盘山公路，从谷底向着险峻荒凉的山顶缓慢地爬行。透过这凝固的画面，我们仿佛感受到了那岁月里的激越与波动，仿佛听到了山间回荡着发动机巨大的轰鸣声，仿佛察觉到了驾车士兵紧张得近乎窒息的心跳……在这张照片中，摄影师巧妙地将新闻的"五 W 要素"，即时间、地点、人物、原因与效果，完整地呈现在了一幅画面中。作者运用暗室处理、画面裁剪以及影像取舍等手段，把山体的厚重与车身的轻盈、岩石的伟岸与轮辐的渺小、路面的迂曲与峭岩的壁立，同马达的呻吟与荒谷的静谧，差异悬殊地凝聚在尺幅画框之中，因而画面才能迸发出强烈的视觉冲击与非凡的艺术感染力。这张定格历史、享誉世界的纪实摄影佳作，以独一无二的绝佳影像表现出了抗日战

 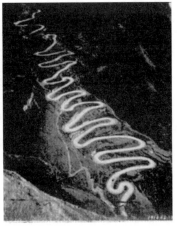

邹岳生与二十四道拐

争时期中国交通运输线路的艰险，同时也表现了中国人民在极端困难的情况下仍坚持抗战的精神。这张照片很快成为史迪威公路、雷多公路、滇缅公路的象征，享誉世界。然而战后很长一段时间，这段神奇的弯道仿佛突然消失在了历史的长河中，人们在印度、缅甸和云南都难寻其踪迹。战争结束近60年之后，人们才在京滇公路贵州晴隆境内找到了著名的"二十四道拐"。

这段享誉世界的神奇弯道，由我国工程师邹岳生主持设计。邹岳生1896年生于江苏阜宁，1924年毕业于北洋大学土木工程科，1924—1925年任安徽桥工局实习工程师，1928年10月—1931年10月任江苏公路局工程师，1932年2月任浙江公路局工程师，先后担任杭徽公路及义长公路主任工程师。

邹岳生北洋大学成绩单

1935年3月，邹岳生出任行营公路处湘黔、黔滇公路主任工程师兼总段长，带队负责二十四道拐勘测设计。39岁的邹岳生奉曾养甫之命来到晴隆修建二十四道拐。来贵州之前，邹岳生已经在华东地区修筑过京杭公路、杭徽公路、浙闽公路等不下10条公路,然而晴隆的陡峭地形与华东有很大不同,之前的修筑经验派不上用场,邹岳生只能多次深入山中考察,寻找解决方案。在修筑二十四道拐期间,邹岳生及施工队召集了晴隆县城所有能够出动的劳动力,全县能拉能驮的牲口几乎全部上阵。邹岳生爬山越岭的本事无人可及,即使是惊心动魄的悬崖绝壁,他也总是毫不畏缩地冲在最前面。他常常戴着拿破仑帽,手持带钩拐杖,在下山的时候用于支撑。有一次他从马上摔下来,一只脚扣在马镫里,被拖了几丈远,伤得皮开肉绽,差一点送了命。后来部下劝他坐滑竿,但由于滑竿需要人抬,他仍然坚持骑马上山。由于长期和测量打交道,他也锻炼出一双"火眼金睛",具有敏锐的目测能力,能够不用仪器,就准确地测量出目标的距离和位置。

贵州省素有"地无三尺平"之称,邹岳生发现修筑路段全线无沙可觅,没有沙子则无法修路,命令工人把大石块敲成小石块,小石块敲成石屑用于铺路。耗时一年的二十四道拐于1936年夏竣工,是黔滇公路的必经之路。这条路从山脚至山顶的直线距离约350米,垂直高度约250米;在倾角约60度的斜坡上以"⌒"型顺山势而建,蜿蜒盘旋至关口,共24个回头弯,全长约3.85公里,平曲线最大半径15米,平曲线最小半径10米,最大纵坡10%,最小纵坡1%,回头曲线最大纵坡8%,泥结碎石路面宽约6米。

在二十四道拐全线竣工时,国民政府派出由180位各界人士组成的"京滇公路周览团"到达晴隆,称赞新建的山区国道因地制宜,勘探设计品质"除湘省(矮寨公路)外无出其右者",从此这条横贯东西的运输线成为南京至西南昆明之间万里通道的咽喉地带。邹岳生因为二十四道拐的勘测设计,在同行中获得"公路巨子"的美誉。

邹岳生修筑二十四道拐时用过的罗盘

邹岳生1936年9月调任军事委员会湘桂黔公路、铁路工程师、副主任兼测量总队长等职;1938年5月至1942年秋,先后在湘桂公路、滇缅铁路任正工程师兼总段长等职务。在此期间,他曾被抽调抢修西祥公路和由密支那至印度的中印公路;自1942年秋至1946年底,调任军事委员会工程委员会副总工程师,先后负责建筑了桂林、柳州、南宁羊街、云南罗平和江西新城等飞机场。

中华人民共和国成立后,邹岳生调任上海铁路局正工程师。然而命运坎坷,未能了遂他尽瘁祖国公路、铁路事业的心志,最终被那场浩劫洪流冲得无影无踪。1966年9月9日,邹岳生告别家人,临走之前将自己的照片、信件烧毁,将他喜爱的景德镇精美餐具砸碎。次日向在同济大学任教的儿子发了3封电报:"识时务者为俊杰,从此披发入山,不履人士……"抗战交通功臣从此消失得无影无踪,再无音讯。2015年一枚由中共中央统战部批准民革中央授权颁发的抗战胜利70周年纪念勋章,破格授予邹岳生先生,以表彰他为抗战交通所作出的卓越贡献。邹岳生的后人深情创作了一首《哀歌》,以示纪念:

爸,你在哪里?

在白云缭绕的雪山之巅?

在直下千寻的幽深之谷?

在哀草连天的荒野?

在骄阳似火的沙漠?

在烟雾弥漫的丘陵?

在层峦倒影的书库?

在黄泉?

在碧落?

梦里萦回千百度,

蓦然醒悟,英灵可在巫山巫峡奔腾处?

二十四道拐所在的晴隆,70余年前只是人口仅5万人口的小县城。因为抗战,一下子成为军事要地,众多重要机关和因战争需要而设置的军事机构落户晴隆。西南联大莘莘学子由长沙临时大学徒步南迁昆明,曾在这里留下过他们艰苦跋涉的足迹;诗人闻一多曾在这里写下《红莲魂》那清丽动人的诗篇;著名小提琴家马思聪在这里创作出著名的乐章《思乡曲》(Mischomeiamd);知名画家蒋世民慕名而来,特意为这奇特的路段、出色的工程画了世界上第一幅二十四道拐油画,向世人展示它的雄伟英姿。

二十四道拐之歌:

在中国有一条神奇的路,它攀越悬崖峭壁,它驾驭浓云密雾,宛如一条巨龙直上九霄重;

在中国有一条神奇的路，它迎送雄狮百万，它运载辎重万千，为了击败日寇号角震长空；

在中国有一条神奇的路，它凝集将军心血，它溶注勇士汗珠，为保世界和平立下了汗马功劳；

在中国有一条神奇的路，它永载千秋史册，它闻名四洋五洲，它是史迪威公路中国晴隆二十四道拐；

抗战的路，光荣的路，胜利的路，你逶迤磅礴气势恢弘，你是中美军队并肩战斗英勇顽强的象征，迎着改革开放的春风，你重现历史的光辉。祝愿中美人民的友谊像那苍松翠柏，永远长青！

### 三、陈本端——二十四道拐的改造者

美国摄影师阿尔伯特当年拍摄二十四道拐经典照片的地方，现已成为二十四道拐观景台。站在观景台上，游客学者们面对闻名于世的公路奇观都会不由得发出由衷的赞美，很多人还会兴致盎然地亲自数一数盘旋而上的弯道，然而很多人会发现，无论怎么数，似乎总是少了一两道弯，很难数到传说中的"二十四道拐"。原来在抗战后期，鉴于二十四道拐在昆明至陪都重庆交通中的重要地位，国民政府花大力气对二十四道拐进行了改造升级，而负责此项工程的正是陈本端。

陈本端是清代著名文学家、理学家陈道的后人。江西黎川县陈氏家族人才济济，陈本端曾祖父陈孚恩为清末著名政治家、书法家，曾官至刑部、户部、吏部尚书。陈本端生于1906年，1929年毕业于唐山交通大学，先后在北宁铁路和江西建设厅工作。1934年3月至8月，陈本端被派遣到西兰公路工务局担任工程师，期间陪同被誉为"章回小说大家"和"通俗文学大师"第一人的张恨水从西安到兰州进行考察。

陈本端于1934年8月出任中山大学教授，期间前往美国密歇根大学留学，并于1938年获得密歇根大学硕士学位。留学归国后，陈本端于1938年11月至1941年2月在赵祖康领导的交通部公路总管理处工作，担任监察工程师和技正等职务。1941年3月至8月，陈本端出任成渝公路改善工程处副总工程师，负责成渝公路的改造。

西南公路是联结我国抗战大后方的生命通道，而京滇公路的二十四道拐则是昆明到重庆公路上的咽喉工程。由于丰富的工程

经验和杰出的管理才能，陈本端成为了改善二十四道拐的不二人选，1944年1月起，陈本端担任西南公路工务局第一测量队队长兼黔滇公路第三改善工程处主任等职务，负责二十四道拐的测量和改善。贵州西部地广人稀，民风彪悍，公路沿线杀人越货时有发生。陈本端收到任命后立即赴任，和工程技术人员直接奔赴筑路一线。他首先率队对二十四道拐进行了测量，二十四道拐盘山公路全长3390米，高差242米，转弯半径最大15米，最小为6米。弯道坡度最大18%，最小5%，直线部分最大坡度为13%，最小为1%，路基最宽处14米，最狭处6米。测量队得出了二十四道拐三面环山，地势均极为险峻，行车确感困难的结论。陈本端还对三个改线方案进行了比较，指出三个方案中，仅有一个可行，但该方案工程浩大、造价高昂。

鉴于抗战期间财力紧张，二十四道拐新线的修筑方案难以实施，傅亚群、陈本端等工程技术人员提出了二十四道拐的改造方案。改造工程主要为：1.减弯改线，取消了第21拐和第22拐，将原"二十四道拐"改成了"二十一道拐"；最大坡度由18%下降到了15%，最小曲线半径由6米提高到了8米。2.对弯道进行加宽处理，最小路基宽度由6米扩宽到了7.5米。3.构筑了截水沟、排水沟和涵洞组成的综合排水系统，沿山体修筑的截水沟最长一条约140米，修筑涵洞6道，以防止山泉、雨水冲毁公路。4.修筑挡墙，全线设置挡墙19处，最高达12米，以防公路塌方阻碍交通。

由于二十四道拐改善工程十分重要，陈本端时常需要前往贵阳的西南公路局汇报工作。1944年5月10日，陈本端从二十四道拐携带图纸前往贵阳汇报，在普安境内发生车祸，右腿和右侧肋骨骨折，所幸随行人员处理及时得当，才避免更大的悲剧发生。康复期间，陈本端依然担任着黔滇公路第三工程处主任和总工，为

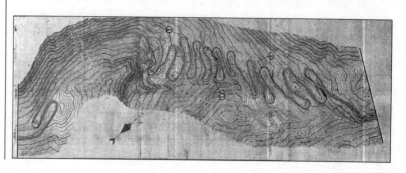

二十四道拐改善前后平面图

改造后的二十四道拐及其挡墙

二十四道拐的改善出谋划策。陈本端受伤八个月之后,美国记者阿尔伯特来到了晴隆,在改善完成的二十四道拐盘山公路对面的山顶上,拍摄了著名的二十四道拐照片,中国的抗战公路震撼全球。

**陈本端抗战期间履历表**

| 任职年月—卸职年月 | 工作部门 | 职位 |
| --- | --- | --- |
| 1924.08—1929.10 | 唐山交通大学土木系 | 预科、本科 |
| 1929.11—1930.12 | 北宁铁路丰台工务段 | 助理工程师 |
| 1931.01—1931.03 | 北宁铁路锦州工务段 | 工务员 |
| 1931.04—1933.02 | 江苏省镇江公路局 | 助理工程师 |
| 1933.03—1934.02 | 南京全国经济委员会公路处 | 副工程师 |
| 1934.03—1934.08 | 西安西兰公路工务所 | 工程师 |
| 1934.08—1936.07 | 中山大学土木系 | 教授 |
| 1936.08—1937.12 | 美国密歇根大学研究院 | 土木工程学硕士 |
| 1937.12—1938.08 | 美国华盛顿公路总局实习及考察 | — |
| 1938.08—1939.08 | 中山大学土木系 | 教授 |
| 1939.08—1940.06 | 重庆交通部公路总处 | 工程师 |
| 1940.06—1941.02 | 昆明清华大学公路研究室 | 副主任 |
| 1941.03—1942.08 | 重庆交通部成渝公路工程处 | 副总工程师 |
| 1942.08—1944.01 | 重庆交通部公路总处 | 计划室主任 |
| 1944.01—1945.02 | 贵阳西南公路局昆筑段 | 勘测队队长 |
| 1945.03—1945.08 | 重庆市工务局技术室 | 主任兼主任秘书 |

陈本端早期所著《公路工程学》《高等测量学》等在1943年由商务印书馆出版发行。抗战结束后,陈本端先后担任上海交通大学教授、系主任、总务长等职务。1952年后,调上海同济大学路桥系任主任、二级教授,为我国交通事业培养了姚祖康、杨佩昆、李方、汪光焘、周济昌、戴东昌等一大批栋梁之才。

## 第三节 借道越南

1938年10月广州沦陷，经香港转运广州再沿粤汉铁路北上的运输线路被切断之后，经越南海防由滇越铁路或者桂越公路回国成为最便捷的通道。桂越线从越南到我国广西，有两条线路可选：自海防经河内至同登，以汽车经镇南关运至南宁，或者在龙州改水运至南宁。1939年11月日寇在钦防地区登陆，侵占南宁，桂越线被切断。当南宁被占领时，我国即开始计划开辟桂越新线，经过田东到车河，最后接入黔桂线。1940年2月通车，桂越线运输得以恢复。遗憾的是，越南政府迫于日寇压力，于1940年6月20日宣告停止我国一切过境运输。桂越线从1939年7月开始到关闭的8个月期间，实际运入物资约4.4万吨。

滇越铁路建成于1910年，轨距1米，由昆明至海防全长849公里。由于当时的越南是法属殖民地，因此滇越铁路的运输时有变化。抗战之初，法国政府坚持：凡我国军火除非在1937年7月13日之前由欧洲购买或者在8月15日之前由欧洲运出的货物，一律不得通过越南。因此，除运法国弹药的飞机外，仅能通过苏联运输物资2900余吨。滇越铁路抗战前运量为每月3000吨，到1940年4月，每月增至2.4万吨，较最初增长了8倍。为此，日寇采取了武力和外交两种手段切断滇越铁路。武力方面，日寇派遣大量飞机轰炸滇越铁路，国民政府交通部部长张嘉璈在1940年曾说道："自南宁失守后，塘镇路断，国外物资输入，当以滇越铁路为最重要路线，因其运输最便最省而数量最大也，乃敌人妒忌万分，不顾国际信义，自去年十二月三十日起，迭次施以轰炸，尤以一月五日一次炸断桥梁，车运停止，损失最大。"外交方面，日本从1937年9月起便向法国政府提出交涉，要求关闭滇越铁路。1940年，随着德国横扫西欧，日寇也明确了"南进"的战略，对越南虎视眈眈。1940年5月法国战败，日寇乘机向法国施压，要求切断滇越铁路。6月，越南海关宣布禁运汽油出境，并停止了向我国的一切过境运输，至此滇越铁路通道被完全切断。我国将河口铁桥炸毁，并将河口芒村间的铁路拆卸破坏，最后用于铺设叙昆铁路西段。叙昆铁路于1941年通车至曲靖沾益段172公里，昆明至安宁段34公里。

除了滇越铁路之外，我国还修筑了滇越公路。该路起自昆明，经过开远、蒙自而到河口，全长503公里，为滇越铁路的重要辅助线。全线由云南公路总局负责赶筑，国民政府负担全部工程款，原本拟定于1940年完成通车，后因日本占领越南而停工。

日寇于1940年9月23日由镇南关进兵，26日在海防登陆，越南即告沦陷。日寇占领越南的目的在于与泰国结合，威胁滇缅交通，切断我国国际运输线，并凭借越南南部机场，将新加坡、印尼及菲律宾一并纳入其轰炸范围；同时，利用西贡与金兰湾作为海军基地，切断英国经新加坡至香港的海上交通线，还可阻止马尼拉和新加坡之间的舰队行动。日寇占领越南，使得借道越南的国际运输线没有了恢复的可能，整个亚洲的局势也急转直下。

滇越铁路

## 第四节 滇缅公路——连通印度洋

### 一、享誉世界的公路奇迹

1937年8月中旬，国防最高会议在南京举行，龙云提出了建设滇缅公路和滇缅铁路的计划，他说："上海方面的战事恐难持久，如果一旦沦陷，南京即受威胁，也难固守。上海既失，既无交通港口，国际交通更感困难了……日本既大军进攻上海，它的南进政策必将实施，南方战区可能扩大，到那时，香港和越南的铁路

蒋介石（右）和龙云（左）

都有问题了。我的意见，国际交通应当预作准备，即可着手同时修筑滇缅铁路和滇缅公路，可以直通印度洋。公路由地方负担，中央补助；铁路由中央负责，云南地方政府可以协助修筑。"蒋介石当即表示同意，指示铁道部和交通部与云南省协同办理。

龙云返回昆明后，即刻展开了滇缅公路的前期工作。滇缅公路有两条线路可供选择，一条从昆明经过保山和腾冲到达缅甸八莫，然后通过伊洛瓦底江的航运抵达仰光。另一条路线是从昆明经保山、畹町到达腊戌，通过铁路连接仰光。同年10月，交通部与云南公路部门商讨滇缅公路修筑事宜，确定路线由昆明经楚雄、下关、永平、保山、龙陵在畹町出境到达缅甸的腊戌，使之内接我国的西南公路网，外接缅甸的腊戌—曼德勒—仰光铁路。11月，国民政府行政院正式下令，由中央拨款200万元，由龙云负责打通滇缅公路。云南省政府委员缪云台作为特使，代表云南省政府前往缅，与英缅政府谈判滇缅公路修筑事宜，双方约定以一年为期，各自将公路修筑到边界衔接。就在缪云台在缅甸协商时，国内时局发生了巨大的变化。11月12日，上海沦陷，一周后国民政府宣布迁都重庆。12月13日，南京陷落，日军开始了长达6周的大屠杀。东部地区的快速沦陷使得滇缅公路的修建刻不容缓。

1937年末，龙云下令："滇缅公路抢修十万火急！"由于东段基本能够通车，抢筑主要是指西段。滇缅公路沿线各县政府、各土司衙门纷纷接到来自省政府的鸡毛信。给龙陵县县长王锡光的信上贴着两支鸡毛，信中写道："分配你县修筑滇缅公路土石方工程，近五十公里辟修毛路，桥梁、涵洞数百，限三个月完工。逾期不完成，县长自带手铐赴昆，军法处置！"木盒里还装有一幅锃亮的手铐。1937年12月，工程正式开工，云南省在保山成立滇缅公路总工程处，由云南省公路总局技监段纬主持工作。接着，成立了（下）关漾（濞）、漾永（平）、平保（山）、保龙（陵）、龙潞（西）、潞畹（町）6个工程分处，在滇缅公路西段各地区分段负责管理和技术指导。在昆明到下关的东段，保留了安（宁）

禄（丰）、禄凤（仪）两个工程处负责养护道路。1938年2月，又设立功果桥桥工处，负责功果桥等桥梁建设。

滇缅公路自昆明到畹町为东西走向，而横断山区的山脉和河流则呈南北走向，这给公路的修筑带来了极大的困难。滇缅公路在我国境内的960公里中必须翻越云岭、怒山、碧罗雪山、高黎贡山等6座大山，跨越漾濞江、澜沧江、怒江等大河，于海拔600—3000米的峡谷之中蜿蜒前进。

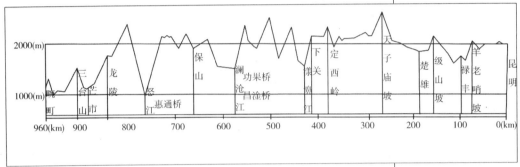

滇缅公路纵断面图

尽管战时公路和云南本省的公路都有详细的工程标准和技术规范，但对于滇缅公路来说，却很难得以实施。一方面，滇缅公路沿途高山深谷、地形复杂、气候恶劣为公路修筑增加了难度；另一方面，在龙云提出修建滇缅公路之初，滇缅公路的定位是我国国际交通线的分支线路，然而，随着局势的快速变化，打通滇缅公路的急迫性和重要性不断增强。因此，施工中实行的是"先求通，后求好"的方针。即先快速抢通昆明到畹町的线路，再在后期的运营过程中对公路进行改造。

在施工过程中，通常先开出4—5米半幅路基，不少桥梁涵洞都是为抢通公路而修筑的临时性设施，有的地方的纵坡甚至高达20%，最小转弯半径为10米的弯道也很常见，公路两旁的丛林导致一些地方的视距也未能达到规范要求。

在抢筑滇缅公路的过程中，要经过3条大河——漾濞江、澜沧江和怒江，桥梁的建设是滇缅公路

滇缅公路地形复杂，路线开辟不易

能否抢通的关键。早在1938年2月，就在澜沧江边设置了功果桥桥工处，负责功果桥等桥梁的建设。全国经济委员会公路处专门派了赵履祺、徐以枋、郭增望等工程技术人员前往协助设计和修建澜沧江上的功果桥和怒江上的惠通桥。

　　从1937年末到1938年8月31日，初步抢通滇缅公路只用了9个月的时间。滇西地区是我国少数民族聚居的区域，沿线彝、白、傣、苗、傈僳、景颇、阿昌、德昂、回、汉等10个民族的居民参与了筑路。大理、永平等地的中小学生也组织了义务劳动。最多的时候，同时工作在筑路工地上的人数多达20万。由于云南年轻力壮的男性多数上了抗日前线，因此老弱妇孺成为修建滇缅公路的主力。著名记者萧乾在《血肉筑成滇缅路》的报道中写道：

参与筑路的老幼妇孺

"秃疮脑袋上梳着辫子的，赤背带草笠的，头上包头巾、颈下拖着葫芦形瘦瘤的……老到七八十，小到六七岁，没牙的老妪，花裤腿的闺女都上阵了。"

手指抠出的血线

　　滇西地区公路沿线的花岗岩、砂岩、石灰石及石英石等都有坚硬的构造。滇缅公路大约有400公里，即全线的三分之一都需穿越坚硬岩石地带。筑路过程中有时需要在岩石中开凿3米、6米甚至10米深的路。公路沿线的许多急转弯，以及为克服高差而盘旋于山间的许多回头曲线，是由劳工们用铁锤和钢钎敲打出来的。因此，很多人将滇缅公路称之为"滇西人民用手指抠出的血线"。

　　滇缅公路的修筑不但在国内被广泛关注，国际上也对其非常重视。在滇缅公路的修筑期间，英国的《泰晤士报》在1938年5月17、18、19日3天，连续发表文章和照片，报导滇缅公路修筑的情况，文章说："只有中国人才能在这样短的时间内做得到。"由此可见，尽管1938年时的英国仍在执行绥靖政策，中国孤立无援地抵抗着日寇的入侵，但滇缅公路的修筑一方面为我国争取了西方国家的同情，一方面也向世界传达出我国将抗战到底的决心。

1938年8月31日，滇缅公路全线抢通的消息传到美国时，总统罗斯福对此消息将信将疑。在美国驻华大使詹森返回华盛顿汇报远东局势的行程中，罗斯福专门让詹森取道滇缅公路回国。詹森和他的武官詹姆斯少校及一名中国机械师于12月12日离开重庆，当月29日抵达仰光。詹森一行成为滇缅公路开通以来全线私人汽车首次通行的亲历者，从重庆到仰光3000多公里的旅程中，没有一次严重堵塞，轮胎也没一点破损。詹森考察后发表了如下评论："滇缅公路选线适当，工程浩大，沿途风景极佳，此次中国政府能于短期完成此艰巨工程，此种果敢毅力与精神，实令人钦佩。且修筑滇缅路，物质条件异常缺乏，第一缺乏机器，第二纯系人力开辟，全赖沿途人民的艰苦耐劳精神，这种精神是全世界任何民族所不及的。其工程之艰巨宏伟，可同巴拿马运河的工程媲美。"他对中国人民的伟大力量，表示十分钦佩。

广州、汉口沦陷之后，中国的运输随战事的改变而变化，公路一跃成为领导全国运输的排头兵。沿海铁路被日本侵占，贯通南北的平汉、粤汉两铁路及贯通东西的陇海、浙赣两铁路均告中断，长江航运也基本停滞。因此，说运输即为说公路，谈交通也是谈公路。运输有成效时，是公路的功劳；运输延误时，即为公路之过错。中国交通界的人员，无论铁路人才或者水运人才，都有极大部分转而从事公路事业。

公路所负担的责任有两方面，一方面为打破封锁，争取国际运输路线，使得外援物资可以源源不断地运入，为抗战所用；同时将国内矿产、桐油、丝绸、茶叶等出口物资运往国外，以巩固经济基础。另一方面维持国内运输，将进口军品物资运至兵工厂或前线。

总览全国公路，以滇缅公路在当时最为重要。在1938年滇西各族人民以血肉修筑滇缅公路的同时，当年的诺贝尔文学奖得主赛珍珠女士研究了我国抗战现状,并写下了报告文学《滇缅公路的故事》,向世界介绍了我国老弱妇孺在横断山脉修筑滇缅公路的悲壮故事,同时她还分析,中国最近修筑的这条通往南洋的"后门"有变成"前门"的可能。后来的战争进程证明了赛珍珠的预言。

## 二、滇缅公路的改善

"先求通,后求好"的筑路方针和滇缅公路沿线恶劣的自然环境,使得滇缅公路经常性的维护需要上万人才能完成,此外还经常征调民工抢修被炸毁或者自然损坏的路段。正如交通部长张嘉璈视察该路时所说"该公路如初生婴儿,须月月加以保养,年年加以改善,方能维持永久,成为一条好路"。

1938年8月31日滇缅公路全线抢通,10月广州、汉口即相继沦陷。援助我国的大量物资不得不借道越南回国,然而由于越南是法国的殖民地,日本通过施压法国,使得越南只能转运普通物资,因此军用物资自广州沦陷之后,只能通过滇缅公路运输回国。1940年日寇入侵越南,1941年苏德战争爆发之后,滇越线、桂越线和西北线相继停止运营,滇缅公路成为连接我国和外部的唯一生命线,是我国抗战成败的关键。

要承担我国抗战的巨大物资需求,滇缅公路的工作任重道远。滇缅公路的东段昆明到下关一段尽管为战前修筑,但沿线路况不尽人意。公路在72—87公里处翻越羊老哨坡,坡长15公里,陡坡急弯集中在76—78公里处,平均纵坡4.85%,最大纵坡10%,有7个回头曲线,平曲线最小半径12米;在150公里处开始翻越级山坡,坡长21公里;为减少桥涵数量,公路走山脊线,坡顶高程为2174米,回头弯多,曲线半径不足10米的有9处,纵坡大于8%的多达33处,最大纵坡13.24%。由于石料缺乏,雨季中常有溜车、陷车的危险;在滇缅公路最高点的天子庙坡,坡顶高程为2572米,陡坡长39公里,周围不见任何村庄,有回头曲线15个,最小平曲线半径10米,最大纵坡10%;在372公里处开始翻越定西岭,垭口高程为2309米,这段路有4个回头曲线,弯道半径为11米的路段有9个,最大纵坡为12%。而滇缅公路西段下关至畹町,为抗战时用不足一年的时间抢修而成,途经横断山区的澜沧江、怒江峡谷,山高谷深,水流湍急,公路的状况则更加糟糕。

滇缅公路修筑和改善中都坚持"先求通,后求好"的方针,因此在通车初期,路基宽度、纵坡、弯道等多不符合规定标准,整段公路均未铺筑硬化路面,所以处于晴通雨阻状态,初期日运量仅两三百吨,远不能满足我国抗战对物资的巨大需求。因此,改善滇缅公路的工作从公路抢通后就立即开始了。滇缅公路在修筑时期被定位为一条省道,由云南省政府负责;随着局势不断变化,滇缅公路的重要性不断提升,成为国道,并由交通部负责管理。交通部成立了滇缅公路运输管理局,负责改善滇缅公路并兼办运输业务。谭伯英被任命为局长,杨文清、安钟瑞为副局长。国民政府行政院决定:"1940年雨季前将改善工程完成,使运输量能够达到每日进口600吨,每月18000吨,并能使终年通车无阻。"根据这一要求,滇缅公路运输管理局将全路划分为7个工程段,分别位于禄丰、楚雄、下关、永平、保山、腊勐、芒市,每个工程段又管辖3—4个工程分段,共计有26个分段,每10公里建立一个养路道班,开始改善沿线路基、路面、陡坡、急弯、桥梁等。而改善的重点,被设定在了羊老哨坡、级山坡、天子庙坡、定西岭、杨梅岭、澜沧江和怒江峡谷及三台山等几十处。按照每日600吨的运输量,制定的改善标准如下:

滇缅公路为克服高差,选用了大量回头曲线

(1)载重量:路面及桥涵的载重量以10吨为标准;

(2)路基:平地路基宽度至少为8米,山区根据地质划分,地质较好地区路基宽度为7.5米,坚硬的岩石地区为7米;

(3)路面:宽度为5.5米;

(4)最大纵坡:尽量降至8%以下;

(5)最小转弯半径:不得小于15米;

(6)视距:平地不得短于100米,山地不得短于60米;

(7)增加排水设施,拟增加涵洞5000道。缺乏木料处,则用53加仑汽油桶,略加撑木,作为涵洞。

**1. 钱昌淦与昌淦桥**

滇缅公路在澜沧江上原建有功果桥,但桥的主索为麻心钢索,延伸力大,经行车反复荷载作用,桥面逐渐下挠,最大达85

当时我国最长的悬索桥——昌淦桥

厘米之多，大大降低了桥梁的通过能力。1940年由交通部滇缅公路运输管理局主持对其进行改造，主要在桥的吊杆内侧加建了木加劲桁构，使行车道从3米宽缩窄为2.58米。鉴于当时军运需要，低荷载的功果桥已难以适应日益增长的战时运输，因而决定在功果桥上游700米处另建一座荷载为H-10级的钢桁构加劲钢索吊桥。该桥设计者是交通部桥梁处钱昌淦。

钱昌淦于1904年11月7日在上海崇明岛出生，毕业于清华大学，然后去美国继续深造，1925年获得美国纽约伦斯勒理工大学学位。他的专业是市政工程，主要研究桥梁工程。1929年钱昌淦和美国姑娘爱丽丝结婚后回国，担任远东工程公司总经理。1934年，钱昌淦得到了参与修建中国第一座现代化桥梁的合同，他和工程师、工人一同修建钱塘江大桥。1937年全面抗战爆发之后，钱昌淦出任交通部技术厅桥梁处处长，参与到交通救国事业之中。随着战事的发展，滇缅公路作为国家生命通道的重要性不断提升，而漾濞江、澜沧江、怒江上的大桥更是滇缅公路的咽喉工程。身为桥梁处处长的钱昌淦频繁往返于重庆和云南之间，并亲自担任了澜沧江大桥的设计工作。1940年10月29日，钱昌淦乘坐中国航空"重庆号"飞机由重庆飞经昆明，在云南境内的沾益上空，遭遇5架日本飞机拦截。美籍飞行员肯特见势不妙，几次欲以自己的飞行技巧来摆脱日机未果，只能被迫降落。但即将着陆之际，飞机遭到日军的扫射，导致机上大部分邮件、资料等均被焚毁，人员9死2伤，其中就包括钱昌淦。于是澜沧江上的新功果桥被命名为昌淦桥，以示纪念。

123米长的昌淦桥建成之后，成为我国当时最长的悬索桥。时任交通部部长张嘉璈在国民参政会的工作报告中赞赏道："昌淦桥纯为本国工程师设计与建筑，树立了我国工程人员之自信心，奠定了民族工程建设之基础。"昌淦桥的建成，大大缓解了功果桥的"瓶颈"问题，使得往来车辆能更快地通过澜沧江。

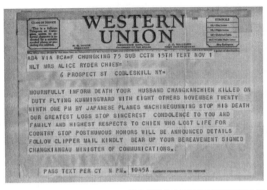

发往美国家中通知钱昌淦死讯的电报

2010年10月钱昌淦后人在澜沧江边祭奠钱昌淦

## 2. 铺设弹石路面

滇缅公路通车时全线均为泥结碎石路面,这种路面在旱季常常会出现碎石跳渣、泥结松散、尘土飞扬的情况;雨季会泥浆四溅、路面积水塌陷,行车颇为困难。加之滇缅公路弯多坡陡,因此事故频发。1939年,管理局从上海招聘技工30余人,于1940年初开始在一些急弯陡坡处铺筑弹石路面。弹石路面技术从西欧引进,最初在京杭、京沪公路上使用,因两段公路为泥土路,路基不牢而质量欠佳。但在滇缅公路上使用时,因之前的泥结碎石路面基础密实,所以先期在滇缅公路东段的羊老哨坡、天子庙坡等地试铺时效果很好,随即在西段的越岭路线上推广使用。全面抗战时期,滇缅公路共铺弹石路面60多公里。弹石路面使用周期长,养路成本低,晴天灰尘少,雨天不泥泞,行车安全舒适,对于改善运输条件具有良好的效果。

汽车驶过尘土飞扬,工人准备铺设弹石路面

滇缅公路上的弹石路面

### 3. 标志标牌的设置

按照国际标准，公路沿线的陡坡、急弯、交叉口、桥梁等易发生事故的地方，都应该设置相关的标志标牌。然而对于滇缅公路的管理人员来说，标志标牌的设置却成了难题。当工程人员开始考虑标牌的放置位置时，他们发现国际标准在滇缅公路上并不适用。滇缅公路横穿我国的横断山区，为了穿越沿线的河流和高山，公路沿线的陡坡急弯不计其数，几乎就没有不危险的地方。当驾驶员连续看到许多他们必须注意的信号时，往往会麻痹大意。另外，滇缅公路是一条

滇缅公路上事故频发

国际公路，驾驶员来自于不同国家，有印度人、缅甸人、中国人等等。在许多弯道上，汽车一辆跟着一辆，如果他们看不懂标志标牌，反而会增加事故安全隐患。

因此，工程人员决定仅仅在一些非常险要的地段设置一些必要的标志标牌。这些标志标牌并不是根据国际公约的标准来制作的，而是使用了人们熟悉的符号，使得各个国家的驾驶员都能够识别，以降低滇缅公路上的事故率。

### 4. 排水设施

滇西横断山区每年雨季长达6个月，雨季一般自清明节之后来临。雨季中降雨持久且量大，气候闷热潮湿。在山区公路上的积水可达到卡车挡泥板的高度，道路泥泞不堪，行车极为不便。再加上滇西地区瘴气横行，劳工们对于疟疾、痢疾非常恐惧，雨季招工非常困难。因此，在滇缅公路抢通初期公路基本处于晴通雨阻的状态，排水成为保持公路畅通的关键，桥梁涵洞的新建改建成了改造工作的重头戏。在石料丰富的地区，工程人员修筑了大量石拱涵。这类石拱涵在我国运用很广，具有基础坚实、承重力大、排水量较大、就地取材、施工便利、坚固耐用等特点。在缺乏石料的地区，工程人员急中生智，使用53加仑（约200升）的汽油桶并内加撑木制成汽油桶涵洞。经过两年多的改善，新建及改建大桥3座，新建小桥13座、改建230座，新建涵洞1265道，大大提升了雨季滇缅公路的通行能力。

滇缅公路雨季行车不便，改造之中建设了大量的涵洞，在汽油桶中加撑木制成的汽油桶涵洞是改造中常用的临时性涵洞

### 5. 塌方处理

除了排水之外，雨季带来的另一个严重的问题是塌方。由于地形地质的原因，塌方在滇缅公路上时有发生，甚至在不到35公里的路段上出现了上百处塌方，引发的问题有两个：第一是阻塞滇缅公路的运输，仅1941年10月，禄丰附近的一处塌方就阻塞了700辆往来的卡车，工程人员经过了三天三夜的奋战，清除了9万多立方米的塌方才重新抢通公路；第二是对公路沿线人员的人身安全造成直接威胁，从数十米甚至是数百米高的山坡上滚落到地面的小石块，对于往来经过的司机和工程人员都会造成致命的危险。由于塌方发生的时间多在雨季夜晚，位置难以确定。因此，滇缅公路沿线村庄的居民成为清理塌方的主力军，老人和孩子也主动参与到抢通中国生命线的行动中。他们在倾盆大雨中踩着泥泞的山路到达塌方处，所使用的工具大多是最原始的农具——锄头，以及他们的双手。1943年的塌方量还不到1939年的1/10，可见工程人员和劳工治理塌方的工作卓有成效。1939年到1943年的塌方统计见下表。

#### 1939—1943年滇缅公路沿线塌方统计表

| 时间 | 塌方量（立方米） |
|---|---|
| 1939 | 363000 |
| 1940 | 137000 |
| 1941 | 223000 |
| 1942 | 72675 |
| 1943 | 22230 |

劳工清理塌方，车队等待通过

沿线碎石对司机构成了严重威胁

滇缅公路上的机械化施工

### 6. 铺设沥青路面

滇缅公路在1938年8月31日抢通时，全线为泥结碎石路面。随后的改善过程中，将一些重要路段改建成了弹石路面，但国内采用弹石路面的道路每天运量一般不超过40辆卡车。当滇越铁路被切断之后，滇缅公路上每天行驶的卡车在300—800辆之间，较低等级的路面很难维持如此大的交通量。

滇缅公路的缅甸段，即腊戌到畹町间的187公里公路属英缅政府负责，最初路面等级低，雨后泥深且滑，重车很难行驶，往来车辆后轮需装上防滑铁链。1939年，腊戌至畹町段全线加铺沥青，行车不再困难。

至于国内畹町至昆明一段，时任滇缅公路工务局局长谭伯英曾做过粗略的统计：每一辆卡车从畹町到昆明要带走4立方米公路的沿线土石，加上雨水对公路的冲刷，国内段的滇缅公路的路面需要反复铺筑。因此，工程人员提出，将原泥结碎石路面结构加铺沥青面层。从1940年7月起，在昆明至碧鸡关段试铺了14.6公里沥青路面，效果良好。尽管当时国家财政非常困难，但为了维护滇缅公路这条我国唯一的生命线的正常运转，国民政府还是批准了在我国境内959公里的滇缅公路全线铺设沥青路面的方案。方案拟采用冷拌层铺法铺设沥青路面（铺设时无需预热，有快凝作用，施工方便），在使用土石重新修整路面之后，在表面铺设 5 米宽、10 厘米厚的细粒式级配碎石层。再铺一层土并洒水后，再铺上一层片石。然后使用压路机平整路面，在第 2 周进行第 2 次铺设。据估算，从畹町到昆明，铺设路面需要使用 30 万立方米的 4 公分碎石，7.5 万立方米的碎石屑或粗砂，并从美国进口沥青 1.2 万吨。此外，滇缅公路的管理机构为铺设沥青路面还组织购置了一些施工机械，包括 26 台压路机、18 台碎石机、8 台空气压缩机、5 台皮带输送机、4 台推土机、20 台拖拉机、一些羊脚碾压路机及自卸式卡车。尽管对于全线铺设沥青面层的浩大工程来说，这些机械犹如沧海一粟，却拉开了我国大规模机械化筑路的帷幕。滇缅公路也成为我国最早（除城市道路外）铺设沥青面层的高等级公路。滇缅公路的沥青路面施工队伍分成了两个大队，即工程大队和路面大队。工程大队的任务是为路面大队做好铺设路面的准备工作，如处理陡坡急弯、加宽路基、准备石料和相关机械设备等；路面大队则负责使用推土机、乳化沥青喷布机等机械铺设沥青面层。1941 年 10 月初，滇缅公路的沥青面层开始铺筑。1942 年 1 月 31 日 23 时 30 分，沥青路面铺设到了龙陵。畹町至龙陵段加铺沥青路面 135.4 公里，同时保山附近铺筑了 4 公里，下关附近铺筑 3 公里。1942 年初日军进入缅甸，滇缅公路的沥青铺设工程就此结束，全线共铺设沥青路面 157 公里。1942 年 4 月，日军迫近怒江西岸，筑路机械和尚能铺筑 300 公里的沥青落入敌手。

### 三、滇缅公路的运输

国民政府对于滇缅公路的运输能力非常重视。1938 年 8 月 31 日滇缅公路抢通，此时广州、武汉即将失陷，粤汉铁路南北两段陷落，海外进口物资通道阻断，滇缅公路的地位大大提高。武汉失陷后第 2 天，交通部即成立滇缅公路运输管理局，专门管理滇缅公路客货运输，并由西南运输处主持军品运输。1938 年 11 月 8 日，英国货轮"斯坦霍尔"号从苏联的黑海港口装运 6000 吨援华物资原计划驶往越南海防，经滇越铁路运回我国。但由于越南禁止军品过境运输，该船只得驶往仰光卸货。这批军火于 11 月底经铁路运输到腊戌，12 月经滇缅公路运到昆明。这是滇缅公路通车之后运输的第一批外国物资。由于滇缅公路刚刚抢通，条件恶劣不畅，1939年全年运入的物资仅为2.8万吨，平均每月仅约2500吨。

1941年5月，运输统制局设置了滇缅公路运输工程监理委员会。同年11月又成立中缅运输总局全面负责运输工作。从1940年下半年起，滇缅公路成为中国唯一的国际补给线，关系到我国抗战全局，蒋介石亲自出席了在重庆举行的滇缅公路运输工程监理委员会成立典礼，他在致辞上说道："须知现在唯一主要之补给运输线，就是滇缅公路，其一切业务之成败利钝，即为我国抗战之生死关头……大家要将该路运输事业当作我们抗战生死关键之所在。"滇缅公路是中国和缅甸之间的国际公路，就我国的物资进口而言，其运输主要可分为仰光至腊戌/八莫、腊戌/八莫至畹町和畹町至昆明3个部分。

**仰光—腊戌/八莫**

国际援华物资通过航运抵达仰光后，多是经仰光至腊戌铁路抵达滇缅公路的起点腊戌。由于曼德勒至腊戌段铁路全是山路，火车必须有气闸设备才能行驶；同时所经山区雨季常常因涨水而冲断铁路，因此仰光到腊戌的铁路运量颇受限制。尽管如此，其运量还是在每月1万~1.5万吨之间。仰光至腊戌的公路运输，初期利用很少，即使是进口的新车也由火车装运至腊戌，再往我国行驶。直到1941年下半年美国宣布《租借法案》适用于我国之后，物资才大量送达，火车运力不足时，汽车才从仰光运载物资，直接驶往昆明。

除此之外，到达仰光的物资还可以通过伊洛瓦底江的水路，抵达上游八莫，长约1500公里。伊洛瓦底江水流平缓，水路运价也低于铁路，在仰光铁路不能满足战时运输需要时，仰莫水路显得弥足珍贵。仰光到曼德勒的河段水量较大，常年可行驶大船，曼德勒至八莫段则视季节而变化，旱季只能行驶小船。由于八莫没有建设码头，货船根据水位深浅随岸停泊，卸货非常不便。水路最高运量曾高达每月2000吨。

**腊戌/八莫—畹町**

物资被送到腊戌或者八莫之后，通过公路被转运往畹町。滇缅公路缅甸段即腊戌至畹町公路，全程约为187公里。开始运输时颇为不便，雨后公路泥深且滑，重车很难行驶。随着运输量增多，缅甸政府也开始重视此段公路。到1939年全线加铺柏油，行车便不再困难。

八莫至畹町的公路较腊戍至畹町的公路略短，但路面状况不良，有国内国外两条线：外线经南坎、木姐至九谷，全段均在缅甸境内，雨季即被封锁，限制行驶，经过一再交涉，缅方才同意视天气放行。1939年初，缅甸国防部曾声明南坎公路工程年末开放，但是因为南坎至木姐一段，路线弯曲、路面狭窄、单向行车，运输非常不便，经外交部向英缅政府商洽后才开始改善。内线经南坎越过边界至雷允到达畹町。雷允到畹町一段由交通部修筑，因为工料缺乏，到1941年5月土路才通车。

**畹町—昆明**

滇缅公路国内段，从畹町到昆明线公路长959公里，经过横断山脉并跨越怒江、澜沧江、漾濞江等河道，有惠通、功果、漾濞三大桥。由于滇缅公路是在"先求通，后求好"的政策上抢筑的，因此自1938年8月抢通之后到1942年5月日寇占领滇西之前，滇缅公路都在进行改善。滇缅公路国内运营过程中，除地形气候等因素的影响之外，还经历过3个月的禁运以及日寇空军的持续轰炸。

滇缅公路是我国抗战以来历时最长、规模最大的陆路运输通道。从1940年10月18日英国对滇缅公路3个月的禁运期满，滇缅公路重新开通，到1942年4月日寇突袭腊戍切断滇缅公路这段时间中，腊戍到畹町和畹町到昆明的运输量如下图所示。

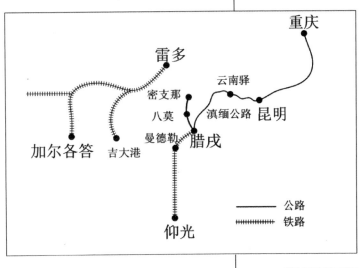

滇缅公路运输示意图

由此，不难发现滇缅公路的运输有以下一些特点：

（1）滇缅公路重新开通前期，腊戍运往畹町的物资远多于畹町运往昆明的物资，有大量的物资积压在了中缅边境。

（2）我国境内的滇缅公路受雨季影响明显，在1941年的5月到7月雨季中，畹町到昆明的运输量锐减。

（3）日寇的轰炸并未使工程人员屈服。在1940年10月底到

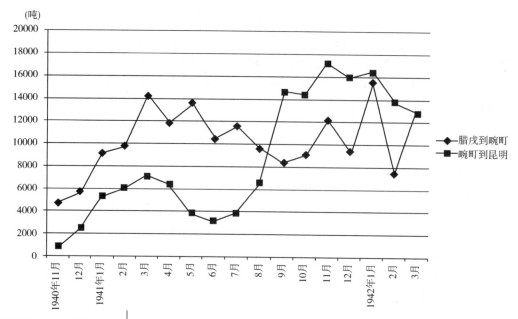

腊戌到畹町和畹町到昆明的月运输量（单位：吨）

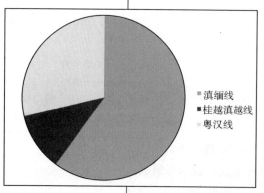

我国各国际运输线路运量

1941年2月日寇频繁轰炸滇缅公路的这段时间，尽管惠通桥、功果桥、昌淦桥等重要桥梁都受到了不同程度的损坏，但是我国境内的滇缅公路运量却依旧逐月增加。

（4）工程师对滇缅公路的改进是富有成效的。在1939年的11个月中，滇缅公路运入我国的物资为27980吨，月均仅2500吨左右。随后根据国民政府行政院的要求，工程师对滇缅公路国内段开始改造，改造的目标是日运量600吨，月运量18000吨。滇缅公路国内段的最大运量出现在1941年11月，运量达到了17500吨，1941年全年到1942年的旱季，运量都保持在1.5万吨上下。

据战时经办国际运务的西南运输处统计，粤汉线1938年运入物资为106143吨；桂越滇越线1938年为3225吨，1939年为20529吨，1940年为17697吨；滇缅线1939年运量为27980吨，1940年为61394吨，1941年为132193吨；西南运输处经办的物资运输总计369161吨。其中滇缅公路的运量占60%以上，因此人们将滇缅公路称为我国抗战生命线是实至名归的。

## 第五节 滇缅铁路

随着我国东部沿海被日军封锁，滇缅公路成为大后方最重要的国际运输线，很快作为我国唯一的生命要道而闻名于世。我国进口的战争材料、工业材料和生活必需品，全部依靠滇缅公路进出口。由一条公路维系我国尚未陷落的 400 万平方公里国土和 2.3 亿人口的基本需求，这在全球是独一无二的。但公路运输能力有限，滇缅公路开通之初月运量不足 5000 吨，年运量 6 万吨。而根据多方评估，中国若坚持长期抗战，每年至少需要从国外输入军用物资 20 万吨，工业材料及战时最低标准的人民生活必需品 10 万吨。由于滇缅公路运量不能满足我国抗战需求，修建滇缅铁路以补充滇缅公路运量的不足，成为国人共识。

从政治上看，滇缅铁路是川滇缅铁路的南端，不但连接中国西南与缅甸，而且是华中、华北地区与马来半岛及印度之间最短的线路。缅甸与越南分别是英国和法国的殖民地，英法也急切盼望滇缅铁路和滇越铁路早日连接。从经济上看，经川滇缅铁路干线，由仰光经昆明、成都、太原到包头，将形成我国第 3 条南北交通干线（前两条分别是津浦铁路和平汉铁路）。因此，即便战时国库空虚，修筑滇缅铁路的计划也一直在坚持和推进。

1938 年 12 月，滇缅公路通车仅 4 个月之后，国民政府便开始分段修建滇缅铁路，其线路东起昆明，经楚雄至中缅边界苏达。东段由昆明至祥云县的清华洞，长 410 公里；西段由清华洞抵苏达，长 470 公里。对于陷入日本的交通封锁而财力物力短缺的战时中国而言，修筑这条长度接近 1000 公里、跨越横断山区的铁路困难重重。蒋介石对此路非常重视，1940 年 11 月 30 日、1941 年 1 月 9 日，他亲自向宋子文、孔祥熙和张嘉璈发电报，表示修筑滇缅铁路是我国对外交通线最为重要的建设任务，希望能向英国借款，以便在 1942 年春季完成修筑。然而英国仍坚持以自身的殖民利益为重，坚称中缅边界的界务问题，在修筑铁路前必须解决，企图逼迫我国在边界问题上做出让步。

几经周折，1941 年 4 月 2 日，英国政府才同意拨款修筑缅甸铁路，由腊戍至我国边境，与滇缅铁路接通。5 月，滇缅铁路向美国商定材料借款。6月19日，罗斯福总统批准从《租借法案》中拨付1800万美金用于滇缅铁路苏达至祥云段修筑，其中材料机械款为1445万，美国政府检查及处理费55万，美国至仰光运费300万。国内方面，曾养甫被任命为滇缅铁路的督办，全权负责滇缅铁路工程。对这项国家的头号工程，曾养甫深知责任重大，1941年7月10日在回复交通部长张嘉璈的电文中写道："今日滇缅铁路对于抗战前途，国运复兴，关系之大，尽人皆知……惟事至今日，苟利于国，生死以之敢避，危难以悉大命……"

**公尺轨距**（米轨）

在滇缅公路修建之初，普遍认为米轨铁路的运量远低于标准轨距的铁路，滇缅铁路作为国际交通线，应该采用标准轨距。而滇缅铁路工程师几经讨论之后，决定选用米轨。因为米轨铁路适合于山区地形和复杂环境，而且我国西南邻国缅甸和越南的铁路都是米轨，因此车辆可以互相联运。就运输能力而言，缅甸的米轨铁路，其环境最为恶劣的曼德勒至腊戌一段，每日运输量最高也可达3000吨，我国运输较为繁忙的胶济铁路，平均每日运量也只在5000吨左右。

**路线**

滇缅铁路路线起于云南省会昆明，由东向西，经安宁、楚雄、祥云、蒙化而到达镇康县属的边区苏达，与缅甸铁路的腊戌支线衔接，全长885公里，横贯云南中部，跨越横断山脉，工程艰巨，为国内各路之冠。祥云以西为西段路线，多遵循1894—1900年间英国人戴维斯少校踏勘的路线。祥云以东称为东段路线，大多与滇缅公路平行，蜿蜒于红河及金沙江两流域分水岭上，可称为山脊路线。

**修筑标准**

轨距：1米。

半径：100米，便道80米。

坡度：3%，便道4%，隧道最大坡度2%。

曲线折减率：半径小于200米，为570/R%。半径大于200米，为700/R%。

路堤路堑宽度：4米。

路碴厚度：20厘米。

枕木尺寸：厚15厘米，宽20厘米，长2米。

枕木数量：弯道每10米16根，直线段每10米14根。
钢轨重：每米30公斤。
桥梁荷载：中华16级，桥梁净宽4米。

滇缅铁路上的桥梁和隧道

**工程量**

筑路所需的工人以征用民工为主，比较艰难的工程则采用分包制度，技术工人大多招自外省。当工程进入到最紧张状态时，弥渡东西两侧，分别有5万人和10万人在筑路。为了运输补给工料和设备，配置了卡车600辆，驮马5000匹，还需要修建毛路600公里，以便连通各工地，其工程之艰巨可以预见。工程量预算为：土方2635万方，石方1315万方，大桥3000米。

原计划在两年之内建成滇缅铁路，由于日军的封锁、英国关于中缅边界划定的态度、滇缅铁路复杂的地形，都严重影响此项计划。综合考虑各项因素，为了加速铁路的完成，我国决定将滇缅铁路国内段缩短，仅修筑南太至祥云一段，长约470公里，祥云至昆明段，利用滇缅公路运输，此项计划预计可以节省一年的修筑时间。按照铁路行驶速度32千米/时，公路行驶速度40千米/时，从腊戌经南太到祥云使用滇缅铁路运输，从祥云到昆明使用滇缅公路运输，铁公联运物资3日可从腊戌运抵昆明。

**修筑滇缅铁路南太—祥云段所需美国物资**

| 名　　称 | 数　　量 |
|---|---|
| 钢轨及附件 | 30000吨 |
| 枕木 | 80万根 |
| 桥梁材料（钢） | 5800吨 |
| 机车 | 50部 |
| 车辆 | 520部 |

然而敌人不会给我们丝毫喘息之机，自入侵越南之后，日寇便担心美国将和英国合作在新加坡对日作战。于是日本一面伪装和美国谈判求和以延缓时机，一面胁迫泰国签订友好条约，并加快修筑越南到泰国边境的铁路，以巩固其南进根据地泰国和越南之间的交通联络。铁路完工之后，日本即先发制人，于1941年12月8日发动太平洋战争，即向珍珠港、菲律宾、香港、马来半岛等地同时发动攻击。香港于12月25日沦陷，马来半岛于1942年1月底被敌军完全占领。随后日寇向西攻击缅甸，向东攻击荷属东印度。3月19日缅甸仰光陷落敌手，当时我国远征军已开赴缅甸，与英国军队并肩作战。敌人一边沿泰国铁路向北进攻，一边不断轰炸缅甸铁路，导致缅甸铁路员工闻声而逃，沿线各站无人工作，给中国远征军的军运造成极大不便。我国不得不在3月派遣10组司机和技术工人前往缅甸，维持铁路运行，并于3月28日由政府派遣远征军随军铁路特派员，调集各铁路运输熟练工900余人，前往缅甸从事铁路相关工作。4月1日，各路员工分别出发，一部分人员已抵达缅甸境内开始工作，另一部分正日夜兼程赶赴缅甸。然而日寇突然由泰国边境小道绕道至腊戌，4月30日腊戌失陷，致使5月6日赶赴缅甸的铁路工人不能前进，只能退回昆明待命，而后又遣散回各路供职。当时有100余人在保山惨遭日军飞机轰炸，导致一名司机殉难，多人受伤。其余在缅甸境内工作的铁路人员，均随我军撤往印度。当时滇缅铁路东段已从昆明穿越了7条隧道，铺轨到一平浪，西段470公里的铁路土石方已基本完成，一些车站、桥墩已建好，准备铺轨。为防止日军利用刚修好的铁路快速进攻昆明，蒋介石几乎是隔一天一封电报，甚至一天两封电报，共发出40封电报了解敌情，为炸路提供决策依据。5月10日腾冲沦陷。5月12日，蒋介石给曾养甫下达炸路命令。接到蒋介石电报的第2天，曾养甫来到弥渡工程指挥部，含泪下令炸路。那一天，随着炸药的声声巨响，滇缅铁路的桥梁与路基化成碎片，滇西南民众的心灵，也裂开一个血淋淋的巨大伤口。

## 第六节　大师云集滇缅铁路

鉴于滇缅铁路的极端重要性，当时几乎所有的铁路和桥梁专家都参与到滇缅铁路建设中，一时间各路名家云集于滇西的横断山脉中。1937年，交通部工务司司长萨福均调任滇缅铁路局局长。1939年，一代铁路巨擘杜镇远亲任滇缅铁路局局长兼总工程师，并延聘了一批一流的工程技术人员，如任副局长的张海平、任副局长兼副总工程师的王节尧、任工程局工务课正工程师的汪菊潜、任第一工程处副处长的陶述曾、继任滇缅铁路局局长的龚继成、总工程师室的副总工程师李耀祥、督办公署技术委员会委员汪禧成、设计课长林同炎、第三工程处工务课技术股主任雷从民、第三总段副工程师兼分段长石衡，此外还有邹岳生、朱葆芬、夏舜参、顾毅成、祝秦萱、周庸华、卢肇钧等。这些工程技术人员几乎全是毕业于国内名牌大学并留学欧美，且专攻土木工程或铁路建设的专门人才。

## 一、萨福均——詹天佑衣钵的传承者

滇缅铁路修筑时，萨福均任滇缅铁路局局长。他1886年出生于福建名门，其父萨镇冰出身北洋水师，亲历甲午海战。1898年，萨镇冰调任上海吴淞统领，萨福均随父迁沪，先入华英学堂学习英文，随后考上圣约翰书院。1903年，年仅17岁的萨福均开始海外留学生涯，先是赴美国就读圣路易中学，1905年转至日本横滨学习日文，1906年入美国普渡大学攻读铁路工程专业，1910年毕业获土木工程学士学位。

1910年，萨福均与在美国考察的詹天佑一同乘船回国，次年赴粤汉铁路任实习生工程师。萨福均的才华和刻苦给"中国铁路第一专家"詹天佑留下深刻印象。为了萨福均尽快提高技术实践水平和综合管理能力，詹天佑几乎每半年就给萨福均调换一次工作，从而熟悉修建铁路全部流程和关键环节。这样的待遇恐怕已超越上下级关系，而是一种衣钵相传的师生之谊。萨福均不负詹天佑的培养和期望，亲自督造粤汉铁路曲江大桥和高廉村隧道两处高难度的桥隧项目，斩获奇功。

有其师必有其弟子。就像詹天佑用"之字形"轨道设计修建京张铁路痛快回击洋人的怀疑一样，萨福均极力主张的1000毫米轨距修建鸡建（鸡街—建水）铁路也同样为国人大涨志气。1919年，萨福均应聘到云南，任鸡街至建水段总工程师。此前，个旧到碧色寨的铁路由法国人尼复礼士任总工程师，采用的也是尼复礼士指定的600毫米（寸轨）轨距。萨福均发现，通车后的个碧铁路运力低下，也不利于与滇越铁路接轨，于是建议鸡街—建水—石屏段的线路路基、桥梁、隧道，全部按照1000毫米（米轨）轨距标准设计，并说服铁路公司采纳这一建议。铁路竣工后，蒙自地区的地方大员秦光第感叹："萨工程师月薪仅400元，到差不久，勘路井井有条，而尼工程师月薪900元，兴修久，而收效甚微。"

萨福均与个碧石铁路

　　1922年，华盛顿会议决定日本交还青岛和胶济铁路。此时，崭露头角的萨福均已是平汉铁路工程师、国内铁路系统顶尖人才之一。作为善后督办公署第二部（胶济铁路部分）评价委员，萨福均参与了接收胶济铁路工作。接收过程中，他维护民族和国家利益的立场极其坚定，对于日方就铁路资产评估中提出的无理要求据理力争，事后受到政府的嘉奖。

　　胶济铁路收回后，萨福均出任铁路局工务处长。因德国人在修建时压缩成本，此时的胶济铁路、桥梁和线路质量均已相当差。日本人占领后为加快掠夺资源攫取利润，采用大型机车运输，对线路的损伤愈加严重。加之华盛顿会议中胶济铁路交还中国已板上钉钉，日本人更不愿投资保养维护，对路况可谓雪上加霜。显然，日本人也是给中国政府出了道难题：看看中国人自己能不能管好铁路。如果管不好，自然还得交给他们。

　　面临危局，从接过詹天佑衣钵的萨福均，再次彰显杰出工程管理人员本色。他立即组织人员，对胶济铁路所辖线路、桥梁和建筑等彻底调查，亲自带领工程技术人员按标准规范更换线路、桥梁的钢轨、枕木和板梁。为时4年的胶济铁路全线更新和维护，不仅给想坐看笑话的日本人以有力回击，也为持续推动青岛经济繁荣作出了重要贡献。后人评价萨福均"功盖胶济铁路"，他的职业生涯也从胶济铁路开始高飞。

1930年10月，萨福均回到铁道部，担任技术性最强的工务司司长，一干就是8年。1933年，他主持修建的中国第一座铁道轮渡——南京至浦口轮渡完成，此轮渡长期衔接宁沪、津浦两路，直到南京长江大桥建成。

1937年，铁道部与交通部合并为交通部后，萨福均被任命为交通部技监兼路政司长。他不负众望，在抗战烽烟中带领一班铁路人，先后修建滇缅铁路和叙昆铁路，并整顿滇越铁路，革新了法国遗留的铁路规章制度，使之与中国铁路标准统一。这些功绩凝聚了萨福均的心血，也为中国人民在后方积蓄力量、输送物资做出了贡献。

1945年，萨福均在中国工程师学会30周年纪念刊上发表《30年来中国之铁路工程》，对国人独立自主修建铁路、制定符合中国国情的铁路技术标准等，进行了切实的总结和阐明，堪称中国铁路史的重要文献。萨福均本人也被称为近代中国铁路设计建设四大权威之一。

1950年，萨福均被中央人民政府任命为西南交通部副部长兼西南铁路局副局长。此后，萨福均开始投身于新中国的建设，众所周知的新中国第一条铁路——成渝铁路就是在他的主持下修建的，重大的技术问题均由他决策。1955年2月7日，萨福均在京逝世，享年70岁。

## 二、杜镇远——中国铁路巨擘

滇缅铁路修建时，由杜镇远任滇缅铁路局局长兼总工程师。杜镇远于1889年10月2日生于湖北秭归县。1907年6月，杜镇远考进了成都铁路学堂，1910年进入唐山交通大学的前身——邮传部唐山路矿学堂，攻读土木工程。1912年9月22日，当孙中山先生被师生们前拥后簇着走进唐山路矿学堂时，早已在礼堂等候多时的杜镇远和同学们，期待着孙先生慷慨激昂的演讲。"要中国富强起来，就需要修铁路十万英里，公路一百万英里。希望大家努力向学，以身许国，承担起历史的责任。"孙中山先生的一席话，让台下的杜镇远铭刻于心，从此更加勤奋刻苦研读，立志报国。

1914年6月杜镇远毕业，就任陆军部宜渝滩险工程处主任工程师、测量队队长、"大川"号轮船副船长。1919年，交通部总长叶恭绰遴选留学生，杜镇远因条件优秀，被选中远赴美国学习信号专科，第二年，他就进入康乃尔大学攻读硕士学位。硕士毕业后，杜镇远开始在美国德黑铁路公司做助理工程师。1924年，交通部派杜镇远考察欧美各国铁路工程及材料。他率领考察小组，考察了由美国经加拿大、英国、法国、意大利、瑞士、比利时、德国、苏联等国。1926年杜镇远回国，任北宁铁路工程师。1928年，任南京建设委员会土木专门委员。

杜镇远

中国早期的铁路都是外国人修建的，并不幸成为帝国主义掠夺中国的工具。杜镇远成为继詹天佑之后，自力更生修建中国铁路的第二人。1928年年末，浙江省政府恳请杜镇远到杭州筹建杭（杭州）江（江山）铁路。1929年6月，杭江铁路工程局成立，40岁的杜镇远被任命为局长兼总工程师。1930年春，杭江铁路开工，限于财力不足，杜镇远创造性地提出修建杭江铁路"先求其通，后求其备"的原则。具体做法是：线路限制坡度、桥梁下部结构按当时国际标准设计，以备后期改造；对上部建筑则按轻轨、标准轨距、小型机车的标准施工；站房设备因陋就简，以实用为原则。在修筑过程中，逐段施工，逐段运营。这样就可以使铁路早日通车运营，再以营业收入的积累，逐步改善铁路的设备和工作条件。1933年冬，全长300余公里的杭江铁路通车，造价为3.7万元/公里。而当时的国有铁路造价为10万元/公里。杭江铁路通车，声震海内外，大长了中国人的志气。后经协商，杭江铁路延伸为浙赣铁路。1934年5月，杜镇远任浙赣铁路局局长兼总工程师。历时3年，全线长1008公里的江南大动脉——浙赣铁路于1937年9月竣工。正是在杜镇远的鼎力支持下，他在唐山交大和康奈尔大学的校友茅以升主持修建了钱塘江大桥。

1937年7月，抗日战争全面爆发，急需修建湘桂铁路，政府限期2年完成。杜镇远临危受命，毅然挑起这副重担。1937年9月湘桂铁路开工，为了争取时间，全路分10个工段，日夜赶修。天气炎热，杜镇远穿着短袖短裤，亲临工地指挥。在杜镇远的带动下，25万员工团结一心，不畏日机空袭，克服重重困难，使湘桂铁路于1940年10月全线通车，创造了当时日平均修铁路1公

杭江铁路现场

里的最高纪录。

1939年3月,沿海港口被日寇封锁,国民政府为了打通与缅甸的国际交通线,急调杜镇远任滇缅铁路局局长兼总工程师,赶修滇缅铁路。至1941年底,全路土石方工程基本完成。后因太平洋战争爆发,仰光被日寇封锁,国外铁路器材无法运进,滇缅铁路被迫停工。之后,杜镇远又受命赶修西祥公路,1942年又调往粤汉铁路局任局长。

1949年初,杜镇远由于长期劳累,糖尿病加重,便移居香港养病。新中国成立后,他通过龙云接洽,于1950年举家回到北京,在陈云、薄一波等领导关怀下任职于铁道部,为新中国铁路事业做出了贡献。1957年后蒙冤受屈,1961年12月悄然去世。1979年12月27日,铁道部党组予以其恢复名誉,并将其骨灰安放于八宝山公墓。杜镇远被誉为"我国铁路的伟大建设者",是继詹天佑之后的铁路巨擘,赤诚的爱国者。

## 三、汪菊潜——工程界少有的全才

汪菊潜生于1906年,因成绩优异被保送入东南大学,半年后考入南洋大学,因立志学土木工程专业,于次年转到交通部唐山大学土木系。1926年以总分第一名的成绩获学士学位,被交通部保送美国公费留学,一年后获康乃尔大学土木工程硕士学位,并在美国桥梁公司实习。

1930年6月,年仅23岁的汪菊潜拒绝了美国桥梁公司的高薪聘请,毅然回国到铁道部工作,受到工程界前辈萨福均的器重。

汪菊潜

当时南京火车轮渡北岸栈桥工程进展缓慢,他被选派前去主持。凭着过人的才智、坚强的意志和精湛的技术,汪菊潜克服了泥质砂土、急流冲击的困扰和外国人的阻挠,出色地完成了任务。为增加实践经验,1934年他主动要求调到粤汉铁路参加修建株(洲)韶(关)段,任分段长,副工程师。1936年调铁道部工务司任技正。抗日战争全面爆发后,汪菊潜受国共联合抗日的鼓舞,在敌机轰炸沪宁铁路时,多次冒着生命危险抢修桥梁。后来又先后在云南滇缅铁路工程局、叙昆铁路工程局、四川綦江铁路工程处历任技正、工务课长等职。在这期间,汪菊潜对日后成为国内外知名专家的林同炎(唐山交大1931届)、刘恢先(唐山交大1933届)、钱令希等人倍加爱护培养,并结下深厚友谊。1944年,汪菊潜在重庆受著名桥梁专家茅以升聘请,任中国桥梁公司副总工程师。1945年由交通部派赴美国考察一年,回国后任中国桥梁公司上海分公司经理兼总工程师。抗战胜利之后,汪菊潜受茅以升之托,负责钱塘江大桥的修复工作,并圆满地完成了任务。

汪菊潜爱才育才,知人善任,深受预应力混凝土之父林同炎教授的敬佩。林同炎认为:"汪菊潜不但在工程方面有巨大贡献,最重要的是有准确的判断力,有精明的眼光,而兼有做人用人的办法。这样特殊的人才,不论在国内还是国外的工程师中都是非常少有的。"抗战期间,汪菊潜连任滇缅铁路及叙昆铁路的工务课长。在十分困难的条件下,他指导林同炎、刘恢先、钱令希等青年专家们出色地完成了桥梁、线路的设计任务。他任用林同炎为设计课长、铺轨队长,使林同炎的才干得以施展。1952年汪菊潜听说林同炎加入了美国籍,不客气地给林同炎写了一封信,说他听到了最坏的消息,非常伤心,因为当时他认为盼望林同炎回国服务的希望不可能实现了。

抗战胜利后,钱塘江桥工程处委托汪菊潜为经理的中国桥梁公司上海分公司,进行大桥修复的设计与施工。修复过程中最困难之处和建桥时一样,是正桥的桥墩和钢梁。墩壁破坏严重,要在水下建墩的同时,维持桥上通车。汪菊潜领导工程师们创造出一种"套箱法"的修复办法,使难题迎刃而解。此外,汪菊潜会同苏联专家组主持武汉长江大桥技术工作,并为南京长江大桥的建设把关。他还在人民大会堂建造、怀仁堂大修加固工程和我国第一颗原子弹爆炸固定装置的结构安全方面,起到了关键作用。

汪菊潜于1955年当选中科院院士，1959—1975年担任铁道部副部长。1975年2月26日，汪菊潜与世长辞，终年69岁。

## 第七节　战时西南公路网

随着战事的推进，我国铁路、水运都大受限制，公路成为交通运输事业的重中之重，而连接西南国际交通线的西南公路网，则是我国抗战中后期公路建设的重点。西南公路的修筑始于1928年长沙常德段，以及贵阳至马场坪、黄葛树、松坎3段，到1935年东路的湘黔线、南路的黔桂线和北路的川黔线先后完成，1936年西路的滇黔线也相继竣工。西南公路以贵阳为中心，东起长沙，西到昆明，南抵柳州，北达重庆，并有川湘公路四川段为辅助，总长约3500公里。

西南公路简表

| 名　称 | 长度（千米） |
| --- | --- |
| 贵阳至长沙（东路） | 1009 |
| 贵阳至昆明（西路） | 662 |
| 贵阳至柳州（南路） | 632 |
| 贵阳至重庆（北路） | 488 |
| 川湘路綦江至茶洞 | 721 |
| 筑渝/雷江支线 | 83/27 |
| 总计 | 3497 |

西南公路跨越川、黔、滇、桂、湘5省，由各省分别修筑。各路桥梁以木桥居多，渡口有21处，湖南和云南两省公路标准稍高；贵州地势高峻，共有东西南北四大干线，工程颇为艰巨；四川境内重庆到松坎、綦江到茶洞两段，迂回于山间，急弯陡坡比比皆是；广西则地势较为平缓，但是路基比较低，容易受到雨水影响。

西南公路网在抗日战争中发挥了重要的作用，尤为重要的包括川黔公路、黔滇公路、川滇东路、川滇西路。

### 一、川黔公路

川黔公路由成都经内江、重庆、遵义到贵阳。成都到重庆段

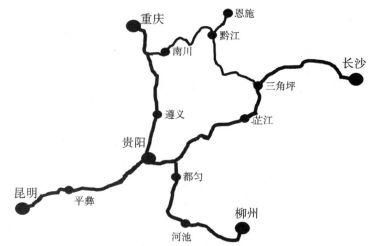

西南公路示意图

长约450公里,重庆到贵阳段长488公里。该路为仰光—昆明—贵阳—重庆国家交通线的重要组成部分。

川黔公路所经乌江为贵州的大河,雨后洪水泛滥,来往颇为不便。1939年初,在乌江上筹建了穿式钢桁构桥。墩座采用钢筋混凝土建筑,高30余米,桥面采用3孔连续性钢桁构,全长110米,中跨达50米。桥梁两端在沿江悬崖峭壁内筑成,长约7公里,开山最高处达30余米,一部分为半山洞,工程非常艰巨。桥面钢料原本向法国桥梁公司订购,由于越南交通线被日本切断,预订材料无法内运,不得已在国内多方配置,于1940年9月全桥竣工通车,乌江天堑变通途。

川黔公路乌江大桥

## 二、黔滇公路

黔滇公路起于贵阳,经安顺、安南、曲靖抵达昆明,全长662公里。黔滇公路位于云贵高原,沿线地质地形复杂,其中安南附近的北盘江桥和二十四道拐盘山公路为扼守黔滇的咽喉。北盘江上原有1座钢索桥,因为桥塔年久失修,通行重车非常危险,因此改建为一孔45米的钢桁构桥,于1939年5月完成。1940年夏天,日寇蓄意破坏公路交通,该桥数次遭受轰炸,钢桁构中弹坠落江底。曾养甫指示一面修筑渡口，抢搭便桥，一面加固旧铁索桥，以维系交通，同时又在下游750米处勘测桥位，修建新式钢悬索桥。此桥荷载按照15吨标准设计，主跨径48米，全长103米，钢筋混凝土桥墩，石砌桥台。该桥于1943年7月完成通车。

北盘江桥

## 三、川滇东路

川滇东路起于泸州，经过宜宾、毕节、宣威、天生桥，衔接滇黔公路以达昆明，全长901公里，为四川进入云南的捷径，且可以利用长江水运直达重庆。自叙昆铁路通车至曲靖，该路自曲靖接运，可节省160公里，自泸州至曲靖全长仅为741公里。全路经过云南、贵州、四川3省，最初由各省政府分别修筑，后来由中央政府统一修缮，较川黔、黔滇公路缩短240公里的距离。因为川滇东路比重庆—贵阳—昆明路线短240公里，因此不但云南赴成都和西北的物资利用此路，由于泸州可以利用水运，所以由昆明到重庆的抗战物资，大部分也从此路线运输。仰光失守后，川滇东路对于疏运昆明积存的物资，并转接驼峰空运物资，仍然十分重要。川滇东路于1940年2月通车后，逐渐改善，已完成野马川、七星关、赤水河等三大桥梁，以及长江、沱江两重要渡口设备工程。

怀远桥架设

## 四、川滇西路

川滇西路由3条路线合并组成，一为川中公路，内江到乐山202公里；二为乐西公路，乐山到西昌513公里；三为西祥公路，西昌到祥云原长559公里（后改走镇南路线较短，共长约1230公里）。这3条路皆于抗战最艰难的20世纪40年代初建成通车。

川滇西路跨越四川、西康、云南3省，南北距离很长，山岭高差悬殊，并且有大段路线受到了印度洋气候的影响，在同一段时间内气候差异很大。蓑衣岭、菩萨岗一带温度很低，金沙江等地则气温高，西昌、会理等地则气候温和。川滇西路的乐西公路和西祥公路为连接滇缅公路的重要工程。

### 1. 乐西公路

1938年8月，国际通道滇缅公路全线通车，但进入四川特别是战时陪都重庆的物资要绕道贵州。因此，乐西公路可以作为四川通往缅甸国际公路的一条最直接的通道，政府征调了24万沿线民工参与修筑。该路起于四川乐山，经过峨眉、富林（今汉源），到达西昌，全长525公里。赵祖康于1939年5月奉令修筑乐西公路，随即派队前往测量，同年8月成立工程处，开始分段施工。该路所经之处，山岭重叠，河流纵横，翻山越岭，工程艰巨；地处偏僻，人烟稀少，沿途不产粮食，需从外地购置和运输；招工非常困难，施工也异常艰难。从1940年1月至1941年1月，蒋介石6次下令，必须通车，否则以军法论处。到1942年3月全部工程才结束，历时2年7个月。

乐西公路

这条公路全部穿行于中国西南边陲大小凉山的崇山峻岭之中。全线所经过之处，三分之二以上为大峡谷，山岭重叠，深谷纵横。部分公路就悬挂在高度超过400米的悬崖绝壁上，抬头望不见顶，低头深不见底。全线海拔高程从400米到2800米，最大高差达2400米，为当时全国公路之冠。

公路沿途多雨多雾、高寒缺氧，环境恶劣远胜秦岭。整个工程中死亡人数超过4000人，平均每公里死亡8人。其中岩窝沟路段平均每公里死亡达20人，修建蓑衣岭路段更是死亡3000多人，成为中国公路修筑史上之最，铸就了中国近代公路史上最悲壮的生命通道。

中国公路界的泰斗、时任交通部公路总管理处处长的赵祖康，被委任为乐西公路工程处处长，后又兼任施工总队长。他翻山越岭，风餐露宿，与工程技术人员一起深入实地，制订切实可行的设计与施工方案。乐西公路通车时，见证血肉筑路的赵祖康

修建中的乐西公路

感慨颇多，在公路最高点的蓑衣岭提笔写下了"褴褛开疆"纪念碑，碑文中写道："蓑衣岭乃川康来往要冲，海拔二千八百余公尺，为乐西公路之所必经，雨雾迷漫，岩石陡峻，施工至为不易。"

### 2. 西祥公路

该路起于西昌，经会理、永仁抵达祥云，长 548 公里，为乐西公路和滇缅公路的联络线，此路完工即成为川滇西部主要运输干线。西祥公路于 1940 年 10 月由交通部调用滇缅铁路人员组织工程处负责赶筑，1941 年 6 月底全路初步通车，施工速度之快，可以同滇缅公路媲美。

由西昌到乐山驾车 4 天可到，乐山到内江、内江到重庆各 1 天可到，合计卡车从西昌到重庆需要行驶 6 天。若是小车，则 4 天可以到达。若逢雨季，则时间不能确定。西昌到昆明需要 3 天时间，其中西昌到镇南 2 天，镇南到昆明 1 天。

## 第八节 机场建设

除了公路铁路水运之外，西部地区的航空建设也加快了步伐。抗战时期贵州先后动工兴建的机场达 12 处。主要有：（1）易厂坝机场，1936 年动工，次年完成。（2）都匀机场，1933 年动工，1937 年完成。（3）贵阳机场，1936 年动工，1938 年完成。次年 1 月再次扩建，耗费 60 万工作日。（4）遵义机场，1935 年动工，1942 年 12 月完成，先后征调民工 8.7 万人，花费 348 万工作日，是抗战时期贵州修筑时间最长的机场。

作为大后方中心省份的四川，为适应日益增大的客货运输量和长期抗战的需要，国民政府航空委员会决定在四川修建12个机场，并专门成立了四川建筑机场委员会，以便统一领导和指挥全省的机场修筑工作。到抗战结束前，四川的机场建设取得了很大的成就，其中大中型机场有：（1）凤凰山机场，1937年9月开始扩建，1938年1月完工，跑道长700米，宽50米，1944年再次扩建。（2）广阳坝机场，1938年1月开始扩建，1940年9月再次扩建，跑道长1000米。（3）遂宁机场，1938年1月开始扩建，1939年4月完工。（4）梁平机场，1938年9月扩建。（5）太平寺机场，1938年12月新建。（6）白市驿机场，1938年11月开始修建，1939年6月完工，跑道长1200米，宽50米，1943年将主跑道延长至1500米。（7）小庙机场，1938年扩建，跑道长750米，宽50米。1939年2月再次扩建，跑道长1500米。（8）九龙坡机场，1939年3月修建，跑道长1125米，宽45米。（9）大中坝机场，1939年12月开始修建，1941年6月完工，跑道长1300米，宽40米。

1939年在新疆迪化（今乌鲁木齐）正式成立了中苏航空公司，经营新疆哈密经迪化、伊犁到达苏联阿拉木图的航线，新疆政府扩建了迪化机场、伊利机场和哈密机场。迪化机场成了中苏航空公司的基地，又称中苏机场。为保证飞行安全和生活需要，在迪化机场修建了飞行站、旅客候机室、汽车库、仓库、油库、招待

尚在建设的巫家坝机场已有运输物资的飞机起降

所等。伊犁机场由于是中苏国际航线的经停机场，所以在1939年11月进行了扩展和整修，跑道延长至1200米长，50米宽，修建了水泥混凝土客机机坪1个，与跑道相连宽65米的滑行跑道2条，并修建了候机室、调度室等。同年12月完工，供里-2型飞机起降。哈密机场1939年扩建，修建了两层楼的候机室、职工宿舍、车库、食堂等，供里-2型飞机起降。

## 第九节 战时驿运

因为驮运对于交通道路和运输工具等方面的要求很低，所以驮运在人类历史的长河中已延续了上千年。到了近代，随着工业文明的出现，其他先进的交通运输方式应运而生，驮运才渐渐走向衰落。20世纪20年代之后，中国许多地区原有的驿道都被改造成公路。

1938年10月，国民政府行政院召开水陆路交通会议，通过了利用人力畜力进行运输的提议。11月24日，交通部设立驮运管理所，决定利用并发展人力、畜力运输，辅助铁路公路未能达到地方的运输，缓解因汽油缺乏、汽车不足而造成的公路运输困难。1940年6月专门召开了驿运会议，蒋介石亲临大会致辞，指出："海口既被封锁，滇缅公路亦将遭遇封锁，今后唯有尽量利用人力兽力，因地制宜，因时制宜，自力更生。"为推进驿运，会议决定交通部设立驿运总管理处，监督指挥各地驿运。

马帮驿运抗战物资

重要的驿运线路有：叙府（今宜宾）到昆明的叙昆线、柳州到三和的桂黔线、重庆到贵阳的川黔线、广元到宝鸡的川陕线、泸州到昆明的泸昆线、乐山到西昌和康定经西昌到昆明的川康滇线。

重要的国际驿运路线有：①新苏线，从星星峡经过新疆迪化，到霍尔果斯口岸，长达2013公里，除利用中苏公路之外，也可走小道；②新印线，从新疆的叶城出发，向西越出国境到列城，再南下斯那利加，然后沿公路延伸到通有铁路的拉瓦尔品第（今属巴基斯坦），部分道路以前少有行人，全长2100公里；③康印线，从康定经西藏拉萨，通向印度的葛伦堡，基本上是利用原有的康印贸易通商旧路，全长2500公里；④滇缅线，从昆明至仰光，全长约2200公里。在这些国际通道中，西北方向路线较为漫长，运送物资逐步减少。西南方面滇缅线是古代南方丝绸之路的一部分，起于四川，经云南出境，进入缅甸、印度等地。随着战事的发展，云南省成为国际国内驿运的中转枢纽，对外有滇缅线联通缅甸和印度洋，对内有叙昆线和泸昆线连接西南大后方。据不完全统计，仅通过驿运经滇缅线由畹町进口的兵工物资，就超过2万吨，由此可见驿运规模的巨大。这一时期的南方丝绸之路经历了自开通以来最为繁盛的阶段，自身作用也发挥到了极致，成为中华民族抗战的生命通道。云南省驿运干线情况如下表。

**抗战时期云南驿运统计表**

| 线路名称 | 长度（公里） | 驮马数量（匹） | 木船数量（艘） | 力夫数量（人） | 马车数量（辆） |
| --- | --- | --- | --- | --- | --- |
| 叙昆线 | 610 | 800 | 15 | 800 | — |
| 滇缅线 | 605 | 3700 | — | — | 1000 |
| 泸昆线 | 1120 | 500 | — | — | 500 |

驮运对抗战时期的许多建设项目也发挥了重要作用。公路和铁路从勘察设计到建设，需要深入边远山区和蛮荒之地，若没有驮运，则一切将无从着手。矿产的开发、采购和集中，也少不了驮运。仅以1943年成都大规模修筑机场工程为例，当时为了美军B-29战略轰炸机能在成都起降，政府下令在规定时间内完成机场修筑。当时没有公路可以通到机场所在区域，而修筑机场需要70多万吨物资，只好临时征集上万力夫、驮马和车辆，完全靠肩挑背扛、畜力驮拉，硬是将这70多万吨的物资运送到了工地，最终按时完成了成都附近大型机场的修筑。

# 第六章 石油禁运引爆太平洋

1941年，是第二次世界大战规模最大的一年。这一年，中国战场、非洲战场、大西洋战场都持续着激烈的战斗，夏季苏德战争的爆发，冬季又有日本偷袭珍珠港引发的太平洋战争。全球范围内，战争由亚欧大陆和非洲大陆延伸到太平洋和美洲，成为名副其实的世界大战。

## 第一节 美国对日本石油禁运

### 一、助纣为虐

国民政府在1938年中明确确立了以美为主的外交方针。蒋介石得出的结论是："英国老谋深算，说之匪易。俄国自有国策，求援无效。惟美为民主舆论之国，较易引起义侠之感。且罗斯福总统确有解决远东整个问题之怀抱。"

然而抗战前期的局面与国民政府的预计相距甚远，美国对中国仅限于道义上的支持，对于日本反倒助纣为虐。美国政府打着"支援中国抗战"的旗号，贷款给中国；与此同时，大批军用物资又源源不断地由美国输往日本。据统计，1937年美国对日本输出额为28967.5万美元，1938年为23957.5万美元；同期1937年对华仅为4970.3万美元，1938年为3477.2万美元。美国对日本的石油出口从1931年的2281万美元增加到1940年的3530万美元。1937年美国对日本废钢铁的出口是1931年的40倍，价值高达3741万美元，占日本废钢铁进口的90%。据日本工商省统计，在中日战争爆发后，1937年美国对日本军需品贸易占全部对日贸易的比例为33.5%，1938年和1939年均为34.3%，1940年为38.7%。日本的石油、钢铁、飞机、汽车等重要战略物资，绝大部分是从美国输入的。日本在全面侵华战争头3年中，消耗汽油4000万吨，70%是由美国供应。时任中国经济部长翁文灏痛心地对驻美大使胡适博士说："深感美国虽具充分之决心，而实助日人相当之实力，矛盾悲痛莫过于是。"可以说，没有美国对日本大规模的战略物资出口，日本是无法支撑如此大规模的侵华战争的。

面对日本的威胁，美国政府企图通过经济手段迫使日本就范。据1938年华盛顿中国经济研究协会统计，日本侵华战争最需要的钢铁、铜和金属合金，90%以上来自美国；日本所需的石油和石油制品，几乎全部由美、英石油垄断组织供应。美、英只要控制了石油资源，就意味着扼住了日本的经济命脉。美国对日施展经济外交有其深刻的战略考虑：①使日军深陷在中国战场不能自拔，然后迫使其遵守"门户开放"政策，并且不得"干扰"美国的在华权益。为此，美国象征性地"支援"了中国。援华的第一个行动是1938年12月宣布、1939年2月达成的桐油借款，美国向中国提供2500万美元贷款，中国以桐油偿还；②诱使日本"北进"。为了反苏、制共，美国战争物资源源不断输往日本。日本于1938年侵犯张鼓峰，1939年攻击诺门罕。把日本的侵略矛头引向"北方"，有利于美国维护"门户开放"政策。

## 二、石油禁运的经过

### 1. 石油和废金属出口限制

1938年11月，近卫内阁发布"帝国政府声明"，公开宣称要以日满华三国合作为基础，建设东亚新秩序，以取代"门户开放""机会均等"的旧秩序。1939年7月26日，美国以"美日通商航海条约在1940年1月26日期满后，以不再续约"作为回应。

中国坚持对日作战2年之后，1939年随着德国入侵波兰，国际形势发生巨变。美国的欧洲盟友英国和法国一时陷入危局，而英法美同时又是在远东拥有利益最多的国家。随着德国、意大利、日本轴心国的逐步形成，世界阵营的划分愈发明确，中美关系也由此改变。由于美国决策者相信中国的抗战与美国现在和将来在东亚和太平洋的利益休戚相关，因此逐渐迈开了制日援华的步伐。

1940年6月法国战败后，日本发表所谓"大东亚共荣圈"的声明，表达了其对太平洋领地的欲求，引起了美国的经济报复。1940年7月25日，美国政府宣布："对所有的石油和废金属的出口实行限制。"罗斯福总统称，这不是"禁运"，"只不过是把政府对出口商品的许可证制度推广到包括废金属和石油产品的项目而已。"这是美国首次对日实行的经济制裁，是对日本准备南下的警告。由于是"限制"而不是"禁运"，日本仍可从美国得到物资。

1940年7月，横扫欧洲大陆的德国开始空袭英国。同年12月29日，罗斯福总统喊出了"要让美国成为民主国家兵工厂"的口号，逐步走出孤立主义的美国开始全力援助英国、苏联和中国等国家。美国拥有当时世界上最强大的生产力，尤其是惊人的武器装备制造能力。1942年5月，美国战时生产局报告："美国工厂每八分半钟便可生产一架军用飞机。"

第二次世界大战时美国生产的兵器

1941年3月，美国通过《租借法案》，授权美国总统售卖、转移、交换、租赁、借出或交付任何防卫物资，给总统认为对美国国防至关重要的国家政府。1941年5月6日罗斯福总统宣布《租借法案》适用于中国，美国援华物资由此大量增加。

**2. 禁运废钢铁**

从前述美国对日出口战略物资的数据可以看出，1940年美国对日出口不降反增，美国对日本的首轮经济制裁并未起到不战而屈人之兵的效果。1940年9月22日，日本与法国维希政府签订协定，在越南北部建立军事基地。次日，三路日军侵入越南北方，为其南下荷属印度支那夺取石油资源创造了有利条件。

罗斯福签署《租借法案》

物资在纽约港准备装船

　　为此美国进行了反击，1940年9月26日罗斯福下令，自10月15日起禁止废钢铁运往西半球英国以外的国家。禁运废钢铁是对日本的第2次经济制裁。次日，德、意、日三国便签订了矛头指向美国的《三国同盟条约》。

　　1941年4月2日，丘吉尔致函正在欧洲访问的日本外相松冈洋右，劝告日本不要在英美等国的太平洋殖民地挑起战端，并威胁道："1941年美国钢产量将达7500万吨，英国可达1250万吨，总计近9000万吨，而日本只有700万吨，难道足以供单独作战之用？"然而松冈不为所动，在返国途中，于4月13日在莫斯科签订了《苏日中立条约》，解除了日本南进的后顾之忧。

**3. 禁运石油**

　　1941年6月22日，苏德战争爆发。在新形势下，7月2日日本天皇召开御前会议，确定为了"继续向南方的扩展"，"不辞对英美一战"。至于"北方问题"，待"德苏战争的发展对帝国有利时，即行使武力解决"。7月24日，日军侵入越南南部，3天后占领了越南全境。

　　1941年7月26日罗斯福宣布，冻结日本在美国的全部存款，对日实施全面禁运，日本再也不能从美国购买石油了。接着英、荷也采取同样的禁运措施。石油禁运是美国对日本的第3次经济制裁。同日罗斯福还宣布，任命麦克阿瑟将军为美国远东总司令。8月1日，飞虎队在华正式成立。8月17日，罗斯福当面警告野村："日本在亚洲的任何军事行动，都将迫使美国'立即采取一切必要步骤'以保卫美国的合法权益。"美、日关系顿时紧张起来。

石油禁运震惊了日本朝野，因为这"不仅断绝了外部的石油供应，且现存石油储备只够战时 12—18 个月的消耗"。为了夺取石油这一重要的战略资源，太平洋从此不再平静。

## 第二节 偷袭珍珠港

### 一、日本的南进与北进政策

自明治维新以来，日本陆军学习德国，海军学习英国，通过甲午战争、日俄战争，渐渐成长为军事强国。日本海军和陆军都发展迅猛，但又互不相让，且矛盾越积越深。熟知日本的军事家蒋百里曾评价道："日本陆军的强，是世界少有的；海军的强，也是世界少有的。但是两个强加在一起，却等于弱。"日本的海军效仿英美，妄图从世界第三跃升至世界第一，并称霸太平洋；日本的陆军效仿法德，希望征服中国大陆，建立东亚新秩序。在军费预算上也彼此竞争，在 1937 年的预算中，陆军为 7.3 亿日元，海军为 6.8 亿日元。

日本入侵中国，占领中国北部和东部大部分城市之后，东京当局为"北进"及"南进"策略，发生了激烈争论。北进计划是以陆军向苏联西伯利亚发动攻势，目标是进攻至贝加尔湖一带。南进计划则是以海军为主，夺取东南亚资源，特别是印度尼西亚的石油。

1939 年，苏联和日本在当时的满洲与蒙古的边界诺门罕发生激战。战事于 5 月 4 日爆发，苏军在名将朱可夫的率领下，同日本关东军激战数月。9 月 9 日，日本驻苏大使东乡向苏联提出停战要求，并于 9 月 15 日与苏联外交人民委员莫洛托夫签订停战协定，双方于 9 月 16 日凌晨 2 时停止一切实际军事行动。

麻省理工学院的洛伦兹教授曾说过："亚洲腹地的一只蝴蝶扇了扇翅膀，或许几周后能引起南太平洋的一场风暴。"在军事和政治领域，许多重大历史事件的起因可能微乎其微，但产生的"蝴蝶效应"却令人瞠目。诺门罕战役便是典型的例子，朱可夫指挥装甲部队以机动战首获大捷，获得"苏联英雄"称号的嘉奖。苏联政府得到著名间谍理查德·佐尔格的情报，得知日方的南进，判断苏联不会在东西两线对日本和德国作战。在莫斯科保卫战中，当苏德双方当时拼得油尽灯枯时，苏联抽调了远东边境的20个亚洲师前往欧洲，才给了德军致命一击，扭转了欧洲战场乃至世界反法西斯战场的形势。诺门罕战役使日本关东军向西侵略的企图彻底落空，促使日军不得不放弃"北进"而选择"南进"，进攻太平洋诸岛。

## 二、偷袭珍珠港

美国一方面通过《租借法案》增加对中国、苏联和英国的援助，另一方面是停止对日本石油、钢铁等战略物资的输出，中国的持久抗战终于将日本拖入泥潭。诺门罕战役的失败，使得日本海军的南进策略占据了上风。由于南进战略中的东南亚地区是美英等国的势力范围，因此日本与美英等国交战在所难免，不得不利用有限的战争资源放手一搏。

珍珠港是太平洋上的重要交通枢纽，该港所属的夏威夷东距美国西海岸，西距日本，西南到诸岛群，北到阿拉斯加和白令海峡，都在2000—3000海里之间，跨越太平洋南来北往的飞机，都以夏威夷为中续站。日本认为先在太平洋上夺取制空制海权，就意味着南下的道路畅通无阻，于是日本策划了珍珠港突袭。

在日本联合舰队司令官山本五十六的力推下，日本于10月中旬批准了袭击珍珠港的计划。山本指挥联合舰队选择了与珍珠港相似的鹿儿岛湾，开始了充分的准备和严格的模拟训练。1941年11月26日，一支由6艘航空母舰为主力的日本舰队，在海军中将南云忠一的指挥下，离开日本开往珍珠港。

1941年12月7日凌晨，从六艘航空母舰上起飞的183架飞机组成第一攻击波，穿云破雾，扑向珍珠港。7时53分，发回"虎、虎、虎"的信号，表示奇袭成功。此后，第二攻击波的168架飞机再次发动攻击。日军偷袭珍珠港，导致美军8艘主力舰、10艘小型舰、1个浮动干船坞以及250架飞机被炸毁和炸伤。仅仅1个小时的时间，美国舰队所受的损失，超过一战美国海军的全部损失。

日军偷袭珍珠港的次日，英国、美国向日本宣战；1941年12月9日，中国也终于对日宣战。正如其策划者——日本海军大将山本五十六所言："恐怕我们唤醒了一个沉睡的巨人，现在他充满了愤怒。"偷袭珍珠港对亚洲和太平洋战场的对日作战产生

山本五十六（左）和南云忠一（右）

了深远的影响。由于苏联专注于苏德战争，与日寇订立了《苏日中立条约》，因此亚洲—太平洋战场上以中国、美国、英国的对日作战核心体系由此形成。

偷袭珍珠港

## 第三节　日本的战略生命线

### 一、日本的野心

1939年2月10日，日寇在海空军的掩护下，在我国海南岛登陆。次日，蒋介石便对外媒发表谈话，揭露日本军阀的野心，他将日本进攻海南岛比作太平洋上的九一八事变。欧洲大陆当时正酝酿战争，英法等国虽向日本提出质问，但无暇东顾，对日本也无可奈何。日寇侵占海南岛后，将该岛变成了一座侵略培训基

1939年2月19日在海南岛的日军

地。在海南岛上驻扎的15个师团，利用15个月的时间，学习了进攻马来半岛和缅甸的课程，并在岛上密布的热带丛林中进行了严格的演练。

早在1936年，日本海军评论专家石丸藤太发表过《海南岛在军事上的价值》一文，开篇就说："日本生命线有三：第一是大陆正面的生命线，在'满洲国'，第二与第三是海洋生命线，前者在内南洋，即日本委任统治诸岛，后者在外南洋，包括荷属东印度（今印尼）、菲律宾群岛及英属北婆罗洲（今马来西亚沙巴州）等诸岛。这三者之中，第一与第二之生命线，已紧握于日本之手；第三生命线则尚未着手触及。因此，日本要在太平洋上建立政治与军事的巩固地位，非确保第三条生命线不可，这是当务之急。"

首先，日本与泰国签订了互不侵犯条约，期望能得到在克拉地峡建设运河的权利。其次，日本最想占据的地方除了香港之外便是越南。再次，马来半岛也是日本必争之地，原因有三：一、香港是新加坡的前哨，日本既欲取香港，进一步便要夺新加坡；二、北婆罗洲的价值不及马来半岛，日本欲夺北婆罗洲，必夺马来半岛；三、如果得不到马来半岛尤其是新加坡——英国在远东最大的军事基地，日本亦不敢去夺荷属东印度和北婆罗洲，因为英国及荷兰在远东一切属地，包括东南亚、澳大利亚、新西兰在内，都受新加坡保卫。

日寇的作战计划中，所采取最大的攻势就是要囊括西南太平洋地区的岛屿和东亚大陆，包括所有英国、美国和荷兰的殖民地。数种作战同时进行：缅甸攻势的发动在荷属东印度正被占领的时候；新加坡的进攻发生于在大洋洲许多地方登陆之时。从战事发展的过程看，日军的主要攻势沿着两个方向进行：首先是南进，这一阶段包含菲律宾登陆、南海的巩固和马来西亚政府；接着便向东西两个方向展开攻势，东面的缅甸、印尼、苏门答腊，西面直达大洋洲，使日本在南太平洋构成一条横贯东西的轴心。

## 二、席卷东南亚

日本南进战略的第一步是偷袭美国海军太平洋舰队的基地珍珠港，以使美国太平洋舰队在一定时间内丧失战斗力；第二步是入侵东南亚，一方面进占缅甸彻底封锁中国，另一方面则攫取东南亚各地石油、橡胶等宝贵的战略资源，以达到以战养战的战略目的。偷袭珍珠港次日，战火便席卷了东南亚及太平洋各地。由于事发仓促，兵力部署不足，美国所占领的各岛屿纷纷陷落。日本于12月13日攻陷关岛，24日攻陷威克岛。

### 1. 香港沦陷

偷袭珍珠港次日的12月8日黎明，日寇开始进攻香港。因香港环海，登陆不易。日军首先以九龙为目标，于13日攻陷九龙，随后日军兵分三路登陆香港。12月25日，仅耗时18天，香港便宣告陷落。

### 2. 马来半岛与新加坡沦陷

新加坡是英国在印度洋、太平洋上的堡垒，也是日军早已觊觎的对象。1941年12月7日，日本军队在袭击珍珠港的同时，派兵在泰国等地登陆，然后越过马来西亚边界向新加坡进攻。12月8日，英国远东舰队司令菲利普斯中将率领战列舰"威尔士亲王"号、战列巡洋舰"反击"号和4艘驱逐舰组成的Z舰队离开新加坡北上，企图袭击日军运兵船。12月9日，Z舰队被日军潜艇发现，在返航新加坡途中，被日军34架俯冲轰炸机和51架鱼雷机攻击，仅1个半小时，英战列舰"威尔士亲王"号和战列巡洋舰"反击"号就被击沉。而日机仅被击落3架，伤20余架。英国Z

日军在马来西亚作战

舰队的覆灭，使日军夺得了马来海域的制海权和制空权，为日军海上输送任务的顺利完成提供了保障。此举也对英国在远东的军

日军占领新加坡

事地位产生了灾难性的影响，英美两国一度失去了在远东太平洋地区的制海权。英国首相丘吉尔接报后哀叹这是对他"一生中最沉重和最痛苦的打击"。12月8日，日军在马来西亚北部的沙巴登陆，随后利用机械化部队为先导，沿公路向丛林推进，并于1942年1月11日攻陷马来西亚首都吉隆坡。

马来半岛是重要战争物资橡胶的产地，半岛最南端的新加坡扼守太平洋与印度洋之间的咽喉要道马六甲海峡，战略位置极其重要。日军攻占吉隆坡之后，继续向新加坡迈进。于1942年2月1日展开对新加坡的进攻，2月15日驻新加坡英军投降。此役英军阵亡1.5万人，被俘7.5万人，其中有澳大利亚军队1.5万人，印度军队3万人。占领新加坡之后，日本将其改名为昭南港。

### 3. 攻陷菲律宾

菲律宾是美国在太平洋上的战略要地。太平洋战争爆发之前，美国已在菲律宾苦心经营40年。日本对于菲律宾极为重视，集结了数十万海空优势兵力，向菲律宾发动了大规模进攻。坚守3个月之后，麦克阿瑟留下一句"我将要回来"，抛弃近8万美菲士兵逃离了菲律宾。1942年5月7日，菲律宾被日本攻陷，历时5个月。

### 4. 攻陷荷属东印度

日军在菲律宾马尼拉涉水作战

荷属东印度（今印度尼西亚）蕴藏着丰富的石油，是日本最缺乏的战略物资之一，因此攻占荷属东印度成为日本南进策略中至关重要的一环。日本于1941年12月底开始进攻荷属东印度，次年2月进攻苏门答腊，3月攻陷整个荷属东印度。

至此，从中国东北攫取粮食和矿产，从马来半岛攫取橡胶，从荷属东印度攫取石油，日本的战略资源得到了基本保障，以战养战的战略目标得以实现。日本在太平洋战争中所展示出的强大战斗力，使得英美等国明白了中国军队在对日作战中发挥的重要作用。首先，在整个战争中，中国战场一直牵制了大量日军，从而大大减轻了对美英的军事压力。太平洋战争爆发时，日本陆军62个师团中的36个，58个独立混成旅团中的42个都被牵制在中国，在南进作战的只是10个师团和3个混成旅团。丘吉尔在1942年4月曾估计，如果中国战败，至少有15—20个师团的日军可以腾出手来，那时对印度的大举进攻就成为可能。他认为，如果日军在西印度洋占据统治地位，石油供应就会被切断，盟国在中东的地位就将崩溃。

## 第四节　缅甸——中国最后的海上国际通道

　　日本在东南亚的作战，除了攻占印尼、马来半岛以获取石油、橡胶等必要的战略物资之外，还有一个重要目的——进占缅甸，切断滇缅公路。

　　1938年12月6日，日本陆军省和参谋本部制定了《昭和十三年秋季以后对华处理办法》，将"努力切断（敌方）残余的对外联络线，特别是输入武器的路线"作为侵华日军的重要作战任务。当时广州、武汉已落入日寇手中，由于法属印度支那政府禁止武器过境，因此其中的"输入武器的路线"即指滇缅公路。日寇对滇缅公路的封锁，采取了外交和武力两种手段。

　　1940年6月，日寇通过施压法国，切断了滇越铁路，使得物资不能再借道越南进入我国。法国投降德国后，日本便进一步对英国采取高压态势。1940年6月，法德签订停战协议后72小时，东京外务省就向英国驻日大使克莱齐爵士提出了许多要求，包括封锁滇缅公路和不重要的香港路线，停止对中国政府财政上的援助等等。丘吉尔全然不顾对中国的信义，同意了日方的要求。对于中国的抗议，丘吉尔解释说："英国在欧洲正从事一个生死存亡的战事，不能再在他处树立新的敌人；滇缅公路从7月到10月之间，几乎不能行驶，在此期间，封锁对中国无大损失。"这一时期中华民族正处于最艰苦的抗战之中，越南路线被封锁之后，作为中国唯一出海大通道的滇缅公路也被切断。英国的绥靖政策招致中美等国的强烈不满,在国际舆论的压力下,英国于10月8日通知日本,将在3个月封锁期满之后重新开放滇缅公路。日寇则对此早有对策,1940年9月底,日寇在海防登陆,攻占越南,随即在河内成立了专门的"滇缅公路封锁委员会",调集100架飞机,准备对滇缅公路进行轰炸,重点是澜沧江上的功果桥、昌淦桥以及怒江上的惠通桥。10月18日,滇缅公路为期3个月的禁运刚结束,日军即展开了轰炸,从1940年10月18日到1941年2月27日,日寇先后出动飞机达400多架次,共计轰炸惠通桥6次,功果桥和昌淦桥16次。

由于怒江、澜沧江峡谷山高谷深,日寇飞机只能在正午1个多小时的时间内对桥梁进行轰炸,因为只有阳光直射峡谷之时,飞机才能精确地瞄准目标。修筑人员和运输队伍也针对这一特点做出了预案:中午减少车辆的行驶,并且在频繁被轰炸的地点设置了防空洞,以保证沿线人员的生命安全。滇缅公路最短的一次桥梁修复时间只有1小时,最长的一次为5天10小时50分钟。沿线的工程人员和劳工靠着他们的智慧和勇气,始终保持着这条公路的畅通,被海内外人士赞誉为"炸不断的滇缅公路"。

滇缅公路上的防空洞

随着越南、暹罗相继落入敌手,缅甸的形势变得十分危急。妄图用绥靖政策保卫其殖民地的英国发现日寇不会停止其南进的步伐,不得不同中国联手,讨论共同防卫缅甸的事宜。对于英国而言,印度是其远东地区最大、最富庶的殖民地,而缅甸是保卫印度的最后一道屏障;对中国而言,缅甸是当时我国唯一补给线滇缅公路的起点,也是我国持久抗战的关键。因此,防卫缅甸对于中英双方都非常重要。早在1941年2月初,蒋介石派出以商震为团长、林蔚为副团长,包括杜聿明等高级将领在内的"中国缅印马军事考察团"前往缅甸、印度和马来西亚进行考察。考察结束之后,代表团总结了30余万字的《中国缅印马军事考察团报告书》，强调"日本对于中国的国际交通线路滇缅公路，将不是从中国境内切断，而是配合它对亚洲的攻略战略整个策划：一旦日寇与英国开火，势必先击败英军，进而侵占马来西亚、缅甸。这样日寇既击败英军而夺了它的殖民地，又可封锁中国，获得一箭双雕的效果。"为保卫滇缅公路，我国在1940年便陆续调集大军至云南附近，准备随时迎击从缅甸来犯的日寇。随后根据中国缅印马军事考察团的报告，以第五军、第六军和第六十六军为入缅军，担负入缅作战保卫滇缅公路的任务。

日军偷袭珍珠港之后，向新加坡和缅甸发起了攻击。面对防卫新加坡还是缅甸的问题，丘吉尔在1942年1月中旬出人意料地表示："作为一个战略目标，我认为使滇缅公路畅通无阻比保卫新加坡更为重要。"尽管如此，中英两国各自不同的诉求还是使得协同防卫缅甸成了空谈。从1941年12月中旬到1942年2月中旬的3个月间，蒋介石三次下令第五、第六军入缅，前两次由于英方的阻扰而停止行动。日军在1月31日攻陷了缅甸第二大港口毛淡棉，随即向仰光进军。英方到那时才表示"仰光情况紧急，请速派第五军入缅"。到2月16日蒋介石第三次动员远征军入缅时，已失去了战机，中国军队从入缅之初便陷入被动。3月8日，日军占领仰光，滇缅公路的出海口不复存在。4月29日，日军长驱直入占领了腊戍，滇缅公路由此被完全切断。失去了后方基地的中国军队被迫撤退回国。其中第五军不得不绕道野人山，全军入缅时共42000人，在战斗中伤亡7300人，撤退途中伤亡14700人。撤离缅甸后全军仅剩2万人，损失过半。第五军二〇〇师师长戴安澜将军在率部突围中壮烈牺牲，以身殉国，成为第二次世界大战中国军队在海外与盟军协同作战中牺牲的第一位高级将领。国共两党包括蒋介石、毛泽东等主要领导人均敬献了挽联、挽词。

戴安澜将军

日军在占领了腊戍之后，并未停下脚步，次日便沿着滇缅公路向我国云南进发。5月3日、4日分别占领畹町、芒市、龙陵。之后日军分兵两路，一路于5月5日抵达惠通桥，千钧一发之际，我国工兵炸毁了惠通桥，将日军阻挡在怒江以西；另一路军队进犯腾冲，于5月10日占领腾冲。中日两军以怒江为界，东西对峙的局面由此形成。我国远征军第一次入缅作战最终以失败告终，日军不仅占领了缅甸，同时占领了我国滇西大片国土，唯一的补给线滇缅公路就此中断。

为了以防万一，1942年5月13日，昆明行营国防工程处设立"滇西破路工程处"，由工兵总指挥马崇六负责，对保山到惠通桥之间的路段进行破坏。由于K734-K759段属暴露路段易被日军炮击，因此择要破坏40余处，每处50米左右；K709-K734段彻底破坏，仅留下狭窄的人行小道。上述50公里内的207道涵洞、10座桥梁全部被自行破坏和炸毁。

守卫惠通桥的士兵

从1941年12月8日日本入侵太平洋各地到1942年5月中旬占领缅甸，仅仅5个月，日本就侵占了多达350万平方公里土地。1942年的日本法西斯嚣张气焰到达顶峰，东有威克岛作为太平洋的前哨，南占新几内亚岛切断美军到澳大利亚的南太平洋补给线，西南则将整个东南亚收为己有并攫取战争资源，中国的东中部重要城市也依旧在日军的掌握之中，深陷中国泥潭的日本还切断了滇缅公路这条中国最重要的生命线。

## 第五节　燃烧的太平洋

### 一、杜立特空袭

珍珠港遭袭之后，1942年1月1日，美、英、苏、中等26国在华盛顿签订了《联合国家宣言》，成立了世界反法西斯同盟，坚定了太平洋东岸的中国抗战到底的决心。西岸的美国则开启了它的战争机器，太平洋成为美日交战的主战场。然而日本在太平洋战争初期，如风卷残云般取得了节节胜利，公众一片哗然，导致同盟国士气低落。1941年12月21日，在白宫召开的参谋总长联席会议上，美国总统罗斯福向与会成员指示，军队应尽快组织针对日本的报复性打击。负责反潜法案的参谋次长、海军上校弗朗西斯，提出采取空袭打击模式。他认为只要加以训练，双引擎的陆基轰炸机能够从航母甲板上起飞。这一方案得到了美国军方同意，遂任命本已退役的空军中校杜立特负责策划方案并带领行动。而执行空袭的轰炸机，要求至少能携带一枚重达2000磅（910公斤）的炸弹续航2400海里（4400公里）。在当时所有的飞机中，最终选中了北美航空公司出产的B-25米切尔轰炸机。

1942年4月1日，16架经过改造的B-25轰炸机，从旧金山登上了"大黄蜂"号航空母舰。4月17日下午补充完燃油之后，舰队以20节的速度朝日军控制的海域快速前进。4月18日清晨7∶38，机动舰队距离日本本土尚有650海里（1200公里）时，正在该海域游弋的日军巡逻船"日东丸23"号发现了他们，随即向日本发送了无线电预警。因担心接到警报的日本很可能已出动兵力前来阻击，舰队若再往前行就会非常危险，杜立特和"大黄蜂"号舰长马克·米切尔决定，所有B-25立即起飞——比原计划提前了10小时，意味着B-25将多飞310公里。待16架B-25依次排开发动引擎之后，留给杜立特起飞的滑行距离只有467英尺（142米）。16架B-25在8∶20—9∶19之间的一个小时之内全部成功起飞。对美军来说，这是第一次也是唯一一次陆基轰炸机从航母上起飞执行任务。6小时后，16架B-25于东京时间正午时分陆续飞抵日本上空，轰炸了东京的10座军事和工业目标，以及横滨2座，横须贺、名古屋、神户和大阪各1座。任务结束之后，轰炸机沿着日本南部海岸向西南飞往中国东部，由于燃料不足，多数轰炸机迫降于我国东部沿海。包括杜立特在内的部分飞行员被中国平民救助后，返回安全地带。

杜立特空袭虽然对日本造成的损失微乎其微，却是第二次世界大战期间美国对日本进行的首次轰炸，产生了巨大的战略影响。空袭使得日军意识到本土防御的脆弱，随即从各条战线上召回部分部队，以安排本州岛的防御。在印度洋上，由南云忠一大将指挥的主力航母作战群拥有5艘速度极快的大型航母，所携带的舰载机队也属帝国海军中最强的一支。这支舰队曾沉重地打击了英国皇家海军和盟军在印度洋的物资运输航线，甚至一度挺进至最西面的锡兰（今斯里兰卡），对部署在那里的英国港口和皇家空军机场实施了数次空袭。然而杜立特空袭迫使日本将南云的舰队召回，从而缓解了印度洋上皇家海军的压力，更使得战备物资得

B-25 轰炸机从大黄蜂号航母起飞轰炸日本

以较为安全地由商船运抵印度后,再输往中国。

## 二、中途岛海战

中途岛面积只有 4.7 平方公里,其特殊的地理位置决定了战略地位的重要性。该岛距美国旧金山和日本横滨均为 2800 海里,处于亚洲和北美之间的太平洋航线的中间,故名中途岛。同时距离珍珠港 1135 海里,是美国在中太平洋地区的重要军事基地和交通枢纽,也是美军在夏威夷的门户和前哨阵地。中途岛一旦失守,美国太平洋舰队的大本营珍珠港也将唇亡齿寒。

为了保护本土,日本联合海军舰队司令山本五十六寻求着一战全歼美国太平洋舰队的机会。1942 年 6 月 4 日,决定太平洋战场天平的中途岛战役打响。兵力方面,美国有"企业"号、"大黄蜂"号、"约克城"号 3 艘航空母舰(舰载机 230 多架),组成航空母舰中途岛海战编队群(含其他战斗舰艇 40 多艘),由美国太平洋舰队司令尼米兹负责指挥;日本有"凤翔"号、"赤城"号、"加贺"号、"飞龙"号、"苍龙"号、"龙骧"号、"隼鹰"号等航空母舰 8 艘(舰载机 400 多架)和战列舰、巡洋舰、驱逐舰、潜艇等战斗舰艇共 120 多艘,由日本联合舰队山本五十六大将和南云忠一中将指挥。双方兵力相差悬殊,但战前美国成功破译了日军企图在中途岛决战的情报,因此预先做好了相关准备。此役美军只损失 1 艘航空母舰、1 艘驱逐舰和 147 架飞机,而日本却损失了 4 艘航空母舰、1 艘巡洋舰、330 架飞机和几百名经验丰富的飞行员和几千名舰员,日本海军从此一蹶不振。中途岛战役预示着航空母舰取代战列舰称霸海洋时代的来临。经此一役,太平洋上美日海军的实力对比反转,日本丧失了太平洋上的主动权,这是太平洋战场的转折之战。

中途岛海战之后，为保护美国通往澳大利亚、新西兰的运输线路，1942年8月到1943年2月间，美国和日本在南太平洋所罗门群岛的瓜达卡纳尔岛展开激战。在这场旷日持久的战役中，美军共阵亡约5000人，伤6700人，损失军舰24艘，运输船3艘，飞机约250架。日军共有约5万人丧生，损失军舰24艘，运输船16艘，飞机892架。日军的大型军舰、飞机和训练有素的飞行员的损失，使得日军兵力上的优势已荡然无存，双方的战略态势也随之改变——中途岛战役是第二次世界大战中太平洋战场的转折，战局开始向着不利于日本而有利于美国的方向发展，日军的战略主动权逐步丧失；而瓜岛战役，日军不仅没有重新夺回战略主动权，其军事实力反而进一步受到削弱，最终完全陷入了被动的局面。从此以后，日军不得不从战略进攻转为战略防御，处处受制，直至战败。而美国则通过瓜岛战役，逐步改善了不利的战略态势，赢得了动员人力、物力的时间，吹响了太平洋战场上反攻的号角。

美军在瓜岛实施两栖作战

# 第七章　通向胜利的立体交通

## 第一节　太平洋战争之后的美国援华

太平洋战争爆发之后，整个太平洋都成为美日海军的战场，补给中国的运输船队难以直接从太平洋开往远东。美国援助盟国的物资，主要从美国东海岸驶往大西洋。租借物资的运输线路主要有三条：一条直接经大西洋到达英国；一条穿过直布罗陀海峡和苏伊士运河抵达中东；另一条则绕道非洲最南端的好望角后再到中东。抵达中东的物资，一部分通过波斯湾附近的公路和铁路运往苏联；另一部分则运往缅甸、印度，再转运到中国。

运输船队浩浩荡荡地行驶在大西洋上

美国军舰打击德国的U型潜艇

由于美、英、苏、中等国作战都需要大量物资，因此大西洋上经常出现运输船队千帆竞发的宏伟场面，德国的U型潜艇以及与之相伴的"群狼战术"，使得盟军的运输遭到了巨大的打击。

英国除了美国从大西洋运来的补给之外，还有一条生命线是从澳大利亚、印度等殖民地，经苏伊士运河和直布罗陀海峡抵达英国。而美国援助苏联和中国的物资则需反向穿越苏伊士运河,前往波斯湾或者印度。因此扼守苏伊士运河和直布罗陀海峡的北非就成为盟军和德军交战的要地。一旦失去北非,盟军的这两条补给线路就不得不绕道非洲最南端的好望角。

澳大利亚经印度洋到英国的补给线

航行在直布罗陀海峡的盟军舰队

运抵北非的坦克

据战后统计,接受《租借法案》援助的国家中,英国得到的援助约占40%,其次为苏联,占约32%。美国援助苏联有三条航线,分别是北冰洋航线、伊朗走廊和太平洋航线。太平洋航线在1941年8月起开航,随即因日美交恶,导致航线一度不稳定,自1941年12月以后,全部由苏联籍货轮运输物资,到1945年仍有50%左右的物资经由此路线输入苏联。根据《苏日中立条约》,日本虽然有理由质疑苏联从美国运输的货物可能有军事物资,但无法进行盘查。北冰洋航线是最短也最危险的路线,约396.4万吨货

援助苏联的卡车行驶在伊朗境内的铁路上

物经此路线运送,其中93%的物资到达目的地,占全部对苏交付物资的23%。直到1942年中期才投入使用的伊朗走廊是最长的路线,一共运送416万吨,占总量的27%。

太平洋战争爆发前,美国援华物资穿过大西洋和太平洋之后驶往缅甸,经滇缅公路到达中国。日军挑起太平洋战争之后,印度的地位立刻变得重要起来,日本曾有过攻占印度与德国会师的打算。中国和印度之间的密切关系,不仅是因为两国是紧密的邻邦,有上千年的文化交融,还在于缅甸沦陷后,印度成为盟军援助中国的纽带。

1942年2月蒋介石携宋美龄等人访问印度,之后发表了著名的《告印度人民书》,这样写道:"我中国与印度合占全世界二分之一人口,两国国境线长达三千公里,其文化经济相互交流之历史已有两千余年之久,然而两国间从未有一次武力之冲突;此种悠久之和平邦交,实为世界上其他各国间所未有,此足证两大民族为世界真正爱和平之民族。时至今日,世界和平已为野蛮之侵略暴力所威胁,我中印两国不仅利害攸关,时亦命运相同,因此我两大民族唯有共同一致积极参加反侵略战线并肩作战,以实现世界真正和平……"

美国援华物资自美国东海岸港口出发之后,横渡大西洋到达北非,穿越苏伊士运河后进入印度洋,抵达印度西海岸的港口——卡拉奇,航线全长约1.2万英里,是租借物资运输最长的航运线路。为做好后勤工作,美军成立了"中缅印战区后期补给部",由工程经验丰富的惠勒担任后勤补给部司令。根据地理位置和作战任务,后勤补给部进行了分解:第一分基地指挥部设在卡拉奇,负责印度西部的后勤活动；第二分基地指挥部位于加尔各答，负责阿萨姆沿线的后勤活动；第二中继分基地指挥部设在迪布鲁加尔，后来搬到了贾布尔，负责接收支援中国和缅甸的物资；第三后勤分基地（后来成为第三前进分基地）指挥部设在了雷多，是修筑中印公路和为缅北反攻提供后勤保障的大本营；第一前进分基地则设在我国昆明，负责中国境内的后勤事务。

战时印度主要有孟买、卡拉奇、加尔各答三大港口。孟买主要为英国所用，加尔各答在印度东海岸，离中国较近，但由于日寇在东南亚特别是在缅甸的军事存在，所以战争前期美国所使用的主要港口是印度西海岸的卡拉奇港。基于运输和作战的需要，美国援助给中国大量各种型号的飞机，这些飞机通常先用轮船运输至印度，再在印度组装之后飞往中国，或者在中印之间执行运输任务。

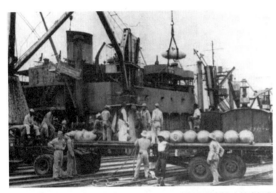
美军运输船在卡拉奇卸货

卡拉奇机场等待前往中国和缅甸的战机

援华租借物资抵达卡拉奇之后，通过标准轨距铁路，横穿整个印度次大陆，运往加尔各答，行程全长约 2400 公里。随着美军在太平洋战场上的不断胜利，驻防印度洋的日本舰队奉命回国保卫本土，加尔各答港的安全得到了保障。因此在 1942 年 9 月之后，大量援华物资直接运往离中国更近的加尔各答。

从加尔各答到阿萨姆的交通线，被称为阿萨姆交通线，被美国陆军部的后勤人员称为"世界上最令人惊讶和最复杂的交通项目"。它包括了铁路、水路、铁路—水路联运、水路—铁路联运和铁路—公路联运。孟加拉到阿萨姆的铁路线是阿萨姆交通运输线的主要线路。物资从加尔各答港登陆后通过标准轨距铁路分别被运往 320 公里和 440 公里以外的 Santahar（铁路南线）和 Parbatipur（铁路北线），随后铁路由标准轨距变为窄轨，列车驶

繁忙的加尔各答港

往布拉马普特拉河（注：雅鲁藏布江流入印度之后，被称为布拉马普特拉河）。由于布拉马普特拉河上游没有建设桥梁，火车不得不在沿岸解编，通过摆渡过河，然后重新编组到达丁苏吉亚（Tinsukia），换用米轨铁路，经过迪布鲁加尔—萨地亚铁路到达雷多。雷多到 Parbatipur 约 930 公里，从加尔各答到雷多的铁路距离在 1300 公里左右。最初阿萨姆交通线日运量为 1000—1500 吨，远不能满足盟军驼峰航线、反攻缅北、修筑中印公路三大任务的要求。美英双方经过数次协商之后，对阿萨姆交通线进行了军事化管理，使得铁路北线日运量达到 1000 吨，南线日运量达到 1600 吨。与此同时，还在布拉马普特拉河上开通了到迪布鲁加尔的驳船线路作为补充，水运运量为每月 2 万吨，使得雷多公路的修筑有了基本的后勤保障。

援华物资行驶在加尔各答—阿萨姆铁路上

火车经过摆渡渡过布拉马普特拉河

## 第二节 空中飞虎

抗战前期，中国空军还处于起步阶段。由于工业水平落后，我国的空军可谓万国博览会，包括了美国、英国、法国等多国飞机。

尽管如此，中国空军仍奋力守卫着祖国领空。淞沪会战爆发次日，中国空军就在杭州湾上空取得了八一四空战的胜利。1937—1941年间，苏联派出1000多名飞行员帮助中国作战，并取得了相当显著的战果。但随着《苏日中立条约》的签订和苏德战争爆发，苏联停止了对华援助。日本空军从此肆无忌惮地霸占我国领空，对陪都重庆等地进行了持久的轰炸。从1938年到1943年，日本陆海军航空部队遵照天皇和最高本部指令，联合对重庆实施为期5年半的航空进攻作战，史称重庆大轰炸。按国际公约和惯例，战争中一般只针对军事目标进行轰炸。而重庆大轰炸，是世界战争史上第一次大规模、长时间的从军事轰炸走向政略、战略轰炸，是不分前线与后方、军队与平民的无差别轰炸。日军希望以此激起

陈纳德与蒋介石夫妇

老百姓对政府当局的仇恨，逼迫中国政府妥协投降。1941年1月至8月，日军在发动太平洋战争前，先向中国集中力量空袭，发动名为"一〇二号作战"的大规模轰炸。6月5日，重庆市内一个主要防空洞的部分通风口被炸塌，导致洞内通风不足，市民因呼吸困难挤往洞口，造成互相践踏，以及大量难民窒息，数以千人死亡。

《租借法案》签署之后，美国总统罗斯福签署密令，允许美国预备役军官和陆海军航空部队退役人员参加美国援华志愿队，即著名的"飞虎队"。由美国退役军官陈纳德负责指挥，他们的首要任务是保卫当时中国最重要的生命线——滇缅公路，因此主要驻扎在昆明。

陈纳德根据队员飞机上的标志，将飞虎队按作战需要编成了3个中队：第一中队由前陆军驾驶员组成，队长是罗伯特·桑德尔，即"亚当和夏娃队"；第二中队外号"熊猫队"，由杰克·纽柯克指挥；第三中队由陆、海军和海军陆战队的驾驶员组成，命名为"地狱里的天使"，由阿维特·奥尔森担任中队指挥官。志愿队总部和第一、二中队进驻中国昆明巫家坝机场，第三中队前往缅甸仰光协助英军防空。

最初来华的美国飞行员和机械师被美国人称为自由散漫、无

年轻的飞虎队成员们

组织无纪律的"民间空中部队"。他们的主力战机 P-40 战斗机被认为是"哪一方面都不出色"的机型，而他们的对手日本零式战斗机则以航程远、速度快、转弯半径小、操控灵活等著称。因此，陈纳德的这支空中部队一开始并不被世人看好。

1941 年 12 月 20 日，陈纳德指挥的航空队在昆明上空首战告捷。10 架来犯的日机中，6 架被击落，3 架被击伤，而航空队只有 1 架飞机受伤。昆明人民欢呼雀跃，奔走相告。飞虎队的美名逐渐从昆明传向世界。这个具有中国特色的名字很快被美国飞行员接纳和喜爱，著名的迪士尼公司老板亲自为飞虎队免费设计了队标：一只飞虎从代表战时中国的青天白日中跃出，两只前爪则拎着日本国旗，象征美国飞行员在中国对日作战。

被击落的日本飞机

陈纳德等人展示飞虎队队旗

1942 年初，日军入侵缅甸，切断了滇缅公路，并沿途东进。由于惠通桥被炸毁，日寇受阻于怒江西岸。但日本不断沿滇缅公路增兵，企图强渡怒江，直逼昆明。危急之下，飞虎队的战斗机携带炸弹轰炸了腊戌、畹町等日军基地，破坏了怒江西岸滇缅公路的部分路段，击碎了日军偷渡怒江的阴谋。

随着太平洋战争的爆发，日寇进军东南亚，切断了滇缅公路，飞虎队的任务也从保卫滇缅公路，转换到保障驼峰航线的运输安全和保卫中国重要城市的领空。尽管陈纳德在日军飞机行进的线路上设置了预警网络,但由于通讯条件限制,预警时有延误。"跑警报"对于陪都重庆和昆明等地的市民而言并不陌生,而飞虎队的成员也必须在警报响起的第一时间迎着敌人的炮火各就各位,尽快升空,以迎战来犯的日军飞机。在飞机上绘制鲨鱼牙齿、老虎等图案并不只是飞虎队的专利,日本、纳粹德国等国的飞机上也有相似的图案。但陈纳德领导的美国援华支援队,以灵活多变的战术、卓越的飞行和格斗技巧、出众的战绩,以及勇往直前的精神,使得"飞虎队"这一名号享誉世界。

怒江河谷中飞行的美军飞机

空袭警报响起后飞虎队飞行员奔向自己的战机

飞虎队队员大多年轻气盛、热情奔放,带着浓厚的美国牛仔气息。他们时而开着吉普车载着女郎,在昆明街头招摇过市,时而又将自己的巧克力和糖果给予中国儿童。通常情况下,中国军民都会对他们竖起大拇指,说道"顶好"以表达感激之情。而"顶好"也成为战时中美两国战时友谊的见证。

驾驶战斗机在空中搏斗可能是世界上最危险的工作之一。飞虎队成员的飞行夹克上,都缝有航空委员会发布的带有编号的血符,以便在危急情况下跳伞后,能第一时间得到地面军民的帮助。第一批志愿来华的美国飞行员年龄最大的43岁,最小的年仅21岁。

中国士兵对美国士兵摆出标志性的"顶好"手势

他们中绝大多数都是青春年少的小伙子，在中国抗战最危急的时刻来到中国，其中许多人将生命永远地留在了这里。

被飞虎队收养的"小老虎"

飞虎队队员外套上的血符

飞虎队飞机的残骸

飞虎队飞行员的葬礼

　　飞虎队一方面保卫了我国的领空，另一方面也保护了驼峰航线上的中国飞机，陈纳德因此晋升为少将。而不被看好的"志愿航空队"，也因为战场上的卓越表现，于1942年7月被美国军方收编为第十航空队第二十三战斗机大队。1943年3月之后，以飞虎队和美国空军驻华特遣队为班底，组建了美国陆军第十四航空队，陈纳德任该部队的司令。随着战争的进行，飞机对于中国西部的军民来说已经不再陌生。他们可以在没用油泵的条件下将航空汽油通过人力加入飞机油箱中；赴美学习的中国年轻飞行员，完成学习之后即刻归国,与美军飞行员一起组成联合编组,参与到对日作战之中。

陈纳德晋升少将

中美飞行员在地图上研究轰炸路线

随着太平洋战争和侵华战争的进行,日本的飞机和飞行员损失极大,而来自美国的武器装备得以顺利地陆续运往中国,中国战区的制空权也因此渐渐地回到了盟军手中。由于制空权丧失,日本的海上交通线不再安全,中国境内北至东三省、东到上海、南至海南,都在盟军的空袭范围之内。郑州黄河特大桥是平汉铁路的咽喉,被称为中国铁路大桥之母,全长 3105 米,是新中国

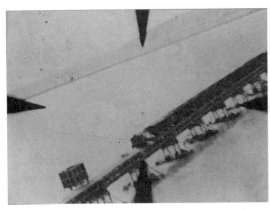

空袭郑州黄河特大桥

空袭津浦铁路和陇海铁路的交点——徐州火车站

成立之前我国最长的桥梁。盟军出动大量轰炸机和战斗机,对桥梁和来往的日本补给火车进行打击,破坏日军补给线。抗战前期,日军就是沿津浦、平汉和陇海等铁路干线发动侵华战争,这些铁路大动脉成为日军在华最重要的交通线路,人员、武器、弹药、

物资都通过这些线路被运往战争前线,因此这几条铁路也成为盟军空袭的重点。铁路上的各大车站以及行驶在铁路上的火车,都成为第十四航空队的活靶子。

美国空军带到中国的信鸽

第十四航空队的战果令陈纳德喜笑颜开

陈纳德率领的飞虎队和后来的第十四航空队在中国战场上大胜日本空军,"飞虎将军"的名号在中国家喻户晓。第二次世界大战结束70多年后的今天,当年随陈纳德来华的美国信鸽的后代,仍在成都军区的一支部队服役。解放军参谋长陈炳德上将在美国国防大学的演讲中专门指出:"中国军队保留这些信鸽,更主要的是为了铭记中美携手抗击法西斯,并肩维护和平的光荣历史。"

## 第三节 "特种工程"

在飞虎队保卫我国领空的同时,美国的秘密武器——B-29的出现,使得空袭日本成为可能。1943年12月到1944年5月间,美国为了更有效地轰炸以钢铁工业为主的日本军事工业和设施,援助国民政府在四川成都地区实施了以新建和扩建供B-29重型轰炸机起降用的军用机场为主的军事工程。这项代号为"特种工程"的机场修建和扩建工程,包括成都扩建新津、邛崃机场和新建广汉、彭山机场,作为大型轰炸机机场,以及扩建或新建双流、凤凰山、温江、大邑、德阳共5个战斗机场。据不完全统计,有将近40万人参与了机场的修建工作。

最多的时候有超过 20 万劳工在新津机场工作

土石方都是用扁担和簸箕搬运

力气大的男性将大块的石头分解

妇女们再将小石块砸成不同粒径的碎石

修筑机场需要大量不同粒径的碎石，通常从远处山区爆破而来，经人力和畜力运输到机场附近，然后由女工敲打成大小不一

劳工们再用竹筛将不同粒径的碎石筛分出来

再将相同粒径的石头铺在跑道同一层

的小碎石。

民工们用自制的竹筛将不同粒径的石块筛分出来。机场的跑道通常至少分三层，粒径较大的碎石铺筑在下层，较小的则铺在上层。

跑道上所有的碎石都是人工码放，铺筑完一层碎石之后，需要对场地进行平整密实。没有压路机的中国人民使用最原始的工具——石碾子来完成这项工作，10吨的石碾子要上百人才能推动。抗战70余年后的今天，石碾子的故事仍然在美国航空界广为传播。

用碎石、沙和黏土混合制成泥浆

泥结碎石路面施工

平整压实后的机场跑道上还需要灌注泥浆，这些泥浆由碎石、沙和黏土混合而成。机场的工程技术标准较高，修筑过程中都有工程人员进行严格把关。

测量人员在呈贡机场勘测

劳工在成都新津机场修筑一个可容纳4.2万加仑燃油的油罐

汽油是最重要的战争资源，驼峰航线往来起降和飞机执行作战任务都需要大量的汽油，每个机场附近都修筑了很多储油罐，以储备汽油。

拼接中的油罐

水车也被用到机场的修筑中

机场通常修建于地势平坦的地方，而在多山的西南地区，平地多是耕地，这就需要征用大量耕地。为了取得抗战胜利，中国农民不但贡献出自己的耕地，同时还把自家的耕牛也带到了机场，以提高机场修建速度。

参与机场修筑的耕牛

大型机械设备逐渐参与到机场修筑中

随着驼峰航线的运量增加，平地机、压路机和沥青都作为优先等级的物资被空运往中国，促进了机场的修筑和养护。

1944年6月15日，47架B-29正式从中国成都起飞，轰炸位于日本九州岛的八幡钢铁厂。世界上最大最先进的战略轰炸机，从中国人民用双手修筑的机场起降，创造了交通史上一段动人的佳话。

B-29 战略轰炸机空袭日本

## 第四节　我国航空事业的西移

　　战前与美国合办的中国航空公司及与德国合办的欧亚航空公司，均以上海为起点，前者以连通沿海及长江各商埠为主，后者以沟通欧洲和西北各地为主。抗战爆发之后，中国航空公司于1938年1月将总部迁往重庆，欧亚航空公司总部迁至昆明，大后方民用航空得到了迅速发展。重庆和昆明成为空运中心后，一方面加强渝港线（重庆至香港），一方面开辟昆河线（昆明至河内），连接法国在越南的海港，并维持内地与香港的交通线。

　　日本在越南登陆之后，昆河线停航，于是（昆明经腊戌至仰光）开辟了昆腊仰线及腊印线（腊戌至印度东北部）。太平洋战争爆发之后，缅甸失守，又开辟昆印线（昆明至印度东北部），以维持对外交通。西北方面，与苏联合办了中苏航空公司，开辟重庆到哈密的航线，以及哈密至阿拉木图的航线，以连接中苏交通。

　　中国航空公司先后开辟了重庆至香港、昆明、成都、宜昌、乐山、贵阳、西安、汉中等国内航线，欧亚航空公司也加入运营重庆至香港的航线，重庆成为国内航空枢纽。

　　1939年重庆至哈密线开通，该线在哈密与中苏航空公司经营的哈密至阿拉木图航线衔接，实现了重庆到莫斯科的通航。香港沦陷后，中航开辟了重庆至加尔各答线，通过该线可以飞往伊朗、伊拉克、约旦、巴勒斯坦、埃及、英国、法国和美国。抗战后期，中美两国开辟的驼峰航线连接了中国和印度，运输了大量人员物资。抗战期间大后方航空线路形成了以重庆为中心，呈放射状分布，联通国内和国际的大后方生命通道。

经过抗战期间在西南西北大后方数年的苦心经营，终于建成了重庆、昆明、西安、兰州四大交通中心。

（1）以重庆为中心，以川江和航空为主的交通网络。战时重庆的对外运输线路，水道主要有渝宜、渝合、渝叙（叙府，今宜宾）、渝嘉线，陆路有渝成、渝筑、渝兰线，航空有渝迪、渝兰、渝广、渝昆、渝加、渝港线，重庆因此成为大后方的交通中心。

（2）以昆明为中心，由滇缅公路、滇缅铁路和驼峰航线构成交通运输网络。战时昆明因战略地位上升而成为重要枢纽。铁路方面有滇缅、叙昆、滇越三线相交；公路则有滇缅公路、川滇东路、滇越公路、滇黔公路等相连；航空方面，内联重庆，外联印度、缅甸，也是交通中心之一。

（3）以西安为中心，以关中为主体的关中—陕北交通网络。其中关中平原的交通线十分密集，主要由陇海铁路和西兰公路组成。其中陇海铁路不仅是区域内的交通干线，也是对外交通的主要通道。

（4）以兰州为中心的兰州—河西走廊交通网络。甘川、西兰、兰宁等公路经过兰州，成为连接新疆与陕西和重庆的重要通道。其中甘新公路横贯其中，成为该交通网络的主轴线，联通国内国际。

日本入侵缅甸后中国的航空线路图

**我国民用航空路线**（1944年）

| 公　　司 | 起　止　点 | 里程（公里） |
|---|---|---|
| 中国航空公司 | 重庆—加尔各答 | 2341 |
|  | 丁江—昆明 | 805 |
|  | 丁江—宜宾 | 927 |
|  | 重庆—兰州 | 780 |
|  | 重庆—成都 | 290 |
| 中央航空公司 | 重庆—昆明 | 650 |
|  | 重庆—成都 | 290 |
|  | 昆明—成都 | 680 |
|  | 重庆—哈密 | 2050 |

在抗战期间，大后方航空运输业的发展，除了大力开辟新航线之外，还进行了大规模的机场建设，包括扩大机场面积和延长跑道，使大后方机场能够供大型飞机起降。

为适应抗战军事需要，1937年8月国民政府指示，云南省政府对昆明巫家坝机场进行扩建。同时，航空委员会也对云南省昭通、会泽、沾益、泸西、广南、蒙自、楚雄、祥云、保山、腾冲、潞西、呈贡、陆良、羊街、罗平、雷鸟、建水等县原来的机场进行整修扩建，抗战期间累计在云南修筑机场52处，满足了飞机起飞降落的需要。其中大型机场主要有：①昆明巫家坝机场，1937年10月6日开始扩建，每天雇佣民夫1000余人修建，扩建工程于同年底竣工，机场总面积达1950亩。1945年再次扩建，面积达4875亩；②保山机场，1938年扩建，征工2万人，将跑道延长至1200米，宽80米。1941年8月再次扩建。1944年为配合中国远征军反攻缅北，又征调近10万民工再次扩建抢修保山机场；③思茅机场，1943年9月扩建，征调民工3000人，工兵营2个，于1944年竣工。

## 第五节　驼　峰　航　线

### 一、中国航空公司国际航线的开辟

中国航空公司由中美两国合资办理，随着抗战不断深入和日本对华封锁的加剧，中航逐步展开了对国际航线的探索。1940年1月4日，27架敌机首次轰炸滇越铁路。由于当时中航的油料补给都要靠滇越铁路，于是重庆到香港的航线在2月中旬增开航班，每日飞行1次以运输物资。4月1日，又开设昆明—香港航线。7月6日，日寇武力封锁了滇越铁路。7月18日，英日封锁滇缅公路协定生效，禁止军机、弹药、汽油、载重汽车及铁路材料经缅甸运入我国，限期3个月。虽然期限较短，但航线所需的补给和器材的来源都被切断，因此重庆—乐山航线被迫停航。9月24日，河内的法国航空公司来电，禁止我国飞机前往越南，昆明—河内航线停航。

随后，昆明—仰光航线也面临威胁，于是转而展开中印试航。1941年1月18日，中美印三国机师驾驶"成都"号飞机（DC-2

型）从昆明飞至腊戌，19日从腊戌起航经吉大港到达加尔各答，20—24日期间，由加尔各答飞往阿拉哈白、德里、阿格拉等地，25日再由加尔各答飞回腊戌，试航遂告成功。

太平洋战争爆发后，渝港航线被切断，国际航线需求增加。1941年12月18日，DC-3型飞机首次通航重庆—加尔各答的渝加航线，全程2230公里，这是重庆—加尔各答航线的开端，同时派遣工作人员赴缅甸密支那考察机场，以备必要时作中转之用。

仰光机场由于敌人的军事威胁，逐渐失去了原有的作用，渝加航线开通之后，腊戌成为航空枢纽。1942年4月26日，日寇偷袭腊戌后向滇西进发，渝加航线不得不转到云南驿和密支那机场。5月5日，密支那弃守，于是开通昆明经丁江到加尔各答的航线。同时，美亚新航线成立，由纽约到迈阿密（1233英里）至拉各斯（6099英里，注：尼日利亚最大港口）至开罗（3290英里）至加尔各答（4062英里），需时仅4天半，比起之前的太平洋航线，时间大为缩短。

重庆经昆明、丁江到达加尔各答的新航线开辟后不久，为应对战局变化，国民政府又命令中航试飞另一条中印航空线，即从重庆起飞，经停成都、兰州、酒泉、乌鲁木齐、伊犁、莎车、白沙瓦、新德里，最终到达卡拉奇，全程长达3000余公里。试飞成功后，这条航线由于路途遥远、飞机性能差、航路复杂、导航条件落后等原因，始终没有启用。

西北方面，曾于1942年7月18日试航中印航线，横跨喜马拉雅山脉。首航由我国机师陈文宽、潘国定等人完成，当日于重庆起飞经成都到达兰州，19日抵达乌鲁木齐，20日抵达伊犁，21日抵达莎车，22日飞跃喜马拉雅山西端，进入印度国境，经停印度高哈蒂等机场，完成了中国新疆飞跃喜马拉雅山脉至印度的处女航。在飞行途中，有时甚至会爬升到2.8万英尺之上的高空。7月28日，由印度首都新德里出发，经莎车、迪化，于31日飞到兰州，8月1日由兰州经成都抵达重庆，完成第二次飞行。

**中国航空公司航线概况**

| 航线名称 | 航程公里 | 开航日期 | 停航日期 |
|---|---|---|---|
| 渝港线 | 1162 | 1937年12月4日 | 1941年12月8日 |
| 渝嘉线（注：乐山古称嘉定） | 351 | 1938年5月20日 | 1940年8月2日 |

续上表

| 航线名称 | 航程公里 | 开航日期 | 停航日期 |
|---|---|---|---|
| 昆河线 | 560 | 1939年3月15日 | 1940年9月21日 |
| 昆仰线 | 1380 | 1939年10月30日 | 1941年12月14日 |
| 港韶线 | 320 | 1940年10月8日 | 1941年12月8日 |
| 渝兰线 | 780 | 1942年8月1日 | |
| 渝桂线 | 610 | 1942年7月 | |
| 渝蓉线 | 290 | 1933年6月11日 | |
| 渝加线 | 2341 | 1941年12月18日 | |

## 二、飞跃驼峰

1942年日寇从泰国入侵缅甸后不久，美国总统罗斯福便在内阁会议上提出，开辟一条中国到印度的空中运输线，并另辟一条陆上补给线，即中印公路，其工程量浩大，短期内显然无法完成，因此，印度到中国的空中运输线便成了为中国提供补给的唯一途径。蒋介石显然也认识到这一点，他致电美国政府要求拨发运输机100架，并配以燃料、配件、飞行员和相关保障人员，以承担中印缅空中运输的任务。美国表示同意，罗斯福在对全国广播的"炉边谈话"中说道："日本可能切断滇缅公路。然而我要对英勇的中国人民说，不管日本人取得什么样的进展，我们总会想方设法将飞机和军需送交蒋委员长的军队。"中英美三方在印度协商之后，决定以萨地亚附近的丁江为起点，以密支那、八莫、雷允或云南驿等地为终点，开展空运。

古人云，工欲善其事，必先利其器，随着日本切断滇缅公路，空运成为美国援华的唯一通道。为了迎接美国飞机的到来，我国的西南大后方掀起了新建、改建机场的热潮。和滇缅公路一样，没有先进机械帮助的中国人民，再一次用双手创造了一个个工程奇迹，尤其是在四川、云南两省。在改建新津机场的过程中，就征调了超过20万民工，有的劳工甚至是从200多公里之外被召集而来。

战争的紧迫性使得机场的改进和飞机的起降几乎同时进行。昆明巫家坝机场是飞虎队的主要驻地，也是驼峰航线的终点。因此，巫家坝机场是战时世界上最繁忙的机场之一，最忙碌的时候，平均每2分钟就有一架飞机起降。

飞机的起降和机场的修筑同时进行

昆明巫家坝机场

在中国和印度各地机场建设如火如荼进行的同时，一条具有划时代意义的航线也由此开辟，这就是闻名于世的"驼峰航线"。贾布尔拥有印度东北阿萨姆邦最大的空军基地，因此成为驼峰航线起点的主要机场之一。从卡拉奇、加尔各答等地运送来的援华物资在这里堆积如山，等待被运往中国。繁忙的时候，每隔4分钟就有一班前往中国的航班起飞。

阿萨姆地区堆积如山的物资等待着被运往中国

由于日本占领缅甸，印度到中国的航线不得不穿越"世界屋脊"喜马拉雅山脉南麓，平均海拔4000—5000米，最高海拔在7000米以上。横亘于中印边界的喜马拉雅山脉巍峨宏大，部分山峰甚至超过了当时飞机的正常飞行高度，被称为"飞行禁区"。

飞越驼峰

然而为了将物资运往中国,飞机不得不在雪峰间穿梭,矗立的群峰蜿蜒起伏,形似骆驼的峰背,因此,这条长约800公里,世界上最危险的航线,被飞行员们形象地称为"驼峰航线"。

第二次世界大战时期的飞机,大部分没有密封舱,喜马拉雅山区上空温度时常达到零下20—30摄氏度,空气中含氧量也非常低。因此飞行员和乘客都头戴氧气面罩,身穿厚厚的飞行夹克。对于大多数亲历者来说,驼峰航线是痛苦但又令人难忘的宝贵经历。

驼峰航线上穿着皮衣呼吸着氧气的飞行员和乘客

飞机穿梭于高山之中

驼峰航线的飞行员面临着三大威胁:高山、日本零式战斗机和可怕的天气。驼峰航线穿过喜马拉雅山和横断山脉,由于技术的限制,当时飞机的平均飞行高度为15000英尺(约4600米),所经过的喜马拉雅山区和横断山区内,6000—7000米的山峰林立,飞机不得不在山间行驶。因此驼峰航线也被飞行员形象地称之为"空中的滇缅公路"。

高山和日本飞机是可以预见的困难,而不可预知的天气是最大的威胁。喜马拉雅山脉雨季持续时间长,气流活动频繁,最大风速超过每小时150公里,可以轻易地将飞机吹得偏离航线。低矮的云层会使飞机内外结冰而丧失动力，也使驾驶员因为能见度降低而撞山。

驼峰航线上时常大雾弥漫

由于中国对战略物资需求巨大，驼峰航线24小时昼夜不停。C-46和C-47是驼峰航线上的主力机型，其中寇蒂斯C-46专门为高海拔运输研发，它载重可达6.8吨，两倍于C-47运输机。但由于事故频发，C-46有时也被飞行员称之为"空中棺材"。为了给中国抢运更多的物资，有些C-46飞机甚至会在24小时之内完成三趟驼峰航线飞行。日军战斗机、高山、恶劣的气候、夜间飞行等原因，使得飞机坠毁成为常事，第二次世界大战结束之后，美国《时代周刊》曾写道："在长达800余公里的深山峡谷、雪峰冰川间，一路上都散落着飞机碎片，在天气晴好的日子里，铝片在阳光照射下闪闪发光。"

准备夜间飞行的C-46运输机

昆明附近山区中的飞机残骸

由于第二次世界大战时期科技水平的限制，飞机导航系统远不如当代，喜马拉雅山区和横断山区也难以建立信号塔和定位塔，更多时候机组人员只能通过仪表和方位计算，来判断航线是否正确。梅里雪山、玉龙雪山、苍山洱海等容易辨识的标志性区域，也是飞行员判定航向的重要参考。

　　与普通飞机比较起来，1944年前往中国的B-29"超级空中堡垒"轰炸机，在驼峰航线上的日子要相对好过一些。这是当时世界上最大最先进的飞机，装备了最好的航电系统，能保持较高的飞行高度，还配备了专门的导航员和发报员。对于世界各地的飞行员来说，通常情况下判定飞行员水平的指标是飞行时长，而驼峰航线则是个例外。在这里，资历是按照驼峰飞行的次数来计算的。即便是最先进的B-29战略轰炸机，每次完成驼峰飞行之后，飞行员都会在机头添加一只骆驼的标志，以记录飞跃驼峰的次数。

飞跃梅里雪山

B-29机头的骆驼数目代表了飞跃驼峰的次数

　　由于我国工业基础落后，武器弹药、药品甚至食物，也是驼峰航线上经常运输的物资。卡车、油罐车等大型机械设备通常先在印度进行拆解，通过驼峰航线运往中国。抵达昆明之后，工程技术人员再将他们拼装起来。除了运送各类车辆机械之外，一些飞机甚至也通过驼峰航线被运入中国。直升飞机通常用于伤员的转移救治。我国还建立了标准厂房，可以拼装P-40型战斗机。

　　驼峰航线也是人员往来的通道，中国远征军赴缅作战失败后，数万士兵经驼峰航线飞往印度，在兰姆伽整训，组成了中国驻印军。1944年底，日军进攻独山，重庆告急，新六军的两个师又经驼峰航线，空运回国参加战斗。

P-40战斗机机身被放入运输机

通过驼峰航线运往中国的车辆部件

中国士兵通过驼峰航线往来于中缅印三国

驴子和马同样是驼峰航线上的常客。为解决我国境内运输用的牲畜数量不足的问题，仅在1944年12月19日到1945年1月2日之间，就有1596匹马和驴子，通过驼峰航线被运往中国。在运输过程中，往往是4—5只动物被捆绑在竹子制成的畜栏中，用C-47运输。可能是因为航线高寒缺氧的缘故，飞行过程中所有动物都表现良好。

在抗战后期，驼峰航线是我国最为重要的生命线，其运输极为繁忙，昆明作为驼峰航线上的主要中转站更是如此。美国记者贝克在其《一个美国人看旧中国》一书中记载："由重庆赴昆明，飞临昆明上空时，只见漫天都是印度越过驼峰航线而来的美国运输机。我们这架由重庆来的飞机在着陆前，不得不在机场上空盘旋了半小时，无法降落。整个昆明机场，满是飞机，简直像一个巨大的蜂巢。"

经驼峰航线被空运回国的骡马

自 1942 年 3 月日寇入侵缅甸到 1945 年 1 月史迪威公路打通前，驼峰航线是我国唯一的国际交通线。在驼峰航线运行 3 年半的时间里，中美军民团结一心，战胜了高山、日军飞机和恶劣的气候，昼夜不停地为中国运送了 80 多万吨最急需的战略物资。在这条伟大而又悲壮的航线上，坠毁和失踪飞机达 609 架，有近 2000 名飞行员、机组人员牺牲或失踪。跨越喜马拉雅山脉的驼峰航线，是战时中国的空中生命线，同时也是见证中美友谊的桥梁，其影响延续至今。

驼峰航线空运成绩是中美两国和双方人员合作的结果。美国作为"民主国家的兵工厂"，提供了绝大多数的运输工具，派出了绝大多数的运输人员，例如中国航空公司的飞机，就全靠美国提供。参加驼峰空运或直接为其服务的中航公司上千员工中，美籍员工超过百人。但是，如果没有中国政府和广大民众的通力合作，机场的迅速赶筑与维护、导航设施的建立以及失事飞机的搜救，这一切都无从谈起。

## 第六节　史迪威公路

### 一、雷多公路的修筑

中国远征军第一次入缅作战仅取得了仁安羌大捷一次胜利，杜聿明率部从野人山撤离时更是伤亡惨重。1942 年 5 月 24 日，在新德里的帝国饭店，徒步半月走出缅甸的史迪威发表了简短的谈话："我宣布我们吃了个大败仗。我们被赶出了缅甸，这是个奇耻大辱。我认为我们应该找出失败的原因，重整旗鼓，胜利返回缅甸。"

为了重返缅甸，以退入印度的廖耀湘的新二十二师和孙立人的新三十八师为班底，组建了中国驻印军，还从国内经驼峰航线补充了大量兵源。史迪威担任中国驻印军总指挥，驻印军以兰姆伽为基地，接受美式装备，展开训练。他们的目标是"收复缅北，修筑中印公路"。

史迪威指导中国士兵在兰姆伽整训

经过中美英三国的协商，中印公路的起点被选在了印度西北角的小镇雷多。因此中印公路也被美国人称为"雷多公路"。雷多所在的阿萨姆地区，是美国援华物资来华之前的最后中转站。绝大多数物资通过阿萨姆地区的各个机场经驼峰航线被运往中国。

雷多公路的勘察由英美联合勘测队负责，他们发现公路预计穿越的区域可能是世界上"最后的禁区"。这里是世界的雨极，同时也是世界上疟疾、痢疾患病率最高的地方。野人山人迹罕至，深居山中的娜迦人以民风彪悍、掠取人头而闻名。勘察队得出的结论是，修建雷多公路几乎是不可能的任务。工程人员回忆初期筑路时，说道："4 或 5 台推土机聚集在一大片树林的边缘，就好像小狗在咬 500 磅的猪腿一样。"1942 年 10 月，史迪威下达了修筑公路的命令。雷多公路途经的地区多是浓密的原始森林，树木参天，一般的锯子很难派上用场。工程人员不得不对树木进行爆

中国工兵爆破大树

印缅边界的班哨关

破,以开辟路径。

雷多地区的海拔仅150米,而印缅边界的班哨关海拔1370米。公路从鬼门关(注:野人山山脚的地名)开始,经过长达11公里坡度为10%的陡坡,来到班哨关。英国人认为在到达班哨关之前,中美军队就会放弃雷多公路的修筑,结果中美工兵不但攻克了班哨关,还在此处设立了标牌,上面写道:"欢迎来到缅甸,此路通向东京!"

缅甸已被日军占领,要将公路穿越缅北修筑到中国边境,一场恶战不可避免。雷多公路的修建与盟军在缅北的反攻息息相关。1943年3月,孙立人率领新三十八师穿过了印缅边界的班哨关,吹响了反攻缅北的号角。同时,雨季也如期而至,作战部队通过公路奔赴前线,军队带着重装的骡马经过,在尚未成型的路基上

部队通过修建中的雷多公路

留下了一个个骡马蹄子踏出的洞。

雷多公路所经过的地区是世界的雨极,山区的年均降雨量约为3500毫米,河谷地区的年均降雨量约2500毫米。雨水使得路基稳定性大受影响。暴发的山洪随时都可能冲毁桥梁、涵洞甚至是整段路基。雨水,是雷多公路最大的敌人。

雷多公路的雨季让吉普车都苦不堪言

由于前期公路进展缓慢,之前的筑路指挥官阿罗史密斯被史迪威解职,刘易斯·皮可上校继任筑路指挥官。皮可是美国内布拉斯加州密苏里河河道工程处处长。1943年他提出了著名的"皮可计划",以综合开发密苏里河流域,其内容包括洪水控制、航运、水电和灌溉等等,是美国公认的排水防

洪专家，而排水恰恰是雷多公路面临的最大难题。因此，他被视为领导雷多公路修筑最适合的人选。皮可抵达雷多公路的修筑现场之后，便发出了"雷多公路一定能修筑成功——让泥泞、雨水和疟疾见鬼去吧！"的宣言。他将筑路指挥部前移，同时建立了24小时不停的工作制度，以加快公路的修筑。

雷多公路的指挥官皮可

雷多公路经过印缅边境的野人山区之后，便进入胡康河谷。"胡康"在缅语中的意思是"魔鬼居住的地方"，河谷内流淌着大龙、大奈、大宛等几大河流。旱季水位很低，可涉水经过；雨季则山洪暴发，河谷内一片汪洋。此处人烟稀少，瘴气肆虐，是公认的生命禁区。胡康河谷是雷多公路修筑过程中最为艰难的一段，工程人员在河谷的河流上架设了大量的桥梁。为了让车辆安全驶过河谷中一处低洼地带，工程人员架设了一座长度超过3公里的木栈桥，以解决该处公路积水问题。

孟拱河谷位于胡康河谷以南，尽头的密支那是缅甸的第三大城市，也是中缅印交通线的咽喉要地：水路方面，可通过伊洛瓦底江，南抵仰光，直通印度洋；航空方面，密支那城西城北各有一处机场，盟军占领密支那之后，中印之间的"驼峰

公路的修筑日夜不停

和泥泞斗争的美国黑人工兵

工程人员修筑木栈桥

航线"的航道可以南移，降低了飞行高度，运量亦可大幅度增加；陆路方面，密支那有公路直通八莫，而八莫到中国又有公路相接，攻取密支那就意味着中印公路开通在即。

被解职后回到美国加州的史迪威

盟军于1944年5月17日奇袭密支那，历时78天，直到8月5日才最终攻克。凭着密支那战役的胜利，史迪威晋升为四星上将。然而国内战事的危机，使得蒋介石和史迪威之间的矛盾全面爆发。蒋介石致电罗斯福，要求撤换史迪威。1944年10月27日，史迪威离开中国。从此，他再也未能踏上中国国土，也没能在以他名字命名的史迪威公路上走完全程。

尽管史迪威离开了中缅印战场，但雷多公路的修筑并未受到太大的影响。随着越来越多的部队和施工机械的到达，筑路进程得以加快。1944年12月初，工兵们忙于将公路推进至伊洛瓦底江岸，从瓦拉渣穿越孟拱河谷到密支那这段路有大量的桥梁建设工作，主线上的临时性浮桥和木桥都被筑路人员用H-20桥或贝雷桥替代。在1944年10月到次年1月，共修筑了104座大小桥梁，累计总长约为5105英尺。在这段时间，雷多公路上捷报频传，筑路人

密支那的伊洛瓦底江大桥

员完成了3项里程碑式的任务。第1项是12月6日，第七十五舟桥连在密支那到宛貌之间建设了1150英尺长，跨越伊洛瓦底江的铝制浮筒浮桥，在美军修筑的同型桥梁中，它的长度排在第三位。第2项是1945年1月雷多公路的勘察进行到了曼帕，由此接入密支那到八莫的公路，雷多公路新建线路的选线工作由此结束。盟军还在密支那修筑了长达500米的浮桥，以帮助公路穿过伊洛瓦底江。雷多公路修筑到密支那之后，印度到中国的陆路

交通线已经建立起来。

## 二、从哪条路到达中国

在1944年的大部分时间中,中美英印等国关于中印公路穿越伊洛瓦底江之后的走向产生了激烈的争论。总的来说,密支那到达中国的潜在路线,主要有以下3条:①密支那—八莫—腾冲路线;②密支那—腾冲—保山路线;③密支那—八莫—芒友—畹町路线。

密支那—八莫—腾冲路线从密支那南下八莫之后,沿着大盈江逆流而上,抵达腾冲,这条路线也被称为大盈江河谷路线。战前这条路线作为通行骡马的商道,已经存在了几个世纪。盟军对于这条线路感兴趣,是因为1943年传闻日军将这条小路改善成了双车道公路,然而最终的空中侦察否定了传闻,这条路线因此被排除。

密支那—腾冲—保山路线为1942年中印公路第二次勘测时确定的路线,简称为保腾密路线(英文缩写PTM路线),也被称为腾冲捷径。它的优点是距离最短,从地图上看,几乎是一条直线。然而缺点也显而易见,这条路线将翻越高黎贡山,公路会通过海拔3000米左右的垭口,修筑难度很大。

密支那—八莫—芒友—畹町路线为一条现成的路线,在密支那经八莫到芒友之间有公路相连,可以在芒友接入滇缅公路,这条路线的优点是不用新筑道路,沿线海拔较低,缺点是从密支那到保山之间兜了一个大圈,路线较长。

大盈江河谷路线被排除之后,争论的焦点便集中到了保腾密线路和密支那—八莫—芒友—畹町线路上。1943年11月,云南中国远征军Y部队的美国工程官陶荪上校推荐保腾密线路,作为密支那到中国的路线。他认为这条穿越腾冲到达龙陵的线路长约200英里,比经过八莫、芒友的路线短了144英里。收集的情报也显示,这条路有部分路段已经是双车道,此外这一地区的劳动力丰富,将为筑路工作带来很大的便利。与此同时,保腾密线路在中国国内也得到了广泛拥护,上至战区总司令蒋介石、交通部部长曾养甫,下至滇缅公路的工程师,都对这条线路非常支持。因为中国在1942年曾经对该线路进行勘察,而且此前有过在滇西地区修筑滇缅公路的经历。这条线路还得到了在印度的英国当局的欢迎,因为里程较短,而且在腾冲和大盈江上游的敌人被赶走之后，就可以立刻修筑。关于中印公路的走向，美国人分成了两派，支持保腾密线路的主要有中缅印战区的战区工程师奥康纳、史迪威的参谋长多恩准将以及美国派驻中国的工程师陶荪上校、薛德乐上校等人。

皮可、法莱尔等雷多公路上的工程师则成为密支那—八莫—芒友—畹町路线坚定的支持者。法莱尔断言："八莫线路将可能是最符合地形条件的方案。"1944年6月，当盟军和日军在密支那激战正酣时，皮可指派工程人员完成了一个关于两条线路比较的详细报告，其中提到：考虑到地形原因，应该放弃保腾密方案，从洒鲁到腾冲的124英里公路所经地区的地形与帕开山区如出一辙，而且这里山脉的海拔要比帕开山脉还高出1000—2000米。据估计，八莫线路和保腾密线路都要建设200英里的新路，但保腾密线路上的地形更为险峻恶劣，桥梁比例也更高。此外，报告还总结道：评估两条线路的优劣，应该包含单位时间内通过的交通量、汽油消耗、车辆损耗、物资运送的花费等指标。按照同样的建设标准，八莫线路比保腾密线路长近60%。八莫线路主要面临两个工程难题：一是碎石料不易获取，几乎所有碎石料都要从伊洛瓦底江运来；二是在大盈江和Nam Tabet河上架桥。但是对于经历过野人山、胡康河谷、孟拱河谷的雷多公路的工兵来说，这两大难题显然是容易克服的。因此他们决心推进八莫线路的建设，希望将公路早日推进到中缅边境的芒友，以便接入滇缅公路。同时，皮可也赞成将保腾密公路修筑为战斗路径，以便让输油管道沿此路铺设。

就工程和运输而言，八莫线路更为合适；就军事角度而言，密支那以南的战事存在着不确定性，保腾密线路也应该修筑。盟军最终做出折中的决定：通过八莫的路线成为中印公路的主线，而保腾密路线则作为主线的补充线路；雷多公路的工程人员负责八莫线路的修筑，滇缅公路的工程人员在少量美国工程师的帮助下，完成保腾密公路的修筑。

## 三、滇缅公路的修复和保腾密公路的修筑

### 1. 滇缅公路的修复

1942年日军长驱直入侵占滇西之时，为了阻止日军继续深入，滇缅公路的工程人员炸毁了惠通桥，由此形成了中日两军隔怒江对峙的局面。为以防万一，工程人员还奉命破坏了滇缅公路惠通

桥东岸（往昆明）K709-K734 和 K734-K759 路段，包括 10 座桥梁和 207 处涵洞。经过 2 年的战斗，1944 年 5 月，中国驻印军对密支那发起了攻势，驻云南的远征军也开始强渡怒江，展开了滇西大反攻。为早日打通中印之间的陆路生命线，修复和改善滇缅公路成为当务之急。为抢修滇缅公路，滇缅公路抢修总队在保山成立，负责组织民工展开抢修工作。美国方面，薛德乐负责带领美方工程师，对滇缅公路的修复和改进工作提供指导，并从驼峰航线运入了相关筑路机械、桥梁涵洞部件等，以帮助修路。

和滇缅公路修建时一样，惠通桥又成为抢修滇缅路的重中之重。怒江东岸的桥塔破损严重，原桥的梁架和桥面已荡然无存，桥的西塔仍保持原状。6 月初，滇西远征军对龙陵、腾冲、松山发动进攻的同时，对惠通桥也展开了修复工作。中美双方经研究确定，修复惠通桥分两步走，首先保证大部队能够通过桥梁，然后再将桥梁修复到能通车的标准。所需的钢索和横梁钢材由美国提供，桥塔的修复和桥面铺设材料由中方筹备。在惠通桥附近设有渡船，以保证武器、车辆能摆渡过江。

东岸被毁桥台用木桁架取代，抢修队先将 18 根钢索组成的主索架在两岸的桥塔顶上，并按顺序将吊杆用扣件紧固在主索上，然后将型钢组成的横梁与吊杆底部连接在一起，纵梁与横梁用螺栓连成一体，最后在纵梁上铺设木板。尽管不时受到敌人炮火的威胁，但龚继成、黄京群、李温平等技术负责人和工人们一起，

工人们铺筑惠通桥的桥面板

美国工兵协助中国劳工筑路

为早日抢通惠通桥夜以继日地工作，经过 18 个昼夜的紧张施工，惠通桥在 8 月 18 日提前修复完成。车辆满载弹药和军械，源源不断地从惠通桥通过，奔赴前线阵地。惠通桥的通车，有力地推

动了滇西的战事,中国远征军在随后的1个月内攻克松山,光复腾冲,从雷多到昆明的公路通车在即。

**2. 修筑保腾密路**

自密支那—八莫—芒友—畹町和保山—腾冲—密支那线路都被批准之后,两条线都开始紧锣密鼓地动工。根据两线的地理位置,前者被称为中印公路南线,后者被称为中印公路北线。由于缅北滇西的战事胜利在望,工兵们也士气高涨,中印公路南北两线的修筑,更像是雷多公路和滇缅公路两条伟大公路上的工程师们的竞赛,他们都想一鼓作气,早日打通印度到中国的陆路通道。

保山—腾冲—密支那线路由中国主要负责,美方从旁协助。中方的技术负责人有龚继成、沈来仪、李温平等专家,其中龚继成为滇缅公路工务局局长兼中印公路工程处处长;美方负责人主要为陶苏上校和薛德乐上校。中印公路北线走向有两个比选方案:一是以保山城西南滇缅公路K690公里处的大官市为起点,经过怒江上的惠人桥和龙川江上的龙文桥,穿越高黎贡山到达腾冲,从中缅边界猴桥出境抵达密支那,这条线路为正线;二是从滇缅公路上龙陵东北K834公里,向西北到达腾冲,再到密支那,这条线路为支线。工程人员对于正线和支线进行了初步比较,得出以下结论:

①到腾冲支线里程只有78公里,约为正线170公里的47%;

②支线上的腾龙桥为91米,正线怒江上的惠人桥跨径为140米,前者约为后者的65%;

③支线上最高点为腾冲的关坡,海拔2072.7米,南麓勐连坝平均海拔1700米,北麓洞山坝平均1600米,两面的高差不超过400—500米;而保山到腾冲的正线最高海拔大蛇腰2344米,最低点惠人桥(注:后为纪念龚继成而被命名为"继成桥")海拔约900米,高差近1400米;

④支线上关坡山道长约14公里,而正线上高黎贡山大蛇腰两面山道长达57公里。

根据初步分析,正线的工程量大约为支线的7倍。为了尽早抢通公路,采取先求其通、后求其完备的原则,支线和正线同时施工(注:实际上,直到日本投降,保山到腾冲之间的正线也未能通车。因此真正能通车的史迪威公路北线或保腾密线路实际上是指密支那—腾冲—龙陵一段。其中密支那到37号桩里程为133

公里，37 号桩到腾冲为 83.8 公里，腾冲到龙陵为 78.8 公里，腾冲至保山的大官市为 146 公里）。中方负责提供劳工，美方负责监理和技术指导，同时美方印缅战区后勤补给部按照龚继成的要求，为筑路队伍提供了部分筑路机械，这些机械通常空运至保山，再通过滇缅公路到达筑路工地。1943 年 7 月 10 日，滇缅公路工务局在保山成立了中印公路第一工程处，负责国内段的测量和修筑任务，由沈来仪任处长，李温平、周颐乐、李家驹任副处长。1944 年 8 月盟军攻克密支那之后，9 月在缅甸洒鲁成立中印公路第二工程处，黎杰材任处长，沈杨霖任副处长，负责国外段测量施工。为了配合保腾密公路的修筑，美国方面薛德乐建立了滇缅公路第二工程部，其指挥部设在腾冲，第三工程部设在密支那以东 40 英里缅甸边界前的昔董，薛德乐手下的 257 名工程人员主要负责监理和操作机械设备。由此，中国境内的筑路人员的重心从修复改善滇缅公路，转移到了保腾密公路的建设。

筑路机械通过龙陵附近的公路

日军在侵占滇西之后，强迫龙陵、腾冲两县百姓修筑了联系两地的腾龙便道，在龙川江上架起了木便桥，可通吉普车和卡车。从龙陵至腾冲全长 79 公里，施工队基本沿着既有便道进行修筑。日军当时仍占领龙陵县城，从滇缅公路分出的龙陵岔道距县城仅 1 公里，幸亏中间有一处山包阻隔，公路未被日军发觉。随后美国筑路机械从保山通过已修复的滇缅公路，到达筑路工地，开展机械化施工。日军在撤退时焚毁了腾龙木便桥，工程人员则新建了一座 13 孔、长 96.1 米的木桥取而代之。龙陵、保山、腾冲共派工 1 万余人，开挖土方 80 多万立方米、石方 1 万多立方米，最终龙陵至腾冲的公路于 1944 年 11 月 18 日通车。腾龙公路路基宽 7.5 米，泥结碎石路面宽 3.5 米。

密支那到腾冲一段的修筑受战事影响更大。滇西战役打响之后，第一工程处李家驹副处长兼任第一测量队队长，带领 5 位工程师和发报员以及测量员、施工员共计 26 人从保山出发，向西勘测路线。他们途经远征军与敌人激战过的地方，沿途遇到不少人马尸体，经过 13 天的艰苦跋涉，于 8 月 10 日到达腾冲县的古永小镇。由于腾冲、龙陵仍被日本人占据，测量队时常遭到日军侵扰。一旦发现日军来袭，村民就将测量队带入深山老林躲避。队员们为早日完成筑路，早已将生死置之度外。白天他们在崇山峻岭中勘测路线，晚上加班加点，在昏暗的油灯下赶制图表。由于通过陆路补给运输困难，空投成为唯一的物资来源，测量队在古永清理出投掷场，飞机在古永上空空投，以解决测量队的给养问题。

8月25日，龚继成、法莱尔、薛德乐等人在昆明召开了关于保腾密公路的会议，龚继成透露，重庆的中央政府会提供22亿法币修筑公路。修筑计划要求12万劳工从10月1日起展开工作，这是以每公里300人为依据计算的，目的是加快公路的修筑进度。大量劳工的补给成为关键问题，最终讨论结果是，通过卡车和飞机为筑路人员运送补给。在筑路机械方面，龚继成提出希望美方提供36台推土机，以及若干铲运机、空气压缩机、压路机、卡车等等。

腾冲到密支那公路的修筑在11月正式展开。为了加快进度，筑路工作从密支那和腾冲同时展开。滇缅公路工务局征调了1000多名劳工飞赴密支那，在雷多公路工程师的帮助下，向国内筑路。中国境内，筑路工地上的劳工最初仅6000余人。从腾冲西出发，要经过13.9公里的沼泽区，在野人山区常用的"沉筏填筑法"又有了新的用武之地。为确保沼泽地区路段能承受车辆荷载，路面加厚至50厘米，为其他路面的2.5倍。到了11月末，中美筑路人员从腾冲向西清理出毛路26公里，从密支那附近的宛貌向东清理路基60公里。

在距离国界22.7公里处，需跨过大盈江上游的槟榔河。当地人用粗藤建成一座拱形梯子桥，需要过河时，从桥的梯脚面向河水拾级而上，至拱顶河心上空时转身，背向河心慢慢下到对岸。过程中桥身晃动，危险异常，仿佛猴狲爬浪桥，因此得名"猴桥"。施工队先是架起了木便桥，后在两岸修筑石台，上部架设英制贝雷架，为单层双排单车道结构。为加快筑路进程，腾密段的涵洞也采用了美制波纹管涵，这是当时工程界最为先进的施工技法，在雷多公路上也得到广泛应用。

腾冲密支那公路所经地区地形气候复杂，筑路难度不亚于野人山

猴桥

安装波纹管涵

11月3日，远征军攻克龙陵，为公路的修筑扫清了障碍。中美工兵再一次以极快的速度，完成了曾经被称为"不可能"的任务。这条公路通过海拔近3000米的山区，沿线悬崖峭壁，劳工们在丛林中披荆斩棘，很多时候给养不得不依靠空投。在这样伟大的工程中，牺牲在所难免。缅甸境内离国界37号界桩26公里外的新寨，有一处岩石峭壁长30余米，高10余米，该段原定由美国工兵负责施工，过了10多天还不能开出1条行车便道。美国工兵使用了大量炸药，对其进行直接爆破，致使岩层松动剥离。爆破后的乱石也未及时清理，堆满山谷。1945年1月17日，当他们再次在悬崖下方实施爆破时，破碎的岩石被炸上半空，又劈头盖脸地落下，当场砸死美方工程师狄林，另有4名美国工程人员和1名中国工程人员被砸伤。美方经过会商后，决定寻求中方工程师的帮助，龚继成、李温平、沈来仪等技术负责人研究后认为，不应将整块岩石爆破，而应采取分层定向爆破法，在石基上开辟出路面，再行加宽。中方由沈来仪具体负责，他带领有开山经验的石工30多人，清理乱石的石工20多人，进驻工地。石工们懂得各种岩石纹理和岩层构成规律，他们根据纹理打眼，装填上美国炸药，分批打眼放炮，终于在岩石中开辟出一条路径，美方对此称赞不已。中美工程师将事发的悬崖命名为狄林崖，并在此树立中英文标牌，以纪念为打通中印陆上交通线而牺牲的美方工程师狄林。

狄林牺牲后不久，推土机运走新寨的乱石之后，平整出一条3米宽的山路，密支那到腾冲之间的毛路终于贯通了。中美筑路人员在国界桩处搭起了一座牌坊，用中文和英文写着"到东京之

腾冲—密支那公路沿线

路（Road To Tokyo）"。鉴于腾冲到密支那的公路通车在即，1月6日中国战区批准了由2辆卡车和1辆清障车组成的车队，对密支那到腾冲公路进行测试。1月16日，车队从密支那出发，随后停在新寨等待。19日公路全线贯通之后，于20日下午3时抵达37号中缅国界桩，22日晚11时抵达昆明。中印公路北线赶在南线之前贯通，英国广播公司和路透社率先向世界发布了这一消息。

## 四、史迪威公路全线通车

随着滇缅公路的修复和公路沿线的日军被清除，史迪威公路上的第一车队在筑路负责人皮可将军的率领下，于1945年1月12日从印度雷多出发。65名来自盟国的记者随行，报道史迪威公路通车的盛况。

第一车队在雷多等待出发

第一车队共有113辆汽车，满载着武器、弹药、轮胎和筑路机械等中国最急需的物资，浩浩荡荡地驶往中国。他们穿越了印缅边界的野人山，穿过了魔鬼居住的胡康河谷，于1月14日抵达密支那。而中美部队正在密支那以东的前线奋战，以赶走公路

沿线残余的日军。

　　1945年1月28日上午，扫清公路沿线日军的中国驻印军和滇西远征军在芒友会师。当天下午，中印公路通车典礼在中国边境小城畹町举行，宋子文、陈纳德、卫立煌和孙立人等人参加了通车典礼。当晚22时，蒋介石在重庆发表《中印公路开辟之意义》的讲话，将中印公路命名为史迪威公路，以纪念史迪威在策划、筹建、打通中印公路的过程中所作出的贡献，同时希望借此弥补由于"史迪威事件"给中美两国产生的裂痕。

美式装备的驻印军和滇西远征军在芒友会师

中印公路通车典礼

　　畹町的庆典结束之后，皮可带领着第一车队沿着滇缅公路继续向昆明前进。他们经过了饱受战火的龙陵，伤痕累累的松山，跨越了怒江、澜沧江峡谷的惠通桥、昌淦桥，穿过了雪山之下的大理，翻越了海拔2600米全路的最高点天子庙坡。2月4日，第一车队终于抵达了目的地昆明。在金马碧鸡坊，人们打出了"欢迎史迪威公路首次通车"的横幅。车队抵达之后，龙云说道："这是一个欢庆的时刻。"皮可将第一车队运送物资的清单交予了龙云，龙云则将写有"胜利之路"的锦旗授予皮可，他们共同为公路剪彩。昆明的市民将附近的街道围得水泄不通，以见证这一历史时刻。史迪威公路的通车，结束了日本对中国陆路交通线近3年的封锁，大量的物资通过史迪威公路源源不断地运往中国。

昆明城中万人空巷，迎接第一车队

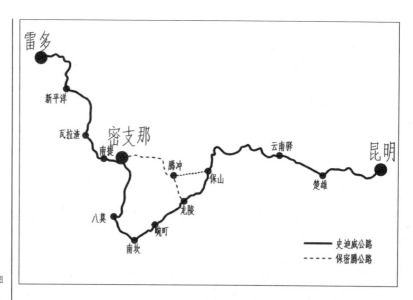

史迪威公路路线示意图

## 第七节　中印输油管道

如果说交通线是战时中国的输血管，那么汽油、航空油等燃料就是流淌在输血管中的血液。据统计，从 1939 年初到 1941 年底，通过滇缅公路运入中国的各种物资达 22 万吨，其中 1/3 为汽油，1/5 为军用品。汽油甚至超过武器弹药，成为抗战时期我国需求量最大的战略资源。

中国远征军携带汽油入缅作战

经驼峰航线运往中国的汽油

1942 年日本封锁滇缅公路之后，我国的每一滴汽油基本只能由驼峰航线空运而来，可谓代价高昂。而 B-29 超级空中堡垒轰炸机在执行战略轰炸任务时，通常都是数十架飞机一起出动，对燃料的需求更是巨大。这种世界上最大最先进的战略轰炸机有时不得不兼职运输机，往返驼峰航线运输汽油。陈纳德的飞虎队以及后来的第十四航空队，也需要大量的汽油。《租借法案》援华物资，尤其是汽油和武器弹药的分配，成为陈纳德和史迪威两人的主要矛盾之一。

汽油装入运输机

除了驼峰航线以及国内作战外，参与修筑史迪威公路的机械设备也需要大量汽油。中国驻印军在兰姆伽整训之后，成立了专门的战车营，配有美式坦克。缅北山高林密，这些机械化部队的燃料多是通过空投补充。基于汽油对中国的重要作用，盟军在加拿大的魁北克会议上达成一致，要求修筑从印度孟加拉湾的港口经阿萨姆地区到昆明附近的输油管道，以满足中国对汽油的巨大需求。

印度到中国的输油管道起于加尔各答港和吉大港。由于吉大港水域较浅，需要建设离岸码头和海底输油管线。两条线路都是沿孟加拉—阿萨姆铁路修筑。输油管道从孟加拉湾铺设到阿萨姆地区之后，基本沿着史迪威公路延伸，以便于管道的运输和运营管理。

准备空投到前线的汽油

铺设在史迪威公路沿线的输油管道

综合考虑中缅印地区的自然环境、后勤运输和工程建设等诸多因素，中印输油管道选用了特制的轻型输油管道。这种管道发明于第二次世界大战期间，管径有4英寸和6英寸两种，长度均为20英尺。这类管道的重量不到标准管道的1/2，搬运方便。它还有很强的屈伸性，没有坡度限制，很适合在中缅印战区的山区中铺设。传统管道采用焊接方式连接，而它则使用卡箍接合器连接。这种油管的屈曲性很高，能适应崎岖起伏的地形，而且安装非常便利。

采用卡箍接合器连接的入侵一重量输油管道（左）与常规的焊接输油管道（右）

由于缅北反攻和筑路同时进行，在相当长的时间里，日军仍盘踞在缅北和滇西。因此中国境内的管道都是经驼峰航线空运而来，工程人员分别从缅甸和中国对向铺设，以加快管道的修建速度。

输油管道经驼峰航线被运往各处　　　　保山附近用卡车运送管道

抗战前期，滇缅公路沿线没有加油站和输油管道，车辆不得不携带足够往返所需汽油。中印输油管道建成之后，史迪威公路上往来的车辆，可以直接在沿线的加油站加油，运输效率大为提高。

中印输油管道是第二次世界大战期间世界伟大的军事管道系统，全线总里程约5500公里，其中从加尔各答到昆明的路线就长达3000公里，为当时世界之最。这一工程使用了超过5万吨的设备和50余万个接头。中印输油管道输送了超过1500万桶汽油,极大地改变了中缅印战区传统的运输格局,大大提高了运输效率。这条管道的建成,赋予了中国持久抗战的勇气,因此从管道中流淌的汽油被称为"自由之油"。

中印输油管道与驼峰航线、史迪威公路一起构成了中缅印战区的立体交通网络。正如中缅印战区副司令、印缅战区司令索尔顿将军所言:"这条通往中国的世界上最长的输油管没有任何民用色彩。这是第二次世界大战中的工程杰作,它不仅对缅北的战事和雷多公路做出了巨大贡献,对中国的军队也有着无法估量的价值。"

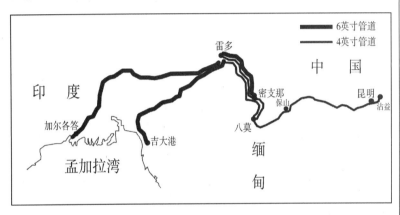

中印管道路线图

## 第八节　立体交通中的民族脊梁

### 一、潘国定——抗战烽火中成长的高原飞行专家

潘国定 1915 年 5 月 28 日出生于香港,祖籍广东省新会县。1935 年 5 月,时年 20 岁的潘国定只身来到美国华盛顿州西雅图市,开始了艰苦的勤工俭学生活。潘国定先到华盛顿州立大学学习工科,后转入美国寇蒂斯礼特航空工程学院和圣特玛丽亚飞行学校攻读航空机械工程和学习飞行技术。由于潘国定学习认真,精益求精,加上天资聪颖,终于掌握了扎实的航空机械工程理论和精湛的飞行技术。

潘国定被美国福特公司老板看中,邀请他为福特 V-8 发动机做飞行广告。潘国定也正想借机显示一下中国人的才华和智慧,便欣然应允。他驾驶飞机首先在空中划出一条条弧线，然后俯冲、翻筋斗、下滑倒转、慢横滚，并在30米低空做了一个危险的"疯狂飞行"动作。当他再次将机头垂直拉起时，飞机进入"死螺旋"状态，急速下坠。此时，潘国定却左手抓一把红粉，右手抓一把黑粉，伸出驾驶舱撒向空中，拉出两条彩带，只用双脚便把飞机脱离了"死螺旋"状态，高超的特技动作和惊险的飞行表演倾倒了在场的外国人。

1939年12月，潘国定结束在美国的学习生涯，怀着一颗热爱祖国的赤子之心回国，进入中国航空公司。潘国定于1940年升任副驾驶员，1942年升任正驾驶员，同年他和陈文宽驾驶飞机飞跃喜马拉雅山脉，完成了新疆到印度的中印航线首航。

1942年，印度到中国的驼峰航线开辟之后，潘国定驾驶飞机穿梭在喜马拉雅山间，数次和死神擦肩而过。3年多的时间中，潘国定在驼峰航线上共安全飞行500多个来回，平均每两天1个来回，为中国运入了上千吨急需物资，也为支援反法西斯战争做出了重要贡献。

1949年11月9日，潘国定参加了震惊中外的"两航"（中国航空公司和中央航空公司）香港起义，他驾驶CV-240型610号飞机，载着中航总经理刘敬宜、央航总经理陈卓林等人，从香港直飞北京，回到祖国怀抱。他起义时驾驶的飞机被命名为"北京"号，毛泽东主席亲笔题写的"北京"两字，醒目地涂在机头。

1951年7月2日，中央军委命令民航局派出三架C-46型飞机，随空军部队参加支援解放西藏空投物资任务。由于在驼峰航线上积累了丰富的喜马拉雅山区高原飞行经验，民航局指派潘国定等三个机组执行此项空投任务，由潘国定任中队长。他们从当年8月15日至次年7月20日，共飞行50架次、250多小时，空投物资12万公斤，潘国定本人荣立一等功。

1956年5月，空军和民航根据中共中央的指示，准备试航拉萨。民航指派潘国定等人，驾驶"北京"号从北京经成都的南线试航拉萨。机组人员克服了高原云层、气流、低温、低压等恶劣

北京号

的自然气候条件,飞越了横断山脉和念青唐古拉山,安全地降落在当雄机场。随着世界屋脊飞越告捷,"空中禁区"被打开,中国航空界的高原之梦终于得以实现。

潘国定在驾驶舱中

北京—拉萨首航飞跃布达拉宫

## 二、陈体诚——战死沙场的公路先驱

陈体诚,字子博,福建省福州市人,生于1893年。1915年毕业于交通部上海工业专门学校(交通大学前身)土木科。鉴于其成绩优异,经交通部保送赴美留学,攻读桥梁土木工程,并在美国桥梁公司实习3年。1917年12月,陈体诚与在纽约附近的一些中国留学生和工程技术人员,发起组织了旨在推动祖国工程建设的"中国工程学会"。在成立大会上,陈体诚被大家公推为会长。几年以后,随着大部分留学生相继归国,"中国工程学会"总会也迁回上海,1931年与詹天佑创办的"中华工程师学会"合并,成为"中国工程师学会"。

陈体诚

陈体诚于1918年回国,先在北京任平汉铁路工程师,参与河南黄河铁桥的修建,同时在北京大学兼课。1929年他被任命为浙江省公路局局长,积极推进全省公路网的建设。经过5年的努力,到1934年他调离浙江时,全省可通车的公路已达2000余公里,在建公路1000余公里,是抗战前浙江公路建设的辉煌时期,他也被誉为"浙江公路的奠基人"。

1931年国际道路工程师学会在美国召开,陈体诚、赵祖康奉命率团代表中国与会。他带去一批浙江公路建设的资料和图纸,向大会介绍中国公路建设情况。会后,陈体诚考察了欧美10多个国家的公路建设状况，历时 110 多天，回国后提出详尽的考察报告和建议。他因此被认为是"最早把中国公路建设情况介绍到国外，又把国外公路发展情况传播给国内的人"。陈体诚曾翻译了美国公路桥梁设计和路面施工规范，以及美国的公路投资和收养路费的规章制度等，并编写了《考察报告书》，对中国公路建设提出"先求其通，后求其畅"的建议。

1933 年陈体诚调任全国经济委员会公路处处长，兼闽浙赣皖四省边区公路处副处长。1934 年任福建省建设厅厅长，到 1937 年的 4 年间，在浙江和福建修建公路数千公里。尤其是连接闽赣两省的闽西北公路干线，在抗战全面爆发、沿海公路遭破坏后，成为东南沿海通往内地的重要通道。

抗日战争爆发后，陈体诚调任西北公路特派员，负责开辟新疆一带的道路，并兼甘肃省建设厅厅长。1938 年夏，为适应西南大后方连通海外的需要，陈体诚又被调任西南公路运输处副处长、代处长。1941 年 9 月，经美国方面建议，将西南公路运输处改为中缅运输总局，局长由俞飞鹏兼任，陈体诚任副局长，负责抢运抗战物资。1942 年 4 月，仰光失守，滇边告急，陈体诚亲赴腊戍调度督运。当最后一批物资运送通过惠通桥时，日军骑兵追至，他临阵不惧，于日军到来之前的一瞬间自毁大桥。1942 年 6 月，陈体诚再赴保山督运，却不幸触瘴染疫，于 1942 年 7 月 11 日与世长辞，年仅 49 岁。茅以升在中国工程师学会《三十年来的中国工程》一书中亲笔写下了《陈体诚传》，以示纪念。

### 三、李温平——迟到 39 年的第二次世界大战勋章

1984 年夏，美国洛杉矶，一位年迈的中国老人正在接受美国政府为他单独举行的授勋典礼：罗伯特·薛德乐将军郑重地将本该于 1946 年颁发的第二次世界大战时期的"自由勋章"佩戴在老人胸前。获得这枚勋章的老人，就是我国第一位爆破学专家，滇缅公路和中印公路的中方技术负责人——李温平博士。

李温平生于 1912 年 2 月，15 岁便以特优成绩考入唐山交通大学预备班，2 年后升入交大铁路建筑系，1934 年大学本科毕业。李温平于 1935 年初赴美攻读硕士学位，选修铁路经济专业，仅用了 1 年多的时间就拿到硕士学位。接着又转到著名的密歇根大学攻读运输工程博士学位，正当他勤奋撰写博士论文之际，中国

发生了震惊中外的七七事变。在日寇的狂轰滥炸下，许多铁路和公路遭到毁坏，交通瘫痪，运输受阻，祖国河山百孔千疮。此时，在异国他乡的李温平急祖国之所急，忧抗日之所忧，立即向校方提出回国参加抗战的请求。校方见他救国心切，破例同意他回国继续写论文。回国后，李温平听从安排，抢修交通线路，并应湘黔铁路局的邀请，在该局设计科协助工作，一边研究山区定线测量，一边续写博士论文。1939年2月24日，李温平被密歇根大学通知正式授予博士学位。

1941年，为增加当时唯一的国际通道——滇缅公路的运输量，李温平奉令改建滇缅公路为双车道，并铺设柏油路面。1942年，李温平到畹町至龙陵路段上指导铺设沥青路，共135.4公里，这是我国公路建筑史上第一次规模性地铺筑沥青路。

抗战后期，为了配合滇西反攻，李温平与龚继成、黄京群等人一起，冒着生命危险，参与了反攻复路工作，修复了1942年被我方炸毁阻敌渡江的惠通桥，以及惠通桥怒江东岸近60公里的公路，保证了反攻作战的交通顺畅。

修筑保密公路期间，无论是国内段或国外段，都采用了大规模的机械化施工，这在我国公路修筑史上也属首次。中国2万多筑路民工在美国工兵司令薛德乐上校的指挥下，与美军工程兵密切配合，操作400多台各式筑路机械，携手在中国公路修建史上写下了光辉的篇章。在此期间，李温平杰出的指挥才能，受到薛德乐上校的多次表扬，并称他为"工兵团的总工程师"。另外，在修筑猴桥以西至中缅国界公路段时，李温平建议采用大规模爆破的方法，以推土机开路基的技术，有时一次能开爆200个炮眼，为云南和全国公路建筑使用大规模爆破技术开了先例，也使他后来成为驰名中外的爆破专家，以及我国大规模定向爆破技术的鼻祖。保密公路仅用了60天的时间，于1945年1月初完工。不仅体现出中国筑路工人的伟大，也是中美两国相互合作的成就。

新中国成立后，他先后参加了佛子岭水库、官厅水库、长春第一汽车制造厂、鸭绿江边场等重大工程的建设，并经中央人民政府政务院的安排，与茅以升等人组成武汉长江大桥顾问委员会，指导长江上第1座大桥的兴建。

1957年反右运动中，原交通部长章伯钧被打成"右派"，种种不实之词也加到了与章伯钧有工作关系的李温平头上，因而被错划为"右派分子",发配北大荒劳动改造。党的十一届三中全会之后,李温平担任中国建材建设总公司总工程师。1986年,中国土木工程学会授予他荣誉证书,表彰他"半个世纪来,为我国的土木工程建设工作辛勤耕耘,作出了优异成绩"。

由于李温平抗战期间为筑路立下了卓越功勋,1945年荣获抗日勋章,证书上写着"国民政府为李温平在协修中印公路中著有勋绩特颁发勋章"的字样。当年4月,他还荣获海陆空军一级勋章和美军总部颁发的锦旗,旗上印着中印公路路线及通车日期。1946年,美国总统授予李温平等4名中方工程技术人员铜质"自由勋章"——这是美国政府向民间人士颁发的最高级别的勋章。然而,由于李温平工作变动,以及后来很长时间内,中美两国一直处于隔绝状态,这枚勋章一直沉睡在五角大楼将近40年,直到1984年,才在美国内布拉斯加州奥马哈市,为72岁的李温平举行了授勋仪式。在这个特殊的授勋典礼上,李温平与久别的老朋友薛德乐会面,此时薛德乐由上校荣升为将军,他郑重地将那枚暌违已久的"自由勋章"挂在了李温平的胸前。李温平的这枚勋章,不仅记录着这位工程师的卓越功绩和他个人的光荣历史,更是中国人民悲壮的抗日战争的见证!

1984年夏,72岁的李温平和共同修筑中印公路的罗伯特·薛德乐将军

美国盟军总部为表彰李温平在打通滇缅公路过程中作出的卓越贡献而授予的奖旗

## 四、龚继成——滇缅战场上的中国超级工程师

抗战中后期,全中国的优秀工程师几乎都集中在云南,参与中缅印之间立体交通的建设。其中,龚继成全程参与了滇缅公路、

滇缅铁路、驼峰航线、中印输油管道等所有立体交通重要项目，并且均担任要职，可谓前无古人。

龚继成 1900 年生于江苏海门，1923 年毕业于唐山交通大学土木工程系。随后分配至津浦铁路、奉海铁路担任工程师。1929 年调往杭江铁路担任测量队队长，动工后任金华第一总段总段长兼尖山桥工处处长，期间协助茅以升，推进了钱塘江大桥的建设。1937 年国民政府铁道部派遣龚继成勘察宝鸡至成都的铁路线路，最初以航空视察，然后继续陆地测量。由于山势险恶，选线困难，龚继成率领着员工，拟选了几条穿越秦岭的比选方案，为解放后修筑宝成铁路奠定了良好基础。

1937 年冬，龚继成调任铁路运输工务处副处长。1938 年又调至交通部技术处，负责新建道路设计。随着我国东部沿海被封锁，打通西南大后方的国际交通线变得异常重要，国民政府开始筹建滇缅铁路。龚继成因测量选线经验丰富，被调到滇缅铁路第二总段担任总段长。为了增加云南和四川的联系，国民政府决定修建西昌到祥云的西祥公路，1941 年，龚继成被任命为西祥公路副总工程师，负责川康境内 264 公里的公路施工。全长近 550 公里的西祥公路，在 8 个月时间内就建成通车，受到国民政府交通部通电嘉奖。

1942 年，滇缅铁路西段兴建，龚继成被任命为第二工程处处长。工程施工之际，日军攻占仰光、腊戍等地，切断了我国从缅甸运入物资的通道，滇缅铁路的修筑随即停止。陆路运输告一段落之后，驼峰航线和飞虎队的重要性大幅提升。龚继成又奉命调任云南呈贡飞机场施工委员会主任，修筑了该机场 2 公里长的块石基础、石灰土灌浆碎石跑道和 12 座停机库，只用了 63 天即交付使用。

1943 年，日寇飞机疯狂轰炸滇缅公路，当局继续组织力量抢修，又任命龚继成为滇缅公路工务局局长兼总工，并兼任保密公路总处处长及油管工程处处长，抢修中印公路保山至密支那段，并铺设原定平行于保密公路的油管工程。为准备滇西反攻，我方决定与美军会同修复滇缅公路，美军与国民政府交通部组成滇缅公路工程队，在下关成立了滇缅公路工程总队，由龚继成兼任总队长，李温平任副总队长。1945 年 1 月，中印公路全线通车，6 月，中印油管通油至昆明。中缅印之间驼峰航线、中印公路和中印油

腾冲一密支那公路通车仪式，驾驶员为薛德乐上校，副驾驶座上为龚继成

管组成的立体交通运输体系终于完成，为抗战的最后胜利立下了汗马功劳。

龚继成是一个富有才华和充满实干精神的工程大师，在他璀璨而短暂的一生中，开创了多项中国第一。1935年，在陇海铁路局任职时，他第一次采用航空测量与地面测量结合的选线法，勘测了宝成铁路；他设计制成的高压水力喷射器，处理卵石河床，解决了技术难关，在渭河上成功地兴建一座全长400余米10孔下承式钢板桥梁。抗战时期，他还在昆明北平研究院的严济慈及五一兵工厂的协助下，由陈庭祐工程师具体研究，经过2年多的时间，试制成功我国第1台经纬仪，1944年中国土木工程学会授予龚继成金质奖章。

遗憾的是，由于龚继成抗战期间一直担任紧急军事建设任务，舟车劳顿，积劳成疾，在抗战胜利之后仅2个月的1945年10月18日，因脑溢血抢救无效，英年早逝。为纪念龚继成在抗战期间的杰出贡献，交通部将保密公路上跨越怒江的惠人桥冠名为继成桥。1945年龚继成被追授中国工程师的最高荣誉——"中国工程师荣誉奖章"。

### 五、梅旸春——无处不在的桥梁大师

在钱塘江大桥、澜沧江大桥、柳江大桥等抗战期间最著名桥梁的工地上，都出现了同一个人的身影，他就是杰出的桥梁专家梅旸春。1901年，梅旸春出生于江西南昌。1917年考入清华大学土木系，后又入电机系求学2年，打下了较坚实的知识基础。清华大学毕业后，梅旸春公派赴美国普渡大学机械系深造，获硕士学位，但其志愿却在桥梁事业。1925年毕业后，梅旸春本想立即归国，但由于当时旧中国的桥梁事业很不景气，没有大型的工程，而且复杂的技术都掌握在外国人手中。为了更多地获取实践经验，梅旸春决定留在美国费城桥梁公司工作。因其工作勤奋且取得成绩，更兼网球运动异常出色，被误认为日本人。梅旸春深以为耻，决心以自己的业绩建立起中国的伟大形象。

由于老母重病，1928年梅旸春辞去职务回国，在南昌工业学

校教书。1934年，茅以升博士筹建钱塘江桥，聘梅旸春为正工程师，担任钱塘江公铁两用桥的设计工作。

1937年钱塘江桥通车，3个月后，日军入侵杭州，在完成了建桥和炸桥的任务之后，工程处开始向后方撤退。1936年，钱塘江桥通车前后，梅旸春赴武汉，任汉口市政府工务科长，主持武汉长江大桥的前期设计工作。1938年武汉沦陷，梅旸春辗转到昆明，担任交通部桥梁设计处正工程师。

在滇缅公路上的控制性工程中，原跨澜沧江的功果桥由于设计通过能力太低，且防空需要备用桥梁，因此桥梁设计处处长钱昌淦等工程师开始设计新功果桥（为纪念乘军用飞机被日机击落而牺牲的钱昌淦先生，后命名为昌淦桥）。该桥为中国第一座近代有钢加劲桁的公路悬索桥，主跨135米，由梅旸春进行全面审核，就钢结构制造和工地安装要求，建立了完整的订料、加工、运送、架设等工作制度，为中国此后复杂的大跨度钢桥建设做出了榜样，并培养了人才。新桥钢结构向国外订购，由滇缅公路运入安装并设计耗时4个月（1939年2—5月）、施工耗时17个月（1939年6月—1940年11月），仅21个月便完成通车。遗憾的是，建成后仅42天便被日机炸毁。

梅旸春于1940年转任湘桂铁路桂南工程局正工程师，为抢通湘桂铁路而努力，其关键工程为柳江大桥。湘桂铁路工程局副局长、原钱塘江桥总工程司罗英，因柳江桥向国外所订制钢梁无法运入，发现湘桂铁路沿线堆积着浙赣等线撤退下来的旧钢轨和长短不一的旧钢板梁，建议利用这些材料修建新桥。这一艰巨任务交给了梅旸春所领导的设计室。梅旸春以其扎实的基本功，丰富的想象力，摒弃常规思路，创造出新的结构布局和细节。新桥的设计是在一节空车厢里完成的，白天为躲避轰炸，将车厢拉到城郊，晚上又拉回。在艰苦的工作环境里，中国工程师们以卓越的创造才能完成了设计。由于新桥结构新颖轻巧，司机对柳江大桥望而生畏，罗英与梅旸春随机车过桥，安全无恙。

柳江桥是一座难得的桥梁，时人评论"世界上铁路钢栈桥很多，未能有如此轻巧而多智"。当时交通部予以特别嘉奖。原部长张嘉璈向国外媒体宣称，这是"一座外国工程师所没有尝试过的桥梁"。可惜不久日军进攻桂林，柳江桥被迫炸断，与钱塘江桥、澜沧江桥同一命运。

梅旸春与柳江桥

在风雨晦暝的岁月里,一个桥梁工程师能做些什么?从架桥到炸桥,以至于后来的无桥可架。作为桥梁工程师的梅旸春内心有何等无奈,是可想而知的。1944年梅旸春进入茅以升组织的重庆缆车公司任总工程司兼工务处长,设计建造了重庆市第一座登山缆车——望龙门缆车。

重庆望龙门缆车

茅以升先生预见到抗日战争即将胜利,于是组织了中国桥梁公司,拟担负起战后重建中国桥梁的工程任务。1946年,成立了武汉分公司,由梅旸春担任经理,主要承担武汉长江大桥的前期工作。新中国成立后,1953年成立武汉大桥工程局,梅旸春任副总工程师。武汉长江大桥于1955年9月动工,1957年10月15日正式通车。1958年第一座中国人自己设计的南京长江特大桥开始兴建,梅旸春为总工程师。他为了我国的桥梁事业呕心沥血,于1962年5月病逝于南京。南京长江大桥在1968年建成,1985年获国家首届科技进步奖特等奖,已病逝23年的梅旸春为第一获奖者。

## 六、方福森——留学波兰第一人

方福森,字友孟,1910年6月11日出生于福州名门,祖父方澍桐为近代名医,父亲方兆敖是清末翰林,东渡日本早稻田大学攻读政治经济科,执教北京大学。叔父方兆景为京城四大名医之一,曾任袁世凯的医学顾问,胞弟方福枢曾作为中国大法官梅汝璈的助理,代表中国参与远东国际军事法庭对日本战犯的审判。

方福森

在北洋大学就读完2年预科之后,1929年,方福森以优异成绩考取清华大学工学院土木系学习（俗称清华五级）。当时的清华，名师云集，方福森的老师中，土木工程系主任为施嘉炀教授，亲自讲授工程制图与画法几何、材料力学、测量学、路线测量与土方、应用天文学、水力学、水文学、水电工程与河港工程等课程。陶葆楷教授讲授给水工程、都市卫生、卫生工程设计等课程，崔龙光教授讲授道路工程及设计和道路材料试验。体育课由著名教授马约翰在体育馆内授课，他一上课首先喊："Boys, hurry up. Sixteen rounds！"当时清华土木系已开始在四年级分成4个学科组，即结构、水力、路工和卫工4组，为国内首创，方福森选择了水力组。1933年6月，日寇侵占热河进逼平津，形势危急，清华大学不得已提前放暑假。

　　大学毕业之后，1935年11月方福森以优异成绩考取了波兰政府奖学金，成为民国政府派往波兰的第一位留学生。1936年1月23日，即农历元旦，方福森在黄埔江口登上苏联客轮"北方"号，该客轮仅为3000吨级，在海上颠簸了6天，于1月29日凌晨抵达海参崴。2月1日，方福森从海参崴火车站出发，登上西伯利亚大铁路1.524米宽轨距的列车，经过12天的颠簸跋涉，终于在2月12日凌晨抵达莫斯科。更换列车之后，于2月13日清晨抵达苏波边境小城明斯克（佩达格洛耶），又换乘横跨欧洲的1.435米标准轨距的国际列车，终于在1936年2月13日抵达华沙，从上海到华沙共用时20天。

方福森留学波兰的护照

方福森与博士导师在波兰实验室内

方福森在去波兰之前未曾学过波兰语，他勤奋刻苦，仅用半年左右的时间就基本掌握了波兰语，能听、说、读，展现了超强的语言天赋。

方福森原本在清华大学土木系学习水力工程，但波兰方面认为中国抗战紧急，亟需大量公路人才，建议方福森前往华沙工业大学攻读道路方向的博士研究生。方福森深知国难当头，决然放弃清华学习的水力专业，选择著名的华沙工业大学土木系道路教研室主任纳斯托洛维奇（Nestorowicz）教授为导师，攻读道路方向博士。1938年2月方福森在华沙工业大学进行了博士论文答辩，论文题目为《振动法与夯实法用于土壤压实之比较研究》，获得技术科学博士学位，成为中国第一位留学波兰的博士，也是第二次世界大战前后（1929—1946年间）唯一一位留学波兰的中国留学生，可能也是中国第一位道路工程专业的博士。

方福森博士证书（原件和中文翻译）

华沙工业大学
学术委员会
根据波兰共和国有关法律
同意
土木学院委员会
1938年2月1日第30号
决定
工程师方福森先生，1909年5月1日生，籍贯中国福建福州已通过博士学位的课程考试和题为《振动法与夯实法用于土壤压实之比较研究》的论文答辩。
特授予
技术科学博士学位

土木系系主任　　波兰工业大学校长　　　　　　提议人
Antoni Ponikowski教授　Josef Zawadski博士/教授　Nestorowicz教授

1938年5月，抗日战争正在激烈进行，国民政府已迁到重庆。国家兴亡，匹夫有责，方福森博士决定回国。1938年6月底，他乘火车到法国南部大港马赛，登上法国2万吨级客轮霞飞号，沿着地中海，经过西西里岛至塞得港，再通过苏伊士运河进入红海到达亚丁，然后沿着印度洋经过孟买、科伦坡、仰光、新加坡，到达法属安南（今越南）的西贡市（今胡志明市），后又乘火车到河内，再乘火车到达昆明，已是7月底了。

1938年7月底，方福森抵达昆明，任西南公路管理局正工程师兼平昆段（平彝至昆明）工务段长，负责该段公路的维修保养、昆明长途汽车站的建筑施工等工作。平彝即今富源县，是云南东大门，素有"入滇第一关""滇黔锁钥"之称，东至贵阳413公里，西距昆明197.5公里。平昆公路为昆明到贵阳公路的组成部分，是抗战时期美国经大西洋、地中海、印度洋由缅甸援华的抗战生命通道的重要组成部分。

1940年4月初，方福森出任公路总管理处计划室正工程师。1941年担任中央大学土木系教授，讲授道路工程、高等道路工程、铁路工程、路线测量及土方、道路设计和道路材料试验等课程。

1941年底中国工程师协会附设"国父实业计划研究会"，该研究会主席为时任教育部长陈立夫，方福森等专家为会员。1942年2月27日，方福森参与了国父实业计划研究会第五次大会，陈立夫出席并作报告，其他出席者有翁文灏（中国第一位地质学博士、时任经济部部长）、沈百先（中国水利部副部长、水利工程学会会长）、孙辅世（扬子江水利委员会总工程师）、杜长明（麻省理工学院博士、中央大学教授、中国化学工程学会创始人之一）、蒋乃镛（著名纺织科学家）等。1944年8月29日，方福森参加了国父实业计划研究会第十二次大会，陈立夫做报告，赵祖康（交通部公路总局副局长）、茅以升（卡耐基梅隆大学博士、时任中国桥梁公司总经理）、张洪沅（麻省理工学院博士、时任重庆大学校长）、胡焕庸（中央大学教务长、中国地理学会理事长）、顾毓珍（麻省理工学院博士、化学家）等人出席会议，会议决定成立"全国城市建设委员会"。

由于战时物价飞涨，科教人员生活困难，非兼职难以维持生活。虽然方福森在大学任教，但抗战期间始终未辞去公路总管理处的职务。1943年方福森任交通部公路总局工务处技正、科长；1945年2月任三级技正；抗战胜利之后的1946年4月该局迁到南京，方福森在该局技术室任技正。1948年底公路总局压缩经费，裁减人员，方福森主动辞职。

方福森抗战之前求学于北洋大学、清华大学，受教育部派遣成为留学波兰第一人，获博士学位之后便立即回到战火中的祖国。抗战期间任教于中央大学、

曾养甫签发给方福森任命书

重庆大学等高校；同时任职交通部、运输统制局等政府部门，在赵祖康等人的带领下，利用所学知识，积极投身交通救国。抗战期间方福森的主要贡献有：

①担任中央大学、重庆大学教授，培养抗战紧缺人才。面对日寇的交通封锁，云南境内的滇缅公路和史迪威公路成为我国坚持抗战的关键，方福森在抗战中，为国家培养了大量亟需的交通人才。

②在交通部公路管理总局任正工程师、技正等职务，负责公路设计准则和施工技术规程工作，在赵祖康局长的领导下，为抗战公路的建设立下汗马功劳。

③1941年底中国工程师协会附设"国父实业计划研究会"，担任兼职研究干事，研究孙中山提出的百万英里公路建设计划，并出席铁路网与公路干线网配合与联系问题两次。1943年，方福森历时一年半完成了《国父实业计划中公路建设计划研究概要》，其内容包括了公路干线网的规划原则、公路等级的划分、工程进度等，经赵祖康、康时振审阅后提交，于1944年汇编入《国父实业计划研究报告集》。

④在1942年和1943年的暑假，分别参加了在兰州和桂林召开的中国工程师学会年会，翁文灏会长做大会报告，方福森在会上宣读了《公路工程技术标准的演变和研究》论文，为我国的公路标准化事业做出了重要贡献。1943年加入中国土木工程学会和中国市政工程学会（中国工程师学会内设），被选为中国土木工程学会的理事兼会计。

**1944年中国市政工程学会第二届职员名单**

| 理事长 | 沈怡 |
| --- | --- |
| 常务理事 | 凌鸿勋　郑肇经 |
| 理事 | 谭炳训　朱泰信　李荣梦　余籍传　吴华甫　薛次莘<br>萧庆云　过守正　周宗莲　梁思成　俞浩鸣　袁梦鸿 |
| 候补理事 | 卢毓骏　陶葆楷　哈雄文　方福森　段毓灵 |
| 常务监事 | 茅以升 |
| 监事 | 李书田　赵祖康　周象贤　关颂声 |
| 候补监事 | 袁相尧　朱有骞 |
| 总干事 | 郑肇经 |
| 副总干事 | 俞浩鸣 |
| 编辑委员会主任委员 | 卢毓骏 |

⑤方福森利用其渊博的道路、铁路知识和旅欧留学的所见所闻，为国家重大决策献计献策，兑现了其中学时代学习理工科，报效祖国的愿望。在国家层面，滇缅公路被日本切断后，中印公路成为唯一可行的陆路援华通道，方福森发表了《中印公路路线刍议》一文，分析了中印公路南北线修筑的可行性；在运输方式层面，针对抗战期间公路与铁路优先级的争论，方福森的《铁路与公路配合问题》《铁路与公路在国防上功能之比较》等论文，从运输量、载重、速度、燃料、运输成本、建设费用、建设时间、建设材料、普遍性及深入性、政治、军事、防空、管理及统制13个方面进行了分析，提出抗战时期，公路与铁路不应区分主次，也不必在意公路和铁路线路是否会重合，而应该结合军事、政治、经济等情况，计划路线。

抗战胜利后，方福森教授长期执教于东南大学（原南京工学院），培养了徐吉谦、邓学钧、王秉纲、陈荣生、霍明、黄卫、张云龙、刘小明等一大批交通英才，为我国的现代化交通事业和工程教育事业做出了卓越的贡献。

# 第八章 抗战生命通道的当代价值

战时交通部部长张嘉璈曾评价道"交通与抗战，相为表里，不可或分。"武汉会战之前，抗战处于战略防御阶段，我国东部的铁路和水运构成了主要生命通道。武汉会战之后进入战略相持阶段，面对日本的封锁，我国在西部地区开辟了通向盟国的公路、港口、航空及管道的综合交通线，保障了持久抗战的胜利。中华民族的抗战史，某种意义上也是打破日寇封锁的辉煌交通史。

## 第一节 抗战生命通道的重要作用

### 一、明确了交通的重要地位

交通是中国持久抗战的基础，这一点得到了世界范围内的认可。抗战初期，苏联是国际援华的主要力量，我国沿海被封锁之后，斯大林部署了中苏公路和中苏航线的相关工作，并派驻大量工程人员来华以保持交通畅通。1942 年 1 月，一贯保守的丘吉尔根据国际形势，做出了"作为一个战略目标，我认为使滇缅公路畅通无阻比保卫新加坡更为重要"这一出人意料的表态。抗战中后期援助中国最多的是美国，罗斯福总统曾经对他的儿子说道："假如没有中国，假如中国被打垮了，你想一想有多少师团的日本兵可以因此调到其他方面去作战？他们可以马上打下澳洲，打下印度——他们可以毫不费力地将这些地方打下来，并且可以一直冲向中东……和德国配合起来，举行一次大规模的夹攻，在近东会师，把俄国完全隔离起来，吞并埃及，切断通过地中海的一切交通线。"

我国在抗战伊始便制定了持久抗战的战略，采取以西部作为大后方、在东部实施"焦土抗战"等措施，以空间换时间，而交通运输则是大后方持久抗战的基础。中国战区司令蒋介石曾评价"后方重于前方，运输重于作战"，这是对抗日战略的很好概括。抗战后期，中印公路通车当日，蒋介石发表的《中印公路开辟之意义》的讲话中提到："这一种工程（中印公路）的完成，就是我们联合国在东方大陆战胜日寇的基础，也是我们中国排除日寇桎梏的象征。"交通部部长张嘉璈也评价道："抗战固以交通为命脉，而交通的维系，更以抗战的前途为归依。"

抗战爆发之后，最高统帅部的一些军事作战计划，更是对"交通"给予了极大关注。1937年8月20日，大本营颁布《国军作战指导计划训令》，其中对第二次世界大战区的部署明确指出："平绥路为第二次世界大战区之生命线，亦中苏联络之生命线，更为我国军旋回作战之能否实施之中枢线。"第九战区司令长官薛岳提出"破坏交通，制敌死命"的口号。

国民政府确定抗战建国的总方针，在抗战同时进行各项经济建设，其中投资比例和建设成绩最大的即为交通事业，其所占投资比例1937—1938年为34%，1939年为65%，1940年为80%，1941年为72%，1942年为73%，1943年为65%，1944年为73%。国民政府对交通的重视程度由此可见一斑。

## 二、坚持建设与破坏并重

抗战全面爆发之前，我国便在交通方面预作准备，交通建设大幅提速。铁路方面，从1928到1937年抗战全面爆发，全国共修建铁路8600余公里；公路方面，1932年全国经济委员会开始督造公路的时候，仅有公路6万公里，到了抗战前夕，已建成公路约11万公里，5年之间公路增加了近1倍，平均每年增加1万公里。美中不足的是，这些新建铁路、公路大多在东部，使得日寇封锁中国的战略目标较容易实现。

抗战爆发之后，日军利用海空的绝对优势，很快对我国实行了交通封锁，东部沿海港口、公路及铁路迅速沦陷。淞沪会战爆发后，上海沦陷，我国经香港利用广九、粤汉铁路作为生命通道；日军进攻广州和武汉之后，我国开辟香港—海防航线，抗战物资转道滇越铁路运送回国；西北方面，中苏公路和航线则保障了中苏人员往来和苏联对华援助物资的运输。《苏日中立条约》之后，苏联停止援华，国际交通线路仅存于西南地区。太平洋战争爆发之后，美国成为国际援华的主要力量。日本进军越南后，滇越铁路被切断，滇缅公路成了国际援华物资的唯一生命通道。日本攻陷仰光之后，我国对外通道被彻底封锁，日本对其国民炫耀称"中国将因此而投降"。然而中美航空人员，克服艰难险阻，在喜马拉雅山脉中开辟了举世闻名的驼峰航线，源源不断地向中国输入物资。因此蒋介石认为"事实上我们中国从未与外界完全隔离"。抗战后期，远征军反攻滇缅，中美盟军更是建成了集驼峰航线、史迪威公路和中印输油管道于一体的综合交通运输体系，最高峰时每月可向中国运送10万吨抗战物资。

除了开辟国际交通线之外，我国还对日寇的补给线路进行了破坏。抗战进入相持阶段后，国共两党根据"持久战"战略的指导，在敌后战场进行了游击战。而游击战的主要目标之一，便是破坏敌人的交通，主要针对铁路和公路干线。国民党在正面战场除了组织一些大规模的会战之外，还发动了"春季攻势""夏季攻势""秋季攻势""冬季攻势"作战，虽然称为"攻势作战"，但并非真正意义的战略反攻，主要还是以破坏敌人交通线为主。中国共产党则在敌后进行游击战，破坏敌人交通补给线，以著名的"百团大战"最为典型。

当时国民党在华北战区抵抗不力，一泻千里，致使数条铁路完整地落入敌手。共产党领导的八路军不失时机地进入华北战区之后，即开展游击战，创立根据地。日军利用铁路线，对敌后抗日根据地施行分隔包围，尤其是正太铁路，阻断了晋西北、晋察冀和其他根据地的联系。该路也是伸向晋东南根据地内日伪据点的主要支撑线。1940年7月，为破坏敌人的交通线，打破日军对抗日民主根据地实行的"囚笼政策"，八路军前方总部决定发动一次大规模破坏敌人交通线的战役。7月22日，八路军总司令朱德、副总司令彭德怀签发了作战命令，确定了"以彻底破坏正太铁路若干要隘，消灭部分敌人，恢复若干重要交通要隘，较长时间截断该线交通，并乘胜扩大，拔除该线南北地区若干据点，开展沿线两侧工作，基本上是截断该线交通线为目的"的战略方针。8月下旬，战役打响，先后参战的八路军部队有100多个团，故名"百团大战"，历时3个半月，八路军共作战1824次，毙伤日军2.6

万多人；破坏敌占区铁路 474 公里，公路 1502 公里，使得正太铁路中断 1 个月之久。参加百团大战的一二九师师长刘伯承认为："敌我在相持阶段中的交通斗争是争取战略优势的主要手段。"

抗战后期的 1944 年春，日本发动了旨在打通大陆交通线的一号作战，即先后进攻河南、湖南、广西的豫湘桂会战。虽然日军以将近 1 年的时间，花费了大量兵力，终于打通了大陆交通线，并破坏了交通线附近的中国机场，但是制空权的丢失使得日本的交通线路难以为继。中美空军利用平汉、粤汉铁路以西的机场，集中攻击、轰炸日军赖以进行军事运输的平汉铁路、粤汉铁路、津浦铁路、同蒲铁路以及长江、湘江、汉水、西江上的水上运输，郑州、徐州等交通枢纽更是成了轰炸的重点。美国的 B-29 远程战略轰炸机从中国本土或太平洋上的基地起飞，远程轰炸日本本土以及太平洋上的海上补给线，使日寇交通补给陷入瘫痪。交通的破立之间，决定了战争胜负的天平。

## 三、立足西部，传统与现代相结合

抗战爆发之前，国民政府虽然在名义上完成了对中国的统一，然而西部各地山高路远，国民政府的统治难以触及。西部地区的军阀以新疆的盛世才和云南的龙云为典型。新疆地处西北边陲，地域广袤，现代交通不便，往来中国内地需要数月时间；云南地处西南边陲，相当长的时间里，从云南进入祖国内地需要绕道越南、香港，直到京滇公路的通车，才结束了云南交通不通国内通国外的尴尬局面。贵州"天无三日晴，地无三尺平，人无三两银"的谚语在全国广为流传，抗战的爆发使得经济、社会、交通落后的贵州得到了发展的良机，一跃成为西南公路交通枢纽。抗战初期贵州的公路通车里程约 1700 公里，在抗战结束时猛增到 3600 公里。

在抗战爆发前，我国已经修筑了大量的公路和铁路，然而这些交通线路多集中在中东部地区。抗战爆发后，日军封锁了我国东部沿海，并迅速攻占了上海、南京、徐州、武汉、广州等重要城市和交通枢纽。国民政府实行以抗战大后方为基础的持久抗战策略，西部地区交通线的建设成为我国夺取抗战胜利的关键。传统与现代相结合是我国抗战期间交通的显著特点。

首先，表现在交通线路的开辟上。西北地区，早在汉朝就开辟了丝绸之路,始于古代中国的长安,一路向西延伸,途经陕西、甘肃、宁夏、青海、新疆,后跨入帕米尔高原,经中亚、西亚抵达欧洲。抗战全面爆发之后,中国和苏联利用丝绸之路,修筑了起于西安,经兰州、武威、张掖、酒泉、嘉峪关、玉门关、猩猩峡、哈密、乌鲁木齐、霍尔果斯,最终进入苏联的中苏公路。西南地区原有茶马古道,起于四川,分南北两线分别从云南、西藏出境,进入缅甸、印度等地。抗战期间,在茶马古道的基础上,工程人员修筑了川滇东路、川滇西路、滇缅公路、中印公路等,连接了四川、云南、缅甸、印度等地。

其次,体现在交通运输的工具和方式上。我国西部地区山高水深,自然条件恶劣,历来交通不便。西北地区海拔较高,地势平坦,气候干燥,人力、骡马、骆驼和板车是主要的运输工具;西南地区则峡谷河流众多。抗战时期,随着东部交通事业向西部迁移,国际社会的援华力度的加大,现代化的交通工具逐渐在西部地区得以运用和普及。水运方面,国民政府对川江的整治,使得长江中下游轮船可以往来于重庆到宜昌之间;公路方面,西北公路、滇缅公路、中印公路上数百辆汽车组成的车队,取代了千年以来肩挑马驮的运输方式;铁路方面,滇缅铁路、陇海铁路西段、叙昆铁路、湘桂铁路、黔贵铁路等铁路的修建和使用,推动了我国西部铁路事业的发展;航空方面,当陈纳德率领美国援华航空队最初进入昆明的时候,当地市民将飞机称为"会飞的老虎",后来四川、云南、贵州等地的军民对于飞机早已习以为常,高峰时期每隔2分钟就有一班飞机从昆明机场起降;管道方面,中印油管为中国输送了大量的航空汽油和普通汽油。原本交通闭塞的西部地区,一时间构筑起了铁路、公路、水路、航空、管道五大现代交通运输方式于一体的立体交通系统。由于抗战期间交通运输的严峻形势,除了现代化的交通运输方式之外,早已衰退的木船业和驿运事业也得以复兴。这两种传统运输方式,符合西部大后方复杂的自然地理环境,同时也弥补了飞机、汽车、火车、轮船等现代交通工具数量上的不足和我国燃料缺乏等短板。

再有,体现在交通技术上。由于抗战前的中国经济衰弱、技术落后,1938年抢修滇缅公路时,挖掘机、推土机、碎石机、压路机、空气压缩机等几乎所有筑路机械设备都是缺乏的,铁锹、簸箕和石碾子成为筑路的三大工具。筑路时没有水泥,工程人员不得不利用石灰水、沙和泥土制成"中国式水泥"。随着战事发展，国际援华物资大量涌入，对交通运输的需求剧增，滇缅公路成为我国第一条铺设弹石路面和沥青路面的公路。抗战后期，史迪威公路的修筑，更是拉开了我国机械化筑路的帷幕。推土机、空压机、压路机等机械加入了筑路大军，贝雷桥、波纹管涵以及公路旁铺设的输油管道都代表了当时世界最为先进的工程技术。在成都附近的机场上，数百人拖动着石碾子平整着机场的跑道，妇女和儿童用竹篮筛分级配碎石，而世界上最大最先进的 B-29 超级空中堡垒战略轰炸机正从这些人工修筑的跑道上起飞。最原始的工具、工作方式与当时最先进的技术结合，更体现出了中国人民抗战到底的决心。

## 四、国家生命通道是传播中国抗战的最佳载体

全面抗战初期，中国军队在正面战场上节节败退，鲜有胜绩，在国际上备受质疑，而在艰难险阻中开辟出的一条条国家生命通道却在世界各地广为流传，成为传播我国抗战的最佳载体。

1938 年抢修滇缅公路，英国的《泰晤士报》在当年 5 月 17—19 日，连续 3 天发表文章和照片，报道滇缅公路修筑文章："只有中国人才能在这样短的时间内做得到。"1938 年 8 月 31 日，当滇缅公路全线抢通的消息传到美国时，罗斯福总统对此消息将信将疑，在美国驻华大使詹森返回华盛顿汇报远东局势的行程中，专门让詹森取道滇缅公路回国。詹森考察后称赞道："滇缅公路工程之艰巨宏伟，可同巴拿马运河的工程媲美。"从此蜚声海内外。滇缅公路被封锁后，穿越喜马拉雅山脉的驼峰航线，作为人类航空史上的壮举而闻名于世。

抗战后期中缅印之间修筑的史迪威公路，以"第二次世界大战中最艰巨的军事工程"而举世瞩目，《纽约时报》《美国国家地理》《生活》等世界知名媒体都作过相关专题报道。"通往东京之路"的名称，体现了盟军对这条公路的殷切希望。而"二十四道拐"照片的流传更是轰动世界，这张公路史上最著名的照片，将中国人民在艰难困苦下抗战到底的决心展露无遗，赢得了各国军民的尊敬。

第二次世界大战结束的几十年之后，美国发行了以滇缅公路为主题的邮票，驼峰航线的飞行员不间断地传播着中美友谊，以

及二十四道拐照片带来的震撼,至今仍无人超越。抗战期间国家生命通道的影响,竟能延续至今。

## 第二节 抗战生命通道的遗憾

### 一、管理机构混乱,腐败严重

交通是抗战的命脉,在国内早已成为共识,然而管理机构的混乱,很大程度上影响了国家生命通道的运转。这样的混乱既体现在交通部,同时也出现在其下属的职能机构中。

1912年中华民国临时政府在南京成立时,设立交通部和内务部,由交通部掌管铁路和航运等事务,由内务部掌管公路交通事务。1919年筹办了航空事宜处,1921年2月改组为航空署,属于军政部。1927年南京国民政府成立,1928年10月进行改组。行政院下设交通部、铁道部。交通部掌管邮政、电信、航运等事宜;铁道部管辖铁路和国道(公路)事业。1933年10月直属国民政府的全国经济委员会成立,下设公路处,公路交通事务由铁道部划归该处掌管。1938年1月,铁道部与交通部合并之后,全国经济委员会公路处移交交通部管辖。1938年12月,行政院长孔祥熙宣布成立西南进口物资运输处,委派宋子良为主任,管理由越南及缅甸运入军用物资和材料事宜。交通部原设有西南公路局,又设立西南进口物资运输处,分明是重叠机构。1940年3月,蒋介石又亲自决定成立运输统制局,俞飞鹏任局长。交通部在运输方面尤其是公路运输方面,仅充当配角,变为运输统治局工作的部门而已。以滇缅公路为例,1941年滇缅公路上运输相关的政府机关包括:西南运输公司、滇缅公路局、中国银行、交通部、第五军、中国红十字会等,共计有16个。机构繁多,职责不清,造成了大量车辆和人员的浪费。

除了部门设置纷繁复杂之外,人事变动也较为频繁,先后担任交通部部长的有王伯群、陈铭枢、黄绍竑、朱家骅、顾孟余、俞飞鹏、张嘉璈、曾养甫。因此交通部人士认为"国内公路举办多年,迄无基础,皆由过去十年间,辄每年变更机构一次,以至人士不能安定,章制不能久行……"

混乱的管理为腐败提供了温床。以滇缅公路为例，西南运输处和中缅运输总局机构庞大，月用经费 200 余万元。部分上层官员生活腐败、挥霍无度，甚至利用手中的运输工具贩私走私，大发国难财。当时，大后方日用品和工业品奇缺，价格猛涨。各种官办、商办、官商合办的运输公司乘机贩运大量消费品，如呢绒布匹、罐头食品、化妆品、洋烟洋酒等，以牟取暴利。《新华日报》特派记者在 1940 年底考察滇缅公路时曾报道："好几十辆小轿车盎然进入国境，里面满载洋货及舞女之类。这些小汽车，在驾驶载重卡车的华侨司机眼中看来是颇为刺激的！因为大家认为抗战中的祖国，当下需要的是载重的大卡车，而不是那些坐了兜风的小汽车！在仰光，小汽车原本已经缺货，但国内人士不惜搭乘飞机而来购买小汽车者仍络绎不绝。据说，从昆明飞仰光，购买了一辆小汽车回来，在昆明出售，除掉飞机票费用及一切旅费开支，每辆小车可以净赚国币 2 万元。所以利之所在，人皆趋之。"

## 二、国际援华——没有永远的朋友，只有永远的利益

战时中国工业落后，能源匮乏，武器、弹药、石油等作战物资皆需从外国进口，对外交通线因此变得非常重要。然而，对外交通线的维持，一方面受日本对华封锁的影响，另一方面美、英、苏等盟国对中国的援助也是各有所图。"没有永远的朋友，只有永远的利益"，十九世纪英国首相帕麦斯顿的一句话成为英国外交的立国之本，也体现了弱肉强食的世界根本法则，第二次世界大战期间我国的国家生命通道就是其最好的注解。

### 1. 德国

全面抗战爆发之前和初期，对我国援助最大的是急于复兴的一战战败国德国。德国在 1928—1938 年的十年里，派驻了军事顾问团，帮助中国进行国防建设，并且向中国出售了大量物资。七七事变后，德国元帅戈林下令加速运送至中国的物资。1938 年 1—3 月，蒋介石电令中央银行向德国订购大批武器。3 月中旬，一批价值 3000 多万马克的军火由德国船只运到香港。此后，德国政府应日本请求，禁止军火援华。但仍有一批军火假冒芬兰订货，秘密转运来华。然而随着德意日轴心国体系的逐渐建立，希特勒的法西斯德国停止了对中国的军事援助。

### 2. 苏联

抗战前期，苏联希望中国军队能够拖住日本，以减轻自身压力，因此对中国进行了大规模的援助。中苏之间原本已有西北公路和中苏航线，然而西北公路里程长、路况差、沿线条件恶劣，中苏航线运量也非常有限。因此，苏联援华物资大量依靠海上航线，从我国南方运入。最初，援华物资在远东港口登船后，运抵香港，经由广九、粤汉铁路运入我国。由于广州、武汉失陷，1938年之后，不得不转运到越南海防，然后经由滇越铁路运入中国。由于越南是法国的殖民地，运输常受阻滞，部分物资不得不绕道缅甸仰光，经由滇缅公路回国。苏联为避免同德国、日本两线作战，于1941年4月13日，签订《苏日中立条约》，停止了对华军事援助。

太平洋战争爆发之后，日本攻取缅甸，切断了中国当时最后的生命通道——滇缅公路。对此中美展开了通过苏联进行陆路援华的筹划。方案之一就是英美援华物资经波斯湾运到苏联中亚重镇阿拉木图，再经西北对外交通线运往中国。从波斯湾到兰州的距离超过1.1万公里，这条线路一旦开辟，对于世界反法西斯战争和我国对日持久抗战，都大有裨益。然而，漫长的交通线上涉及中、美、英、伊朗、印度等国尤其是苏联的利益。苏联一方面出于历史传统和战后国际局势考量，不愿美国在中东、中亚扩大其影响；另一方面，要维持《苏日中立条约》，因此以种种理由，拒绝了援华物资过境苏联的建议。

### 3. 法国

日本封锁我国东部沿海之后，滇越铁路成为我国重要的对外通道。然而，由于越南是法属殖民地，滇越铁路的所有权归法国所有，因此法国对于这条线路的运输起着决定性作用。从1937年全面抗战开始到1940年6月，我国从越南运进购自德、苏、美、法军火、器材及其他物资，并出口用于偿还贷款和易货的农产品及战略矿产品。但是法国政府在支持中国抗战一事上摇摆不定，尤其是极力避免触怒日本，不与日本公开对抗，因此对中国通过越南的过境运输权管理颇为苛刻，往往横生枝节，时加阻扰。1940年初，日军飞机轰炸滇越铁路在中国境内的线路，有2座大桥被炸断，而法方修复进度缓慢，张嘉璈不得不亲临现场，调粤汉铁路抢修人员前往修复。1940年5月法国战败，日寇乘机施压，要求切断滇越铁路。6月，越南海关宣布禁运汽油出境并停止我国一切过境运输，日寇由海、陆、外务三省组成的军事监视团40人抵达河内，执行监督禁运任务，通过滇越铁路援华的行动被迫停止。

4. 英国

英国作为老牌资本主义国家，在远东地区有着大量的殖民地，其中香港、缅甸、印度与中国的命运可谓息息相关。虽然美国是世界民主国家的兵工厂，英国却最大程度地决定着中国国家生命通道能否保持畅通。然而整个第二次世界大战中，作为同盟国的英国，把"没有永远的朋友，只有最大的利益"的战略发挥到了极致，对我国的对外交通造成了极大的影响。

滇缅公路是越南沦陷之后中国唯一的国际通道。作为同盟国，英国殖民者却一直对中国过境物资，包括美国租借法案援华物资，征收高额关税和过境税。中国政府不堪重负，多次提出交涉。美国运输专家丹恩斯坦到仰光后，发现所有运往中国的货物都要收税，致使货物积压，无法运走，不禁大为恼火，直接向缅甸总督申诉。

1939年春，滇缅铁路修筑时，英国的缅甸当局工程进展缓慢。1940年7月，英国政府宣布滇缅公路停运3个月。中国的国际通道被封死，修筑滇缅铁路的材料无法运入，只能利用旧路拆卸的材料铺轨，工程进展艰难。

《南京条约》签订之后，香港成为英国殖民地。淞沪会战之后，上海沦陷，香港成为国际援华物资集散最为重要的港口。鉴于香港作为交通枢纽的重要地位，中国最高统帅部断定日军必将进攻香港，于是主动联系英国政府，商讨保卫香港及其他英国远东领地的军事合作问题。1939年3月，中国政府鉴于欧洲形势危急，正式向英国政府提出在远东进行军事合作，以保卫英国在本地区的利益。但是英国政府却认为局势尚未达到需要与中国建立军事同盟的阶段，拒绝了这一建议。1941年11月，日本对香港蠢蠢欲动，香港英国守军大约有1万陆军和少量海空军部队。虽然日军在兵力上占有优势，但英国军方认为香港是多年经营的要塞，工事坚固、设备齐全，预计可固守半年以上。1941年12月8日，日军偷袭美国珍珠港，挑起太平洋战争。当天下午4时，日军开始进攻香港。14日九龙半岛全部失陷，25日香港总督及英军举起白旗投降,仅耗时18天,日军就攻克了号称能够坚守半年的要塞香港。

美国援华物资装船离美之后,其所有权就应当属于中国,非中国政府同意,绝不得调拨。1941年12月,美国陆军部的一批援华物资抵达仰光后,缅甸英军竟然以防卫缅甸需要为由,强行截留,共有七五迫击炮48门、半自动步枪1100支、勃朗宁步枪500支、机关枪100挺、搜索车53辆及部分弹药。其后英国又抢夺中国存放在仰光的卡车150辆。

中国深知滇缅公路的重要性,数次提出同英国共同保卫滇缅公路沿线,并用最精锐的部队组建了中国远征军,以待赴缅对日作战。然而英国并不希望中国在缅甸扩大影响力,因此数次阻挠中国远征军入缅,贻误了大好战机。在此期间,"沙漠之狐"隆美尔率领的非洲军团一度接近埃及的亚历山大港。危急时刻,英美联军在北非登陆才扭转战局。美国向英军提供的1800架飞机、1700辆坦克和25000辆军车,大多数原本准备用于缅甸战场上对日作战。可以说,中国军人用缅甸战场悲壮的失败,换来了蒙哥马利在北非战场的决定性胜利。

一心只想确保远东最大殖民地印度的英国,在作战时且战且退,最终丢失了缅甸。在缅甸战败后,中国远征军撤往印度,英国竟将仁安羌战役中解救他们的孙立人所部当作"难民",拒绝其入境。反攻缅甸修筑中印公路时,从英帕尔向东经密支那进入中国,本是中印公路的最佳路线,然而由于惧怕中印公路的修筑会推动印度、缅甸的独立运动,英国又将中印公路的起点定在了印度东北角的雷多,使公路不得不绕道野人山、胡康河谷等自然环境恶劣的地区。在中印公路修筑过程中,英国还数度出手阻挠,所幸中美团结一心,历经千辛万苦,最终打通了中印公路。

### 5. 美国

两次世界大战中,大洋彼岸的美国因为得天独厚的地理优势,成为最大的受益者。全面抗战初期,美国保持"中立",并未直接参与中日之间的战争。然而美国这只看不见的手却时刻左右着中日之间甚至世界反法西斯战争的局势。在战争的前3年,美国是日本兵器、钢铁、石油等战争资源的第一大来源国。据不完全统计,日军侵华战争中,有70%的石油,90%的钢铁、铜和金属合金来源于美国。没有美国的后勤补给,日本的侵华战争难以为继。美国希望引导日本与北方的苏联交战，以坐收渔翁之利。然而世界局势瞬息万变，在"南进"和"北进"政策之间，日本最终选择了"南进"政策，偷袭珍珠港，席卷东南亚，将太平洋点燃，美国只得应战。

美国援华主要有两大目的，第一是让日本在中国深陷泥潭，以减少日军在太平洋作战的兵力部署，正如罗斯福对他儿子所说："假如没有中国，假如中国被打垮了，你想一想有多少师团的日本兵可以因此调到其他方面去作战？"；第二个目的是基于战后的地缘政治考虑，日本一旦战败，东北亚地区将没有强国对苏联形成威胁，美国寄希望于将中国扶持成地区性大国，以牵制苏联。

珍珠港事件之后，日军曾一度称雄太平洋，从美国西海岸经过太平洋到中国的航线被迫停运。由于中国的东部沿海和东南亚的缅甸、泰国、越南等国都被日军占领，国际援华物资只能选择在印度登陆。运输船队要绕道南太平洋，经过南大洋洲海域，穿过印度洋到达加尔各答。战火一度蔓延到地中海周边地区，苏伊士运河不能通行。从美国东海岸启航的援华物资，要经过大西洋，过非洲最南端的好望角，再到卡拉奇、孟买、马德拉斯、加尔各答等地卸货。两条航线的距离均在2万公里以上，路途遥远，每年最多只能往返4次。物资到达印度之后，必须通过驼峰航线以及后期的史迪威公路或中印输油管道才能抵达中国，这三条交通路线都以工程的艰巨浩大而载入战争史册。

虽然战时中国牵制了上百万的日军，对于美国在太平洋战场上作战起到了极大的帮助，但与英国、苏联甚至法国等盟国相比较，美国援华物资显得微不足道。据统计测算，美国通过《租借法案》援华物资金额约为8.7亿美元，仅占总额的1.8%，与此相比，英国占63.71%，苏联占22.76%，法国占据5.85%。

由于援华物资运输路途遥远，中印之间交通不便和运量不足，这些有限的物资便成为各方争夺的焦点。美国方面，其内部就存在激烈的争夺。在华两大名将史迪威和陈纳德素来不和，史迪威得到以马歇尔为首的陆军部支持，而陈纳德则更受罗斯福总统的青睐。史迪威提倡以陆战为主，主张作战中缅印，打通印度、缅甸、中国的陆路交通线；而陈纳德则信奉空战致胜论，提出可以通过空中轰炸来打败日本。他们常常因为争夺援华物资而斗得不可开交，最终空战致胜论者得到了更多的青睐。因此，援华物资更多地分配到了空中力量。

然而空中力量之间也存在着激烈的争夺,陈纳德和他的飞虎队在中国扬名世界,但驼峰航线有限的运量,使得飞机的数量、燃料、弹药、配件补充等都不尽如陈纳德之意。1944年,第二十航空队来到了中国,直属于美国参谋长联席会议指挥,配备了秘密武器——世界上最大、最先进、航程最远的B-29超级空中堡垒战略轰炸机。然而驼峰航线上一架运输机需要往返4次,才能保障一架B-29轰炸机进行一次轰炸任务。1944年2—10月,驼峰航线供给第二十航空队的供应品总计1.8万吨,这个数字等于1942年5月—1944年10月(30个月)美国经驼峰空运给中国陆军供应品的总数。此外,史迪威的美国驻华陆军部队也占去了一部分空运的吨位。以1944年为例,在华美军占去驼峰航线空运总量的87%,中国全部军队只占13%。而中国军队所获物资中,多数装备还给了准备在滇西发动反攻的远征军,留给东线战场的可谓凤毛麟角。然而就是这样少量的援华物资,丘吉尔1944年9月在英国下院发表演说中,还声称美国对华援助已经"过分",这种援助纯属"浪费"之举,一时间舆论哗然。同盟国内部对自己最大利益的追求,由此可见一斑。

## 三、对能源安全缺乏重视

如果说一条条国家生命通道是战时中国的输血管,那么汽油、航空油等燃料就是流淌在输血管中的血液。汽油是现代国家中必不可少的燃料。尤其在全面抗战时期,后方运送物资的汽车,战场上冲锋陷阵的坦克,海洋上航行的舰艇和潜水艇以及空中的飞机,都需要汽油的驱动。据统计,从1939年初到1941年底,通过滇缅公路运入中国的各种物资达22.2万吨,其中1/3为汽油,1/5为军用品。美国专家在1941年考察滇缅公路后,提出"汽油及汽油之运输,当为滇缅路之一大重要问题。据估计,车辆装载之货物,汽油约计百分之八十"。可见汽油甚至超过武器弹药,成为抗战时我国需求量最大的战略资源。

由于日本的交通封锁,我国的缺油情况愈发严重,国内展开节油行动,提出"一滴汽油一滴血"的口号,军用汽油被调成血红色,以示其宝贵。石油代用品的开发和使用在这一时期渐入高潮。汽车所需汽油改用酒精,酒精代替汽油有如下三种方法:一是用酒精完全替代汽油；二是80%汽油与20%酒精的混合燃料，可以替代1/5的汽油；三是用酒精与乙醚的混合燃料，完全替代汽油。然而当时酒精产量仍然有限，又改用木炭，车上装炭炉和褐煤炉。汽车使用汽油代用品后，因燃料性能的差异，动力不足，导致发动机部件早期损坏。飞机、坦克等现代化武器的引擎，更不能使用酒精和木炭驱动，汽油仍是现代战争中的必需品。

抗战时期，我国的油田分布大致沿天山南北两路，塔里木盆地边缘地带，祁连山北麓至玉门、敦煌，再自甘肃东部延入陕西北部，翻过秦岭到四川盆地，差不多绕青藏高原一周。由于技术和设备落后，运输不便，导致我国石油产量很低。在日本完成对中国的封锁前，我国石油主要依靠进口，来源为美国的美孚洋行，其次为英国亚细亚洋行。中苏复交后，苏联的光华公司也开始向中国推销石油。从1939年到1942年，我国的汽油进出口量如下表所示：首先，1941年之前我国汽油的产量不及进口量的1/10，进口依赖度非常之高；其次，国内石油产量在抗战期间有了较大的增长，从1939年的4千加仑增长到1942年的1896千加仑；再次，国家生命通道被封锁之后，我国的汽油缺口明显，1942年中期滇缅公路被封锁，我国在该年的汽油产量和进口量之和不足3000吨，不到1942年之前年进口量的1/10。

**1939—1942年主要燃料进口、产量表**（单位：千加仑）

| 年　份 | 汽　油 | |
|---|---|---|
| | 产　量 | 进　口　量 |
| 1939 | 4 | 35892 |
| 1940 | 73 | 34105 |
| 1941 | 209 | 30878 |
| 1942 | 1896 | 882 |

1942年5月滇缅公路被完全切断以后，抗战进入最为艰难的时期，盟军为了援助中国，通过驼峰航线，向中国运油。然而，驼峰航线自身的损耗依然巨大。美国陆军航空队司令阿诺德将军1944年1月的报告指出："C-47式运输机在印度阿萨姆和中国昆明之间横越喜马拉雅山脉飞行时，可以载运4吨的高效率汽油，可是在往返飞行中，这架运输机自己就要消耗3吨半。"由此可见，驼峰航线运输汽油代价巨大，效率极低。

汽油等能源的短缺，对于我国抗战影响极大，主要表现在以下几个方面：①影响国内部队的转移和军需物资的运输；②陈纳德领导的驻华空军由于燃料有限，战斗力大为减弱；③为了对日本进行战略威慑和战略打击，美国在华部署了 B-29 战略轰炸机，对日本本土进行远程轰炸，由于燃料短缺，该飞机在抗战后期不得不由成都附近的基地，转往太平洋各岛屿上的基地，中国战区的战略地位因此降低。

我国抗战燃料短缺的问题，直到中印输油管道全线贯通才得以完全解决。从 1945 年 4 月开始向中国输油，到 8 月日本投降，中印油管在不到 5 个月的时间内，向中国输送了超过 3 万吨的汽油和航空汽油，其中航空汽油的数量就占据了一半。与滇缅公路被封锁前每月数千吨的运量相比，中印输油管道的运力有过之而无不及。当时的媒体将中印油管中的汽油称之为"通向自由之油（fuel for freedom）"。战后中国向美国提出，希望能保留输油管道，然而美国政府处于地缘政治需要，将输油管道拆除，中缅印能源通道由此中断。

### 四、漏斗形运输

全面抗战前期，被日军先后封锁的粤汉线、桂越线、滇越线，都出现过抢运物资以及我国将物资自行销毁的情况，同样的事情也发生在了滇缅公路上。究其原因，主要在于各运输线的运量不均衡，形成了漏斗形运输的格局。

盟军经缅甸的援华物资，即为漏斗形运输的典型范例。仰光作为港口，其吞吐量远大于铁路，因此堆积了大量物资。仰光的货物经过铁路，2 天即可达腊戌，每月的运量在 1.5 万吨左右，腊戌到畹町为 187 公里，到遮放为 217 公里，往返需 3 天。最初腊戌的卡车较少，后来我国与华生公司和华侨公司洽商供车 300 辆，在腊戌和中国边境之间转运物资之后，腊戌每月内运的物资可达万吨，勉强衔接上铁路的运量，但囤积在腊戌的物资仍不断增加。从畹町到昆明的滇缅公路国内段长达 959 公里，货车单程就要 10 天左右。1940 年 10 月，滇缅公路禁运解除之后，包括华侨大队在内，我国共有 11 个运输大队行驶在滇缅公路上，辖车 1166 辆，但远远不能满足运量的需求。后来，在仰光装配好的新车也用于滇缅公路，运量才有所增加，但中缅边境地区的物资仍是堆积如山。滇缅公路上的这种运输形如漏斗，运量越来越少。

因此，当 1942 年日寇入侵时，仰光总共需转运的物资约 6.64 万吨，经过 2 个月的抢运，一共转移 5.2 万吨物资，仍有约 1.5 万吨物资没来得及抢运。日军进军腊戍时，我国自行破坏物资 1 万余吨。随后，日军向滇西进犯，畹町和芒市的 4 万吨设备和 3 万吨燃料都被迫自行毁坏。

前文述及美国租借援华物资所占比例，仅为《租借法案》金额的 1.8%，宏观上的原因是美国奉行"先欧后亚"的政策，将主要精力集中于欧洲战场，因此英国和苏联获得了《租借法案》中绝大多数的援助。微观上讲，交通不便以及病态的漏斗形运输，也是我国获得援助较少的重要原因。1942 年 5 月缅甸失守时，美国援华租借物资堆积在美国本土的达 15 万吨，堆积在印度的有 4.5 万吨。鉴于缅甸封锁后物资仅能依靠驼峰航线运输，英美联合参谋会议下属的军火分配委员会决定，把留在美国的 14.9 万吨物资收回转供他用；又将此后预定援华的租借物资数量锐减为每月 3500 吨。由此可见，因为病态漏斗形运输的缘故，大量援华物资无法及时运至抗战前线。长沙会战时，中国将士一次次顽强地抵抗着日军，然而弹尽粮绝时，等来的却是武器弹药还在缅甸待运的噩耗。

## 第三节 抗战生命通道的当代启示

第二次世界大战期间，公路（滇缅公路、西北公路）、铁路（粤汉铁路、滇越铁路）、水路（长江航运）、航空（驼峰航线）、管道（中印输油管道）五大运输方式，都曾作为我国抗战的生命通道，在对日作战中发挥着至关重要的作用。抗战时期的交通部部长张嘉璈评价道"抗战与交通，相为表里，不可分"。第二次世界大战很大程度上决定了当今世界格局，当前美日的岛链战略，南海、马六甲海峡复杂的国际形势和安全形势，影响着我国对外通道的建设。抗战生命通道的演变和发展，或许能为我国交通强国的建设提供相应启示。

### 一、重视海权，牢牢把握我国海上运输线和重要国际通道的主动权

地球 71% 的面积为海洋，世界 90% 的商业运输通过海洋，

全球绝大多数人口居住在离海岸几百公里的地方。19世纪末，美国战略家马汉创立了《海权论》。"商船队是海上军事力量的基础，海上力量决定国家力量，谁能有效控制海洋，谁就能成为世界强国！"马汉的惊世之言震撼了世界，惊醒了美国。美国在他指引的道路上，获得海权——控制海洋（海上要道）——控制世界贸易——获得竞争主动权，可谓一路凯歌。1898年发动美西战争，击败西班牙，牢牢控制了家门口的加勒比海，并在远东从西班牙手中夺取了菲律宾，顺势夺占了关岛，吞并了夏威夷等战略要地。第一次世界大战后，美国成为世界上最强的海权国家之一。

第二次世界大战期间，日本依靠其强大的海军实力，侵占了台湾、菲律宾、中南半岛和印度尼西亚，封锁了我国东南沿海和西南的出海通道，将中国逼入绝境。中途岛海战之后，美国海军逐步建立起了太平洋上的优势。第二次世界大战结束之后，太平洋成为美国的内湖。

历史的经验表明，海上运输线安全关乎国家和民族命运。重视海权、扩大重要通道的影响力，是建设交通强国的必由之路，具体而言，我国应做到：（1）扩大国际传统通道影响力。积极参与巴拿马运河、苏伊士运河、马六甲海峡等国际运输通道和五大能源通道的护航和反恐活动，为运输通道安全提供保障；（2）开辟国际新通道，主动掌控未来改变全球运输格局通道的话语权。海洋通道方面，针对全球变暖情况下极地航线通行的可能性，积极参与北极"东北航道""中央航道""西北航道"的科考和航行事务，抢先开拓"冰上丝绸之路"国际运输航线。针对马六甲海峡通行能力不足和易于封锁的困境，积极谋划并参与克拉运河建设，强化我国海上运输通道的保障能力。针对巴拿马运河难以满足远洋大型船舶货运发展的需求，主动推进并参与尼加拉瓜运河的建设，实现物流时间和成本的大幅降低。积极谋划里海—黑海大运河建设，实现两海沿线新兴物流集群与现有亚欧通道的快速对接；（3）强化海外港口关键节点布局。将希腊比雷埃夫斯港、肯尼亚蒙巴萨港、吉布提港、巴基斯坦瓜达尔港等地理位置重要、具备发展潜力且有良好合作基础的港口作为海外关键节点的重要考虑对象，布局全球交通网络和产业承接点。超前谋划南美两洋铁路中里约热内卢港、卡亚俄港的改造和升级建设，深入推进非洲两洋铁路罗安达港、达累斯萨拉姆港的扩建项目，实现海运通道与全球新兴物流集群的对接。

## 二、海陆统筹，建设互联互通的国际交通网络

第二次世界大战中，面对日本的海上封锁，我国在陆路上从西南、西北两个方向寻求突破。西北方向通过西北公路联通苏联，西南方向则通过滇缅公路、史迪威公路等接入仰光、吉大港、加尔各答、卡拉奇等印度洋港口，作为出海大通道。路，一头牵着历史，一头连接着未来。在当代，波斯湾—阿拉伯海—印度洋—马六甲海峡—南海作为海上石油生命线，是我国近60%进口石油的必经之路，也由此造成了我国的马六甲困局。历史总是惊人的相似，印度洋港口的选择，成为破解马六甲困局的重点。

新时期提出的"一带一路"倡议，是我国向西开放，面向亚非欧大陆和印度洋的长远战略。通路、通航和通商是"一带一路"解决战略问题的发力点，通路、通航是通商的必要条件。结合"一带一路"倡议的推进实施，积极推进中蒙俄、中国—中亚—西亚、中国—中南半岛、中巴、孟中印缅等经济走廊和国际新通道建设，通过国际产能合作，撬动交通基础设施全球拓展，形成畅通全球的陆上交通网络。

根据地缘政治关系，我国选取了缅甸皎漂港和巴基斯坦瓜达尔港作为印度洋上的重要节点，与之相对应的是孟中印缅和中巴两大经济走廊。第二次世界大战期间，中缅印之间集公路、铁路、水路、航空、管道于一体的综合交通运输体系，为抗战胜利发挥了关键作用。"一带一路"倡议率先推动的中巴和孟中印缅经济走廊也应以此为鉴。在中巴、孟中印缅经济走廊构筑集公路、铁路、航空、港口、油气管线和光缆通道为一体的国际交通网络，将成为我国进入印度洋最便捷的通道，在我国的能源和国家安全、经贸发展中发挥重要作用。

## 三、多式联运，发挥长江黄金水道在东西双向开放的联动承接作用

在抗战期间，养育中华民族千年的长江成为维系我国生死存亡的关键通道，担负着兵员运输、粮食运输和物资工厂转移等重

要任务。改革开放以来，长江经济带已发展成为我国综合实力最强、战略支撑作用最大的区域之一。推动长江经济带发展是党中央作出的重大决策，是关系国家发展全局的重大战略。历史为长江经济带建设提供了以下启示：

（1）东西并进，海陆统筹。抗战前长江口的上海作为远东第一大港，是我国物资进出口的主要集散地；淞沪会战后，我国实业界从上海西迁武汉，长江中游的武汉凭借九省通衢的交通便利，成为我国抗战中心；武汉沦陷后，长江上游的陪都重庆又成为我国的战时指挥中心和工业中心，向东通过长江流域连接东部战场，向西通过滇缅公路、史迪威公路、驼峰航线连接缅甸和印度。长江经济带横跨我国东中西三大区域，上海、武汉、重庆正是其中的三大核心。向东，发挥上海国际航运中心的引领作用，迈向"深蓝"，完善航运高端服务产业链、加强海上丝绸之路和长江经济带联动。向西，利用重庆西部大开发重要战略支点、"一带一路"和长江经济带联结点的特殊区位优势，结合中欧（重庆）班列的相关经验，加快孟中印缅通道、中老泰通道和中越通道建设，形成通达东南亚和印度洋港口的国际陆路运输通道。

（2）突破三峡瓶颈，构筑黄金通道。孙中山先生的《建国方略》里曾提到建设三峡大坝和上海至重庆沿江铁路的构想。三峡大坝已然筑成，但三峡过闸运量已超过设计能力；长江中上游东西向铁路、公路运输能力不足的瓶颈依然存在。应加快实施重大航道整治工程，进一步提升干线航道通航能力，加强三峡枢纽水运新通道和葛洲坝枢纽水运配套工程前期研究工作。在做好生态文明示范的同时，尽快启动沿江铁路的规划建设。

（3）建立多式联运综合交通体系。抗战时期的对外通道中，铁路、公路、水运、航空、管道的多式联运体系，为我国坚持抗战奠定了基础。长江经济带的发展，必然要构筑网络化、标准化、智能化的综合立体交通走廊。应加快推进铁水、空铁、公水等联运发展，扩大辐射范围，提高联运比重。鼓励大型港航、铁路和公路运输企业以长江为依托，开展多式联运业务，构筑长江黄金水道快捷高效的进出口货运大通道。

## 结 语

交通运输是兴国之器、强国之基。从17世纪荷兰的"海上马车夫"到 19 世纪英国的"日不落帝国",再到第二次世界大战后美国的强势崛起,从世界大国崛起的历史进程来看,国家要强盛,交通须先行。当前我国正经历由交通大国向交通强国的历史性跨越,交通强国对于实现"两个一百年"奋斗目标和中华民族伟大复兴的中国梦,具有重大现实意义和深远历史意义。

# 附录一　抗战交通大事记

## 1937 年之前

| | |
|---|---|
| 1905 年 | 日俄战争，日本取胜，日本海军独霸太平洋东岸。 |
| 1915 年 | 日本将旅顺、大连、南满铁路租期延展至 99 年。 |
| 1930 年 8 月 | 中美合资的中国航空公司成立。 |
| 1931 年 2 月 | 中德合资的欧亚航空公司成立。 |
| 1931 年 9 月 | 日本以"中国人破坏南满铁路"为借口，发动九一八事变，入侵东北。抗日战争爆发。 |
| 1932 年 1 月 | 一二八淞沪抗战爆发，国民政府发布《迁都洛阳宣言》。 |
| 1933 年 6 月 | 首都（南京）轮渡工程建成。 |
| 1933 年 10 月 | 成渝公路初步通车。 |
| 1934 年 7 月 | 浙赣铁路玉山至南昌段开工。 |
| 1935 年 5 月 | 西（西安）兰（兰州）公路初步通车。 |
| 1936 年 1 月 | 浙赣铁路初步通车。 |
| 1936 年 4 月 | 粤汉铁路全线通车。 |
| 1936 年 7 月 | 苏浙皖京沪五省市交通委员会扩展为全国公路交通委员会，提出建设全国公路网和统一工程技术标准。苏州至嘉兴铁路通车。 |
| 1936 年 11 月 | 陇海铁路西安至宝鸡段完工，全长约 170 公里。 |

| | | |
|---|---|---|
| 1936年12月 | | 俞飞鹏代理交通部部长,张嘉璈任铁道部部长 |
| 1936年12月 | | 川陕公路通车。 |

## 1937年

| | | |
|---|---|---|
| 1月 | | 川湘公路通车。 |
| 2月 | | 湘黔铁路(株洲至贵阳)开工。 |
| 3月 | | 陇海铁路连云港至宝鸡段全线通车。 |
| | | 俞飞鹏出任交通部部长。 |
| 4月 | | 京(南京)滇(云南)公路全线通车。 |
| 7月7日 | | 卢沟桥事变爆发,日寇发动全面侵华战争。 |
| 8月12日 | | 国民政府构筑江阴封锁线,沉船塞江。 |
| 8月13日 | | 日军入侵上海,淞沪会战爆发。 |
| 8月 | | 龙云赴南京参加国防最高会议,提出修筑滇缅公路和滇缅铁路。 |
| | | 江阴沉船塞江,以阻止日军沿长江西犯。 |
| 9月5日 | | 日本海军宣布封锁中国海岸。 |
| 9月26日 | | 钱塘江大桥通车,浙赣铁路与沪杭甬铁路得以连接。 |
| 9月 | | 湘桂铁路(衡阳至镇南关)动工修建。 |
| 11月2日 | | 国民政府正式下令拨款修筑滇缅公路。 |
| 11月12日 | | 上海沦陷,为期3个月的淞沪会战结束。 |
| 11月20日 | | 国民政府宣布迁都重庆。 |
| 12月13日 | | 日军占领南京,制造了骇人听闻的南京大屠杀。 |
| 12月23日 | | 钱塘江大桥被迫炸毁。 |
| 12月 | | 滇缅公路全线正式开工。 |

## 1938年

| | | |
|---|---|---|
| 1月 | | 甘(甘肃)新(新疆)公路通车,苏联得以从陆路援华。 |
| | | 铁道部并入交通部,张嘉璈出任交通部部长,赵祖康任交通部公路总管理处处长。 |
| 2月17日 | | 中国军队炸毁平汉铁路黄河大桥。 |

| | |
|---|---|
| 5月17日 | 英国《泰晤士报》连续3天发表文章，介绍滇缅公路的修筑。 |
| 6月9日 | 滇缅公路澜沧江上的功果桥正式通车。 |
| 6月 | 黄河花园口决堤。 |
| 8月31日 | 滇缅公路全线初步抢通。 |
| 10月 | 广州、汉口相继沦陷，日寇切断粤汉铁路；宜昌大撤退开始，卢作孚和他的民生公司主要负责向长江上游转运物资。 |
| 12月 | 美国驻华大使詹森取道滇缅公路回国，并高度评价了滇缅公路。第一批国际援华物资通过滇缅公路运入我国。 |

## 1939年

| | |
|---|---|
| 2月2日 | 滇缅公路怒江上的惠通桥正式通车。 |
| 3月 | 中国航空公司中越航线通航。 |
| 5月 | 张嘉璈出访缅甸，协商滇缅铁路修筑事宜。 |
| 9月 | 美国运输专家一行3人抵达中国，帮助提升滇缅公路运力。 |
| 11月24日 | 日军攻占南宁，切断我国国际交通线中的桂越线。 |
| 11月 | 湘桂铁路衡阳—桂林—柳州段通车。 |
| 12月 | 中苏航空公司成立，重庆—哈密—阿拉木图航线开辟。 |

## 1940年

| | |
|---|---|
| 2月 | 起于泸州止于昆明的川滇东路通车。 |
| 6月20日 | 越南宣布停止我国一切过境运输。 |
| 7月18日 | 日寇与英国签订封锁滇缅公路3个月的协定正式生效。 |
| 8月 | 八路军发动百团大战，破坏华北交通线。 |
| 8月 | 川陕、川湘水路联运开展。 |
| 9月6日 | 国民政府正式确定重庆为陪都。 |
| 9月26日 | 日军在海防登陆，越南沦陷。 |
| 10月18日 | 滇缅公路经过3个月的封锁期后重新开 |

始运输，日军对滇缅公路的轰炸也随之展开。

## 1941 年

| | |
|---|---|
| 1月25日 | 中国飞行员陈文宽试航中印航线成功。 |
| 2月27日 | 日军结束对滇缅公路的轰炸行动。 |
| 2月 | 蒋介石派遣商震、林蔚、杜聿明等人组成的军事代表团到缅甸、印度、马来西亚进行考察，归国之后提出中英共同防卫缅甸的详细意见。 |
| 3月11日 | 美国国会通过《租借法案》。 |
| 3月 | 我国决定赶修滇缅铁路，并向美国、英国寻求支持。 |
| 4月13日 | 《苏日中立条约》签订，我国又一条国际交通线西北公路被切断。 |
| 4月15日 | 罗斯福总统签署命令，允许美国航空部队退役人员和预备役军官参加志愿航空队赴华作战。 |
| 4月24日 | 中印公路勘测队从西昌出发，分南北两线选定中印公路的走向，对中印公路展开了初步勘察。 |
| 5月1日 | 国民政府成立滇缅公路运输工程监理委员会，蒋介石亲自出席成立典礼，强调滇缅公路上的运输关系到我国抗战全局。 |
| 5月6日 | 罗斯福总统宣布《租借法案》适用于中国，美国大规模援华由此开始。 |
| 6月 | 西祥公路（四川西昌至云南祥云）全线贯通。 |
| 7月26日 | 美国对日本采取了石油禁运措施。 |
| 8月 | 美国援华航空队（飞虎队）成立，陈纳德为负责人。 |
| 11月27日 | 中印公路勘测队经过191天的勘察，抵达原计划的终点——印度的萨地亚，因交通不便，随后将终点改在了雷多。 |

| | |
|---|---|
| 12月7日 | 日军偷袭珍珠港,美国被正式卷入第二次世界大战,太平洋战争爆发。 |
| 12月8日 | 英美正式对日宣战。 |
| 12月9日 | 中国正式对日宣战。 |
| 12月18日 | 重庆—腊戌—加尔各答航线试航成功。 |
| 12月下旬 | 英美在华盛顿举行阿卡迪亚会议,确定了"先欧后亚"的战略总方针。 |
| 12月25日 | 日军攻占香港。 |
| 12月31日 | 罗斯福致电蒋介石,提议组建同盟国中国战区,由蒋介石担任中国战区统帅。 |

## 1942年

| | |
|---|---|
| 1月1日 | 美、英、苏、中等26个国家在华盛顿签署了《联合国家宣言》。 |
| 1月2日 | 蒋介石复电罗斯福,同意出任中国战区统帅。同盟国中国战区包括了中国、泰国和越南。 |
| 1月31日 | 畹町到龙陵沥青路面铺设完成。 |
| 2月15日 | 日军攻占新加坡。 |
| 2月16日 | 蒋介石在3个月内第3次下令中国远征军入缅作战,但此时入缅已失去最佳战机,局面被动。 |
| 2月21日 | 蒋介石结束自2月4日起对印度的访问。 |
| 3月8日 | 日军占领仰光,滇缅公路的出海口不复存在。 |
| 3月 | 史迪威来华任中国战区参谋长之外,还身兼中缅印战区美军司令、美国援华物资监管人等数职。美军在中缅印战区设立了后勤补给部,负责该战区的后勤工作。 |
| 3月17日 | 蒋介石下令修筑中印公路,中国境内部分由曾养甫负责。 |
| 4月18日 | 中国航空公司试航中印空运。 |
| 4月19日 | 中国远征军新三十八师取得仁安羌大捷,引发国际社会轰动。 |

| | |
|---|---|
| 4月29日 | 日军长驱直入占领腊戌，滇缅公路被彻底切断，滇缅铁路停工，我国国际交通线全部丧失，抗战进入最艰难的时期。入缅作战的远征军被断了后路，杜聿明率部经野人山回国，孙立人率部撤往印度。 |
| 4月 | 驼峰航线逐步开始运营。 |
| 5月20日 | 史迪威率领小分队从缅甸徒步到达印度。4天之后，史迪威发表了要重回缅甸的谈话。 |
| 5月 | 我国滇西地区畹町、芒市、龙陵、腾冲等地相继失守，守桥部队炸毁惠通桥，中日军队隔怒江对峙的局面由此形成。 |
| 7月 | 中国驻印军成立，史迪威就任总指挥，驻印军以兰姆迦为基地开始了整训。 |
| 10月 | 史迪威与韦维尔磋商，确定修建从雷多出发经过胡康河谷、孟拱河谷到达密支那的公路，由美国负责建设。29日史迪威正式下令修筑公路。 |
| 11月26日 | 后勤补给部在昆明设立了分支机构，以协调中缅印战区的后勤工作。 |
| 12月10日 | 雷多公路正式破土动工。 |
| 12月15日 | 后勤补给部在雷多成立了第三后勤分基地，负责雷多公路的建设和为缅北反攻提供补给。 |
| 12月 | 曾养甫接替张嘉璈出任交通部部长。 |

## 1943年

| | |
|---|---|
| 1月27日 | 孙立人率新三十八师由兰姆迦开进到雷多，掩护修筑中印公路。 |
| 2月28日 | 雷多公路修筑到了印缅边界的班哨关，进入缅甸境内。 |
| 3月 | 新三十八师穿越班哨关，开始反攻缅北。中国工兵第十团从国内经驼峰航线被运 |

| | |
|---|---|
| 4月 | 往印度,开始参与雷多公路的修筑工作。蒋介石要求免去史迪威的职务,雷多公路受雨季影响,施工陷于停滞。川滇西路通车,路线走向为内江—乐山—西昌—祥云。 |
| 5月 | 在华盛顿举行了代号为"三叉戟"的会议,史迪威和陈纳德与会。会上将缅甸的反攻限定在了缅北。 |
| 8月 | 英美首脑在加拿大魁北克举行代号为"四分仪"的会议。会议决定设立东南亚战区并由蒙巴顿任司令,史迪威为副司令。魁北克会议上为驼峰航线、史迪威公路和中印输油管道设立了明确的运输目标,绘制了中缅印战区的工程蓝图。 |
| 10月16日 | 蒙巴顿、索摩维尔等人访问重庆,再一次拒绝了蒋介石更换史迪威的要求。 |
| 10月17日 | 美国著名工程师皮可接替了阿罗·史密斯,成为雷多公路新的负责人。 |
| 11月 | 史迪威视察了雷多公路,与皮可展开了雷多公路上那段著名的对话。 |

## 1944年

| | |
|---|---|
| 1月 | 为满足B-29战略轰炸机的起降需求,在成都一带开始大量修筑大型机场。 |
| 4月 | 侵华日军发动"一号作战",企图打通中国大陆交通线。 |
| 5月11日 | 驻云南的远征军强渡怒江,展开滇西大反攻,滇缅公路的复路工作也拉开了帷幕。 |
| 5月17日 | 盟军攻占密支那机场,开始奇袭密支那。 |
| 7月6日 | 罗斯福电告蒋介石史迪威将被晋升为四星上将,建议蒋介石将军队的指挥权交予史迪威。 |
| 8月5日 | 盟军攻克密支那,缅北反攻的第一阶段 |

| | |
|---|---|
| | 作战任务完成。 |
| 8月18日 | 被破坏的惠通桥重新修复通车。 |
| 8月 | 马歇尔正式确认放弃魁北克会议上为中印公路设定的运量目标,雷多公路也被正式削减,从密支那到昆明段将被缩减为单车道公路。加尔各答到阿萨姆的6英寸输油管道建成。 |
| 9月27日 | 阿萨姆到密支那的第一条4英寸输油管道铺设完成。 |
| 9月 | 滇西远征军攻克松山,收复腾冲。蒋介石与史迪威的矛盾彻底爆发,蒋介石要求罗斯福总统召回史迪威。 |
| 10月18日 | 罗斯福致电蒋介石同意召回史迪威。 |
| 10月27日 | 史迪威离开中国,中缅印战区被分为了中国战区和印缅战区,分别由魏德迈和索尔登负责。 |
| 11月19日 | 到密支那的第2条4英寸输油管道建成,索尔登向世界公布了中印输油管道工程。 |
| 11月 | 保山—密支那—腾冲公路的建设正式展开,这条公路后来被称为史迪威公路北线。 |
| 12月6日 | 工兵在密支那到宛貌之间的战斗公路上,架设了1150英尺长的穿越伊洛瓦底江的浮桥。 |
| 12月 | 驼峰航线运量持续增加。 |

## 1945年

| | |
|---|---|
| 1月12日 | 皮可率领的官方第一车队从雷多出发,前往昆明。 |
| 1月19日 | 密支那到腾冲的公路初步建成通车,次日在中缅边界的37号界桩处举行了通车典礼。中印公路北线赶在南线之前全线贯通。 |
| 1月27日 | 新三十八师攻占芒友,中印公路沿线再 |

| | |
|---|---|
| | 无日寇，公路打通在即。 |
| 1月28日 | 上午在缅甸的芒友举行了中美军队会师典礼。下午在中国的畹町举行了中印公路的通车典礼。蒋介石在当晚22时发表讲话，将中印公路命名为史迪威公路。 |
| 1月 | 曾养甫赴美就医，俞飞鹏出任交通部部长。 |
| 2月4日 | 中印公路全线通车，皮可率领着第一车队抵达昆明，受到昆明各界的热烈欢迎。 |
| 3月15日 | 当时世界上最长的贝雷悬索桥——450英尺长的瑞丽江大桥建成通车。 |
| 3月31日 | 吉大港到阿萨姆的6英寸输油管道建成。 |
| 3月 | 4英寸输油管道铺设至八莫。 |
| 5月20日 | 皮可宣布史迪威公路的筑路工作正式完成。 |
| 5月21日 | 4英寸的输油管道铺设到了昆明。 |
| 5月31日 | 密支那附近伊洛瓦底江上的永久性浮桥建成通车，这座浮桥长达1627英尺，为当时世界上最长的浮桥之一。 |
| 6月 | 阿萨姆到密支那的6英寸输油管道开始输油。 |
| 8月6日 | 美国向广岛投下了第1枚原子弹，三天之后第2枚原子弹在长崎爆炸。 |
| 8月8日 | 苏联对日宣战，随后苏军在东北对日作战。 |
| 8月15日 | 裕仁天皇宣布日本投降。 |
| 8月24日 | 苏军进驻旅顺和大连。 |
| 9月2日 | 日寇在美国的"密苏里"号战列舰上正式签署了投降协议，第二次世界大战以同盟国的胜利落下帷幕。 |

## 1946年

| | |
|---|---|
| 1月4日 | 中印输油管道停止输油。 |
| 3月 | 史迪威公路的军事运输全部结束。 |
| 10月12日 | 史迪威将军在加州病逝。 |
| 12月 | 中印输油管道拆除完毕。 |

# 附录二 抗战交通人物简历

## 茅以升

1896年1月出生，1916年毕业于唐山交通大学，1917年获美国康乃尔大学硕士学位，1919年获美国卡耐基理工学院博士学位。1920—1930年间历任唐山交通大学教授，国立东南大学教授、工科主任，国立河海工科大学校长，唐山交通大学校长、江苏省水利厅厅长等职务。1934—1937年任钱塘江大桥工程处处长，主持修建了钱塘江大桥。1937—1942年任唐山交通大学校长，1942—1943年任交通部桥梁设计工程处处长，1943年任中国桥梁公司总经理至抗战结束。1955年当选为中国工程院院士，1987年以90岁高龄光荣加入中国共产党。

## 方福森

1910年6月出生于福州，1927年考入北洋大学预科，1929年考入清华大学土木工程系，1934年任清华大学土木系助教。1935年考取波兰政府奖学金，1938年获华沙工业大学博士学位。1938年回国任西南公路管理局正工程师兼平昆段工务段长，1940年任交通部公路总管理处正工程师，1941年加入国父实业计划研究会，1943年起任交通部公路总局技正、工务科长，同时执教于中央大学、重庆大学。抗战期间，推动了我国的公路标准化，培养了大量公路人才，参与制定了《国父实业计划中公路建设计划研究概要》。新中国成立后长期执教于东南大学（原南京工学院），1957年光荣地加入中国共产党。

## 罗英

1890年11月2日出生，1910年经学校保送为"庚子赔款"

第一批公费留美学生。1911年进入美国康奈尔大学土木工程系桥梁专业学习，1917年取得硕士学位。1919—1933年，在南京河海工程专门学校任教，后去天津津浦铁路任主任，兼任南开大学和北洋大学教授。1934—1937年任钱塘江大桥总工程师。全面抗战爆发后，罗英先后担任湘桂铁路测量总队长、工程局副局长、总工程师等职务。

### 曾养甫

1898年出生，1917年秋考入国立北洋大学预科，两年后升入矿冶学系本科，1923年夏季毕业。同年秋，自费赴美国匹兹堡大学研究院深造，1926年春获得硕士学位。1927年出任广东省政府建设厅长，1932年出任浙江省政府委员兼建设厅长，同时兼任浙赣铁路理事会理事长、钱塘江大桥建设委员会主任。1935年12月，任铁道部政务次长，1936年5月，被推选为中国工程师学会会长直至抗战结束。1940年夏任军事委员会"运输统制局"监察处长，1942年12月出任交通部长兼军事委员会工程委员会主任。1944年被授予中国工程师的最高荣誉——中国工程师学会荣誉金牌，1945年初因病辞去交通部部长职务。

### 凌鸿勋

1894年4月出生于广州，1915年毕业于上海高等实业学堂（上海交通大学前身）土木科，随即被交通部派往美国桥梁公司实习，之后进入哥伦比亚大学进修。1917年12月，他和在美的中国工程界人士发起组织了中国工程学会。1918年回国，1921—1922年担任京汉铁路工程师，1923年任上海交通大学校长。20世纪20年代末至40年代，历任铁道部和交通部技正，陇海、粤汉、湘鄂、湘桂、天成、宝天铁路或路段工程局（处）长兼总工程师、管理局局长，交通部次长、代理部长以及中央设计局设计委员等职。1945年任交通部常务次长、政务次长。

### 张嘉璈

1889年出生于上海，1904年考取秀才，次年考入北京高等工业学堂，半年后赴日本庆应大学进修财政学，20世纪30年代初任中国银行总经理。1935年12月出任铁道部部长，1938年1月铁道部与交通部合并，任交通部部长，1942年12月辞去交通部部长,期间提出了"抗战与交通相为表里,不可或分"的著名论述。1943年赴美考察,研究战后中国经济恢复问题。

### 吴华甫

1905年出生于上海,1925年以复旦大学土木科优等生第1名的成绩毕业,1931年获美国威斯康星大学博士学位。1932年回国,先后担任北平燕京大学建筑部总工程师、全国经济委员会公路处督察工程师、国立北洋工学院土木系教授兼总务长、福建省公路总工程处总工程师等职务。全面抗战期间,出任陪都工务局局长,统揽陪都重庆的市政建设和交通运输,《陪都十年建设计划草案》的主要编写者之一。新中国成立后担任重庆交通大学(原西南交通专科学校)首任教务长。

### 卢作孚

1893年出生于重庆,1910年参加同盟会,1925年创办民生实业公司,是中国近现代最有影响的民营企业集团之一。1927年春,卢作孚到北碚出任江(北)、巴(县)、璧(山)、合(川)峡防团务局局长,对峡区进行乡村建设实验,期间修筑了北川铁路,组建了天府煤矿,创立了中国西部科学院。抗战期间出任四川省建设厅长、交通部次长、全国粮食管理局局长、全国船舶调配委员会副主任委员等职,主导了被誉为中国敦刻尔克的宜昌大撤退。

### 邹岳生

1896年出生于江苏,1924年毕业于北洋大学土木工程科,1924年任安徽桥工局实习工程师,1928年任江苏公路局工程师,1932年任浙江公路局工程师,先后担任了杭徽公路及义长公路主任工程师。1935年3月,邹岳生出任行营公路处湘黔、黔滇公路主任工程师兼总段长,期间勘测设计了被称为世界公路奇观的"二十四道拐"盘山公路。1936年9月调任军事委员会湘桂黔公路、铁路工程师、副主任兼测量总队长等职;1938—1942年,先后在湘桂公路、滇缅铁路任正工程师兼总段长等职。1942年秋至1946年底,调任军事委员会工程委员会副总工程师。

### 陈本端

1906年出生,1928年毕业于唐山交通大学。毕业之后先后在北宁铁路和江西建设厅工作，1934年4月任西兰公路工务局工程师。1934年8月任中山大学教授，期间前往美国密歇根大学留学，于1938年获硕士学位。1938年2月在交通部公路总管理处担任监察工程师和技正等职务，1941年2月在四川公路局成渝公路改善工程处担任副总工程师。1944年1月，出任西南公路工务局正工程师兼测量队队长，带队改善"二十四道拐"。1945年出任重庆工务局技术室主任至抗战结束。新中国成立后，长期执教于同济大学。

### 萨福均

1886年出生于福建，1903年赴美国就读于圣路易中学，1906年考入美国普渡大学铁路工程专业，1910年毕业获土木工程学士学位。1919年，萨福均应聘到云南，任鸡街至建水段铁路总工程师。1922年任胶济铁路局工务处处长，1930年任铁道部工务司司长。1933年主持修建了中国第一座铁道轮渡——南京至浦口轮渡。1937年任交通部技监兼路政司长，主持修建了滇缅铁路、叙昆铁路等工程。

### 杜镇远

1889年10月出生于湖北，1907年6月考入成都铁路学堂，1910年考入唐山交通大学土木工程专业，1914年6月毕业。1919年远赴美国学习信号专业，第二年进入康乃尔大学攻读硕士学位。硕士毕业后，在美国德黑铁路公司任助理工程师。1926年回国，任北宁铁路工程师。1928年，任南京建设委员会土木专门委员。1929年6月任杭江铁路工程局局长兼总工程师。1934年5月，任浙赣铁路局局长兼总工程师。1937年7月，任湘桂铁路局局长兼总工程师。1939年3月任滇缅铁路局局长兼总工程师，1942年又调往粤汉铁路局任局长。因其杰出贡献，被誉为"我国铁路的伟大建设者"。

### 汪菊潜

1906年出生，因成绩优异被保送入东南大学，半年后考入南洋大学，次年转到唐山交通大学土木系。1926年以总分第1名的成绩获学士学位，被交通部保送美国公费留学，一年后获康乃尔大学土木工程硕士学位,并在美国桥梁公司实习。1930年回国参与南京至浦口铁路轮渡,1934年到粤汉铁路株(洲)韶(关)段任分段长。1936年任铁道部工务司技正。全面抗战期间,先后在滇缅铁路工程局、叙昆铁路工程局、綦江铁路工程处历任技正、工务课长、正工程师、副总工程师、处长等职。

### 赵祖康

1900年9月出生于上海,1918年考入南洋大学土木系,1920年转入唐山交通大学,1922年以市政及道路系第1名毕业。1930年进入美国康奈尔大学研究院进修道路和市政建设工程,1932年回国,先后任全国经济委员会公路处专员,道路股股长、副处长、代理处长。1938年任交通部公路总管理处处长,1943任交通部公路总局副局长。1945年任上海市工务局局长兼都市计划委员会常务委员会及执行秘书。赵祖康推动了我国东部诸省公路网建设,主持修建了西兰、西汉、乐西公路,在全面抗战期间统揽我国公路建设全局,被誉为中国近代公路泰斗。

### 潘国定

1915年5月出生于香港,1935年5月进入华盛顿州立大学,同时在课外学习飞行。1937年和1939年,先后转入美国寇蒂斯礼特航空工程学院和圣特玛丽亚飞行学校。1939年12月毕业回国,1940年1月进入中国航空公司任副驾驶,1942年升任正驾驶,驾机飞跃喜马拉雅山脉,完成了新疆到印度的中印航线首航。先后飞行过C-46、DC-3、C-47等机型,在驼峰航线上安全飞行500多个来回。1956年5月,驾驶"北京号"试航拉萨成功。

### 陈体诚

1893年出生,早年毕业于福建高等学堂,1915年以第二名的成绩毕业于交通部上海工业专门学校(上海交通大学前身)土木工程系。交通部保送赴美留学,攻读桥梁工程。1917年12月,在美国组织发起了"中国工程学会"。1918年回国,任平汉铁路工程师,同时在北京大学任教。1929年任浙江省公路局局长,1933年任全国经济委员会公路处处长,兼闽浙赣皖四省区公路处副处长。1934年任福建省建设厅厅长,1938年任西南公路运输处副处长、代处长。1941年9月任中缅运输局副局长，统揽国际运务，1942年7月，因积劳成疾病逝于昆明。

### 李温平

1912年2月出生，1927年考入唐山交通大学预科班，两年后升入交大铁路建筑系，1934年大学本科毕业。1935年赴美攻读铁路经济硕士，1936年获硕士学位。1939年2月获密西根大学运输工程博士学位。全面抗战爆发之后，先在交通部公路总处工作，参与了川滇东路、川中公路等工程。1941年任滇缅公路局保山、下关工程段段长兼美籍总工程师助理，负责我国第一段规模性沥青路面的铺设工程。1943年任战时运输管理局副总工程师，为中印公路保山—腾冲—密支那段中方负责人。因在中印公路工程上的卓越表现，1945年荣获抗日勋章、海陆空军一级勋章和美军总部颁发的锦旗，1946年获美国总统授予的铜质"自由勋章"。

### 龚继成

1900年出生于江苏，1923年毕业于唐山交通大学土木工程系。1924年任津浦铁路、奉海铁路工程师，1929年任杭江铁路测量队长、第一总队总队长。1933年跟随斯文赫定考察西北交通，完成了兰新铁路及天山南北公路路线的勘察任务，1935年任陇海铁路西段工程局第一总段段长。1937年任全国铁路运输工务处副处长，1938年任滇缅铁路第二总段总段长，1941年任西祥公路副总工程师，1942年任滇缅铁路西段第二工程处处长、呈贡机场工程委员会主委，1943年任滇缅公路局局长兼总工程师、滇缅铁路局局长、中印油管工程处处长、军事委员会工程委员会总工程师。1945年10月英年早逝，被追授"中国工程师荣誉奖章"。

### 梅旸春

1901年出生于江西，1917年考入北京清华学堂学习，1921年土木系毕业后又在机电系加读2年。1923年公费赴美国普渡大学机械系学习，1925年获硕士学位，1925—1928年在美国费城桥梁公司工作。1928年回国，任教于南昌工业专门学校，1934—1936年任杭州钱塘江大桥工程处正工程师。1936—1938年任武汉市政府工务科长。1938—1943年任交通部桥梁设计处正工程师。

1943—1944 年任湘桂铁路桂南工程局正工程师。1944—1946 年任重庆缆车公司总工程师。全面抗战期间，在钱塘江大桥、昌淦桥、柳江大桥等重大工程的设计上，发挥了重要作用。

### 刘易斯·皮可（Lewis A. Pick）

1890 年出生，美国著名工程专家，曾任美国内布拉斯加州密苏里河河道工程处处长，提出了著名的"皮可计划"，以综合开发密苏里河流域。1943 年临危受命，出任中印公路筑路指挥官。在此后 2 年中，全面领导了雷多公路（史迪威公路）的建设，带领工程人员克服了野人山、胡康河谷、孟拱河谷等诸多难题，打通雷多公路。因其卓越贡献，工程技术人员将雷多公路称为"皮可公路"。

### 托马斯·法莱尔（Thomas F. Farrell）

战前为美国纽约州市政工程处总工，1943 年魁北克会议后担任中缅印战区后勤服务部建设局负责人（上校军衔），并从美国带来了一批经验丰富的军事和民用工程师。法莱尔在史迪威公路的选线与修筑、伊洛瓦底江浮桥和中印输油管道的修筑中，发挥了重要的技术指导作用。1944 年，法莱尔将军奉调回国，参与曼哈顿工程原子弹项目。尽管他没能亲眼见证史迪威公路的通车和中印输油管道的建成，但他与皮可、惠勒被美军誉为"中印公路的三大保姆"，为中缅印战区综合交通网的形成，发挥了巨大作用。

# 附录三  民国历任交通部铁道部部长

### 抗战结束前中国历任交通部部长

| 序号 | 姓　名 | 任　职　时　间 |
|---|---|---|
| 1 | 王伯群 | 1927.10—1931.12 |
| 2 | 陈铭枢 | 1931.12—1932.10 |
| 3 | 黄绍竑（代理） | 1932.7—1932.10 |
| 4 | 朱家骅 | 1932.10—1935.12 |
| 5 | 顾孟余 | 1935.12—1937.3 |
| 6 | 俞飞鹏（代理） | 1935.12—1937.3 |
| 7 | 俞飞鹏 | 1937.3—1938.1 |
| 8 | 张嘉璈 | 1938.1—1942.12 |
| 9 | 曾养甫 | 1942.12—1945.1 |
| 10 | 俞飞鹏 | 1945.1—1946.5 |

### 抗战结束前中国历任铁道部部长

| 序号 | 姓　名 | 任　职　时　间 |
|---|---|---|
| 1 | 孙科 | 1928.10—1931.6 |
| 2 | 连声海 | 1931.6—1931.12 |
| 3 | 叶恭绰 | 1931.12—1932.2 |
| 4 | 顾孟余 | 1932.3—1935.12 |
| 5 | 张嘉璈 | 1935.12—1938.1 |

注：1938年之后，铁道部并入交通部。

# 参考文献

[1] 舒宗侨. 第二次世界大战画史[M]. 北京：中国文史出版社，2007.

[2] 龚学遂. 中国战时交通史[M]. 上海：商务印书馆，1947.

[3] 张嘉璈. 最近之交通[M]. 重庆：中央训练团，1942.

[4] 丁涤勋，王伯惠. 中国驻印军印缅抗战[M]. 北京：团结出版社，2009.

[5] 白山. 血线——滇缅公路纪实[M]. 昆明：云南人民出版社，1992.

[6] 龚启英. 龚继成——滇缅交通史上的民族英雄[M]. 北京：人民交通出版社，2012.

[7] 云南省政协文史委员会. 血肉筑成抗战路[M]. 昆明：云南人民出版社，2005.

[8] 牛鸿斌，任佳. 跨世纪的中缅印通道——重建史迪威公路研究[M]. 昆明：云南人民出版社，2005.

[9] 约瑟夫·W·史迪威. 史迪威日记[M]. 林鸿，译. 北京：世界知识出版社，1992.

[10] 谭刚. 抗战时期大后方交通与西部经济开发[M]. 中国社会科学出版社，2013.

[11] 冯嘉琳. 史迪威将军[M]. 北京：中国和平出版社，2000.

[12] 中国公路交通史编审委员会. 中国公路史[M]. 北京：人民交通出版社，1990.

[13] 黄恒蛟. 云南公路运输史[M]. 北京：人民交通出版社，1995.

[14] 昆明市交通志编撰委员会. 昆明市交通志[M]. 昆明：云南人民出版社，2009.

[15] 云南省交通厅. 滇缅公路——镌刻在人们心中的丰碑[M].

昆明：晨光出版社，2006.

[16] 郑锦玉. 碧海钩沉回忆录[M]. 台北：水牛出版社，2005.

[17] 薛庆煜. 孙立人将军传[M]. 呼和浩特：内蒙古大学出版社，2000.

[18] 杨汉清，邵贵龙. 驼峰1942—2002[M]. 昆明：云南人民出版社，2005.

[19] 陶涵. 蒋介石与现代中国[M]. 林添贵，译. 北京：中信出版社，2012.

[20] 多诺万·韦伯斯特. 滇缅公路[M]. 朱靖江，译. 北京：作家出版社，2006.

[21] 李灵芝. 战时公路交通[M]. 桂林：国防书店，1938.

[22] 俞飞鹏. 十五年之交通概况[M]. 出版社不详，1946.

[23] 徐康明. 中缅印战场抗日战争史[M]. 北京：解放军出版社，2007.

[24] 牟之先，凯莉·汉姆. 史迪威公路[M]. 重庆：重庆出版社，2005.

[25] 张月和. 史迪威公路[M]. 呼和浩特：远方出版社，2004.

[26] 谭伯英. 血路[M]. 戈叔亚，译. 昆明：云南人民出版社，2002.

[27] 温斯顿·丘吉尔. 第二次世界大战回忆录[M]. 北京：商务印书馆，1975.

[28] 张勃，万宇，刘炀，等. 黔滇公路二十四道拐的修筑及其历史价值研究[J]. 重庆交通大学学报（自然科学版），2016，35（S1）：79-85.

[29] 夏光南. 中印缅道交通史[M]. 上海：中华书局，1948.

[30] 凌鸿勋. 中国铁路志[M]. 文海出版社，1982.

[31] 唐伯明，王成平，尚婷. 怒江天堑上的滇缅抗战"血线"要卡——惠通桥[J]. 桥梁，2011.

[32] 徐万民. 战争生命线：抗战时期的中国对外交通[M]. 北京：人民交通出版社股份有限公司，2015.

[33] 张勃，尚婷，唐伯明. 史迪威公路的涵洞修筑技术及当代启示[J]. 重庆交通大学学报：社会科学版，2013，13（6）.

[34] 钟光明. 中国桥魂：茅以升与钱塘江大桥[J]. 交通建设与管理，2009（6）.

[35] 邓颖珊. 谈现代中国铁路巨匠凌鸿勋之贡献[J]. 广州文博，2011（00）.

［36］滕久昕.苏联专家与武汉长江大桥[J].国际人才交流,2014（10）.

［37］尚儒.萨福均新中国西部铁路拓荒者[J].新西部,2012（7）.

［38］吴音.开边须筑路,救国仗书生[N].团结报,2010-03-18（006）.

［39］郭振华.潘国定与"北京"号飞机[J].北京档案,2004（12）.

［40］陈纲.陈体诚:中国公路运输的奠基人[J].纵横,2006（5）.

［41］Anders Leslie.The Ledo Road: General Joseph W. Stilwell's highway to China[M].Oklahoma:University of Oklahoma Press,1965.

［42］Charles F. Romanus, Riley Sunderland.Stilwell's command problems[M]. Washington, DC: Office of the Chief of Military History, Dept. of the Army, 1956.

［43］Charles F. Romanus, Riley Sunderland.Stilwell's Mission to China[M]. Washington, DC: Office of the Chief of Military History, Dept. of the Army, 1953.

［44］Blanche D. Coll, Jean E.Keith.The Corps of Engineers: Troops and Equipment[M]. Washington, DC:US Government Printing Office, 1988.

［45］Charles F. Romanus, Riley Sunderland.Time runs out in CBI[M]. Washington, DC:Office of the Chief of Military History, Department of the Army, 1959.

［46］Karl Christian Dod.The Corps of Engineers: the war against Japan[M]. Washington, DC:US Government Printing Office, 1987.

［47］Joseph Bykofsky, Harold Larson.The Transportation Corps: Operations Overseas[M].Washington, DC:US Government Printing Office, 1990.

［48］Advance Section 3, SOS.First Convoy Over the Ledo Road –The Story of Pick's Pike[M].New York:Public Relationship Office, 1945.

［49］SOS in CBI.Historical Record of the Engineer Section[M]. Washington, DC: Construction Service, 1944.

［50］Nelson Grant Tayman.Stilwell Road – Land Route to China[J]. The National Geographic, 1945, 6.